Gerhart Baum · Burkhard Hirsch

Der Baum und der Hirsch

Gerhart Baum
Burkhard Hirsch

Der Baum und der Hirsch

Deutschland von seiner liberalen Seite

In Zusammenarbeit mit
Gabriela Herpell und Thomas Bärnthaler

Propyläen

Gabriela Herpell, geboren 1959 in Brüssel, schreibt als freie Journalistin unter anderem für das *Süddeutsche Zeitung Magazin*. Thomas Bärnthaler, geboren 1969 in München, ist Redakteur beim *Süddeutsche Zeitung Magazin*. Gemeinsam haben sie für das Dezemberheft 2014 des SZ-Magazins ein Interview mit Gerhart Baum und Burkhard Hirsch geführt, das als Anregung für dieses Buch diente.

MIX
Papier aus verantwortungsvollen Quellen
FSC® C014496

Propyläen ist ein Verlag der Ullstein Buchverlage GmbH
www.propylaeen-verlag.de

ISBN 978-3-549-07471-8

Gesetzt aus der Janson
Satz: LVD GmbH, Berlin
Druck und Bindearbeiten: GGP Media GmbH, Pößneck
Printed in Germany

Inhalt

Prélude	7
Kriegskinder	13
Anfänge in der Bundesrepublik	31
Engagement für eine liberale FDP	52
Die Ära Adenauer und der Mauerbau	66
Die Spiegel-Affäre, die 68er und der lange Weg zum Freiburger Programm	78
Die sozialliberale Koalition von 1969 – ein politischer Aufbruch	99
Helmut Schmidt und der Deutsche Herbst – Bewährungsprobe der Republik	117
Das Ende der sozialliberalen Koalition und der Beginn der Ära Kohl	142
Botschafter für Menschenrechte, Fall der Mauer und Wiedervereinigung	163

Kampf gegen den Asylkompromiss. Rückzug aus der aktiven Politik. Der neoliberale Irrweg der FDP 181

Das Ende der schwarzgelben Koalition 1998. Das Erbe von 9/11: Freiheit gegen Sicherheit? 208

Eurokrise, Ukrainekonflikt, Flüchtlinge: Ist Europa noch zu retten? 236

Hat der Liberalismus eine Zukunft? 257

Die Bürger sind gefordert – Nachbemerkung von Gerhart Baum 262

Personenregister 267

Bildnachweis 272

Prélude

Herr Hirsch, Herr Baum, Sie sind seit sechzig Jahren befreundet – und siezen einander.

Baum: Es wäre doch merkwürdig, das jetzt noch zu ändern. Wir haben das nie als Manko begriffen.

Hirsch: Warum sollten wir uns das Du anbieten? Das Sie ist Ausdruck unseres gegenseitigen Respekts.

Baum: Es wird ja inflationär geduzt heute.

Hirsch: Für mich ist er der Baum.

Baum: Und er der Hirsch. Es gibt sogar Situationen, in denen ich mit »Herr Hirsch« angesprochen werde. Das zeigt doch nur, dass wir mit einer gemeinsamen Sache in Verbindung gebracht werden.

Hirsch: Und ich mit Baum. Ist ja keine Beleidigung.

Baum: Kommt öfter vor. Ich korrigiere das inzwischen nicht mehr. Wenn jemand mir unsympathisch ist, dann antworte ich schon mal auf die Frage »Sind Sie Herr Baum?«: »Mit dem Kerl werde ich immer verwechselt!«

Wie haben Sie sich kennengelernt?

Hirsch: Wir waren bei den Jungdemokraten, da sind wir uns natürlich begegnet.

Haben Sie sich sofort als Verbündete erkannt?

Hirsch: Nicht ganz. Ich habe Ende der fünfziger Jahre ein Ausschlussverfahren gegen Baum vertreten. Die Jungdemokraten wollten ihn ausschließen.

Baum: Ein Urteil ist aber nie verkündet worden. Ich war ein Aufrührer in der FDP Nordrhein-Westfalen. Jahrelang wurde ich ausgegrenzt. Da kam er mit dem Ausschlussverfahren. Was war eigentlich der Grund?

Hirsch: Sie wollten eine eigene Gruppierung bilden! Sie wollten eine Zeitung rausbringen oder so etwas. Das Verfahren war ein Warnschuss, damit der Laden nicht auseinanderfällt.

Baum: Wir wollten keine eigene Organisation gründen, wir wollten die bestehende verändern. Das war ein in Teilen national-konservativer Verein, gegen den wir gekämpft haben. Im Grunde bis zur sozialliberalen Koalition 1969.

Es ging um die Richtung der FDP. Wir waren eben sehr links und sozialliberal.

Hirsch: Das war ich auch! Aber die FDP hatte gerade eine Spaltung in Bonn hinter sich, und wir wollten keine weitere Aufsplitterung.

Baum: Das waren Machtkämpfe damals über den Kurs der Partei. Ich bin dann tatsächlich als Vorsitzender der FDP in Köln abgewählt worden. Dann hat das Amtsgericht mich wieder eingesetzt, weil meine Gegner die Abstimmung manipuliert hatten. Da ging es um den Kurs der Landes-FDP. Mit Hirsch ging es um die Jugendorganisation.

Hirsch: Ich kann mich gar nicht an eine Verhandlung erinnern.

Baum: Doch! In Köln, im Hotel Europa. An einem Samstag. Irgendwann Ende der fünfziger Jahre. Ich hab noch irgendwo die Tonbänder.

Was hielten Sie damals voneinander?

Baum: Ich dachte schon, wie kommt der Kerl dazu, uns da rausschmeißen zu wollen? Warum hat er das Mandat übernommen?

Hirsch: Ich war der Vertreter des Landesverbandes der Jungdemokraten, insofern gehörte das zu meinen Aufgaben. Aber ich wollte ja gar nicht, dass er rausfliegt, und habe das nicht besonders ernst genommen.

Baum: Wir haben in den sechziger Jahren angefangen zusammenzuwirken, als wir die FDP auf eine sozialliberale Koalition vorbereiten wollten. Unter anderem haben wir gemeinsam am wegweisenden Freiburger Programm von 1971 mitgearbeitet. Ein Hebel war damals die Deutschland- und Ostpolitik, die hat ja dann später auch bei der Bildung der Koalition mit der SPD eine große Rolle gespielt. Es war aber auch die Reformpolitik, Reformen in nahezu allen Bereichen der Gesellschaft. Da haben wir in enger Übereinstimmung Aktionen durchgeführt, Anträge gestellt, Netzwerke gebildet.

Hirsch: Und 1972 sind wir zusammen in den Bundestag gegangen. Baum ging zu Hans-Dietrich Genscher als Staatssekretär, ich war Abgeordneter. Da haben wir sehr gut und wirkungsvoll zusammengearbeitet, zum Beispiel beim Datenschutz, in der Umweltpolitik und beim Ausländerrecht. Später dann in der Innenministerkonferenz.

Baum: Das war ein wichtiges politisches Gremium, in dem viel gestritten wurde. Die Hardliner der CDU/CSU waren da, Sozialdemokraten, und außer uns noch andere FDP-Leute natürlich. Plötzlich saßen wir dort und konnten unsere Positionen vertreten.

Erreicht man zu zweit mehr als allein?

Baum: Wenn Sie aus einer total frustrierenden Verhandlung in der Fraktion kommen und dann einen Menschen haben, dem Sie sagen können, verdammt noch mal, war das nicht scheußlich, ist das schon tröstlich. Es gibt ganz wenige Leute, denen gegenüber Sie sich offen äußern können. Man braucht es oft gar nicht auszusprechen, man guckt sich nur an, das reicht.

Hirsch: Es bilden sich in jeder Partei Gruppierungen, Arbeitskreise. Aber man ist ja als Politiker immer darauf angewiesen, über diese Kreise hinaus eine Mehrheit in seiner Fraktion zu bekommen.

Baum: Wir haben Parteitage aufgemischt mit einer vorausgeplanten Strategie. Da haben wir eng zusammengewirkt und uns gefunden. Außerdem verbindet uns unsere Herkunft.

Kriegskinder

Sie beide waren Kriegskinder. Wie erinnern Sie sich an Ihre Kindheit?

Hirsch: Ich bin 1930 in Magdeburg geboren, aber in Halle aufgewachsen. Mein Vater war Richter. Seine Eltern kamen aus der Lausitz und aus Oberschlesien. Die Vorfahren meiner Mutter lebten seit Menschengedenken in der Gegend um den Harz. Mein Großvater mütterlicherseits hatte die größte Bahnspedition in Magdeburg, einen Riesenladen mit teilweise 150 Pferden in der Weimarer Zeit.

Baum: Tatsächlich? Meine Großeltern hatten auch eine Spedition. In Plauen im Vogtland. Vielleicht hatten sie Geschäftsbeziehungen.

Hirsch: Mein anderer Großvater war Lehrer gewesen. Er kam aus einem Dorf mit dem schönen Namen Spreeaufwurf und war für heutige Begriffe ein Grüner. Wir hatten zwei Gärten. Beide pflegte mein Großvater. Es gab den

Garten meines Vaters mit Rabatten, Pergola, großem Brunnen, einer Liegewiese und einer prächtigen Laube, und daneben gab es den wilden Garten meines Großvaters, auch mit einer Laube, darauf ein Windrad, das er selber gebastelt hatte. Stachelbeeren, Johannisbeeren, Sauerkirschen, Süßkirschen, Erdbeeren – alles machte er zu Wein. Ich schoss mit einem Kleinkalibergewehr Spatzen, die haben wir dann am Feuer gebraten und gegessen. Dieser Großvater hat uns Schreiben und schnelles Kopfrechnen beigebracht – er war ein Lehrer der alten Schule.

Wir bewohnten eine Etage in dem Speditionshaus, hatten Auto, Telefon und Radio. Anfang der dreißiger Jahre war das ein Luxus. Meine Erinnerung geht zurück bis zu meinem zweiten Lebensjahr. Damals wurden die Weihnachtsbäume nicht nur mit Kugeln und Kerzen geschmückt, sondern mit Äpfeln, Zuckerstangen und Süßigkeiten. Ich bin zu unserem Baum gekrabbelt, da hing ein wunderschöner Apfel dran, in den habe ich reingebissen. Da kippte der Riesenbaum mit allem Schmuck auf mich – und vorbei war der Weihnachtszauber.

Wie wurden Sie erzogen?

Hirsch: Geschlagen wurden wir nicht. Nur einmal hat meine Mutter uns geschlagen, weil wir uns am Stall, in dem die Pferde standen, einen Herd aus Ziegelsteinen gebaut und darin Feuer gemacht hatten. Mein Bruder, zwei Jahre älter, und ich. Um so etwas für die Zukunft auszuschließen, hat sie uns, wie man damals sagte, nach Strich und Faden versohlt. Mein Vater war eher distanziert und kühl, der Herr im Haus. Ein Patriarch, würde man heute sagen. Obwohl er eigentlich zu jung dafür war.

Meine Mutter war eine sogenannte »höhere Tochter«, Lyzeum und anschließende Haushaltslehre, natürlich in einem privaten Haushalt im Harz. Sie sprach ein klassisches Hochdeutsch. Ich habe sie nie ein Wort im Dialekt sprechen hören. Es war ein gutbürgerlicher Haushalt, in dem übrigens nicht über Politik geredet wurde. Und trotzdem erinnere ich mich: Ich wurde 1940 Pimpf, da war ich zehn Jahre alt. Ich hatte diese Pimpfuniform an und lief die Albrechtstraße in Halle entlang. An der Ecke zum Friedrichsplatz stieß ich fast mit einer Frau zusammen, die sich ängstlich an die Hauswand drückte. Ich sehe sie heute noch vor mir: graue Haare, schmales, fahles Gesicht, langer grauer Mantel mit einem großen gelben Stern. Keiner hat mir zu Hause gesagt, was es damit auf sich hatte. Keiner.

Haben Sie gefragt?

Hirsch: Ja. Ich habe mich wirklich bemüht rauszukriegen, was mit dieser verängstigten Frau los war. Es kamen nur Ausreden.

Wo standen Ihre Eltern politisch?

Hirsch: Mein Vater war 1933 beamtenüblich Parteimitglied geworden. Er wollte als Richter unpolitisch sein und war es in seinem Selbstverständnis auch. Später hat er mich gefragt: Was sollten wir denn machen? Er hat sich konsequent geweigert, als Richter an Strafsachen mitzuwirken.

Nur Ehescheidungen, Zivilrecht. Ich habe ihn nach dem Grund hierfür gefragt, aber keine wirkliche Antwort bekommen. Ich habe allerdings auch nicht so nachgebohrt, wie man das vielleicht bei anderen getan hätte. Das macht man bei den Eltern nicht. Er empfand sich jedenfalls als unpolitisch. So war die ganze Generation. Sie hatten ihren Paul Laband im Kopf, aber Georg Jellinek, Hans Kelsen und Rudolf Smend nicht gelesen oder jedenfalls nicht verstanden. Sie begriffen nicht, dass es auch eine politische Entscheidung ist, unpolitisch sein zu wollen. Sie taten nichts für die Erhaltung der Demokratie und waren bass erstaunt, als sie ihnen plötzlich abhandengekommen war.

Erinnern Sie sich an den Kriegsausbruch?

Hirsch: Wir machten eine Schlesien-Tour mit dem Auto, im Frühsommer '39 war das, und fuhren durchs Sudetenland, Schneekoppe, Eger, Marienbad, Karlsbad. Auf der Rückfahrt nach Magdeburg kamen uns große Militärkolonnen entgegen, mit abgedunkelten Scheinwerfern. Oben drauf Soldaten mit Stahlhelm. Wir hatten eine Cabrio-Limousine und fröhlich das Dach offen. Das klappten meine Eltern jetzt zu und redeten auf der Weiterfahrt ein paar Stunden lang kein Wort mit uns. Ganz still waren sie. Sie hatten in diesem Moment begriffen: Es gibt wieder Krieg. Sie hatten den Ersten Weltkrieg erlebt. Mein Vater markierte auf Landkarten die Frontlinien mit Nadeln.

Am 20. Juli 1944 wurde mir klar, dass wir den Krieg verlieren werden. Wir hatten beim Jungvolk gelernt, wie man einen T34 knackt, diesen sowjetischen Panzer, wo man aufspringen und wo die Haftladung anbringen muss. Aber was sie uns nicht sagten: Wenn die T34 kommen, werden da Soldaten drauf sein. Dann kamen zum Glück nicht die Russen, sondern die Amerikaner. In Halle wurde wenig gekämpft, die Wehrmacht rauschte in wilder Aufmachung durch die Stadt nach Osten. Die Amerikaner verhafteten meinen Vater, meinen Bruder und mich, wir kamen in den Roten Ochsen in Halle, ins Polizeigefängnis. Mein Bruder und ich wurden am nächsten Tag entlassen, unser Vater nicht. Die Amerikaner nahmen ihn mit. Zwei Monate später kamen die Russen. Es gab Plünderungen und Ermordungen. Es hatte in Halle zwölf Landgerichtsdirektoren gegeben. Zehn fielen den Russen in die Hände. Sie sind nach Bautzen gekommen, keiner von ihnen hat überlebt. Als mein Vater nach eineinhalb Jahren Post bekommen konnte, haben wir die Briefe an Verwandte meiner Mutter in Westfalen geschickt, und die haben sie an ihn weitergeschickt, damit er glaubte, wir seien schon in Westfalen.

Wo war Ihr Vater zu der Zeit?

Hirsch: Zuletzt war er in Kornwestheim, in einem amerikanischen Lager. Um manche inhumanen Vorgänge in diesen Lagern zu verstehen, muss man bedenken, dass die Amerikaner schockiert waren von dem, was sie zum Beispiel in Buchenwald und Dachau vorgefunden hatten.

Herr Baum, welche Erinnerungen haben Sie an Ihre Kindheit?

Baum: Erinnerungen an meinen Vater habe ich so gut wie keine. Ich habe ihn wahrgenommen, als er Fronturlaub hatte, ganz kurz. Ich habe kein anderes Bild von ihm. Mein Vater war Rechtsanwalt in Dresden wie schon sein Vater. Er wurde 1941 vor die Entscheidung gestellt, in die Kriegsgerichtsbarkeit einzutreten, das hat er abgelehnt. Daraufhin wurde er eingezogen. Wenn ich am Dresdner Bahnhof ankomme, denke ich immer an die Abschiedsszene. Gegenüber vom Bahnhof gibt es heute noch einen Aufgang, da stand mein Vater mit all den anderen als Schütze Baum in Feldgrau, mit Gasmaske und Karabiner, und verabschiedete sich von uns. Ich begriff gar nicht wirklich, was passierte.

Wie alt waren Sie?

Baum: Acht.

Warum hat Ihr Vater die Kriegsgerichtsbarkeit abgelehnt?

Baum: Das war anrüchig. Später hat sich ja auch deutlich herausgestellt, dass das ein Herrschaftsinstrument der Nazis und keine echte Gerichtsbarkeit war. Die Familie väterlicherseits war eine sächsische Familie und hatte ihren Ursprung und Hauptsitz in Plauen im Vogtland. Mein Urgroßvater hatte dort eine Schmiede und Pferde beschlagen. Irgendwie ergab es sich über die Pferde, dass er eine Spedition gründete, zunächst natürlich mit Pferdewagen. Er hatte den klugen Gedanken, seine Söhne ans Geschäft zu binden. Der eine wurde Tierarzt, später renommierter

Veterinäranatom und Rektor der Universität Leipzig. Es gibt heute noch ein Standardwerk über die Anatomie der Haustiere von ihm. Der andere wurde Jurist. So konnte mein Urgroßvater auf den fachlichen Rat seiner Söhne zurückgreifen. Es war eine richtige sächsische Familie. Der Stammbaum reicht bis ins 16. Jahrhundert zurück. Meine Mutter war in dieser Familie eine Exotin: Tochter eines russischen Unternehmers und einer polnischen Mutter aus Lodz, in Moskau geboren. Bis zu ihrem Lebensende fühlte sie sich als Russin. Sie hatte viele russische Freunde und versuchte, mir nach dem Krieg Russisch beizubringen, was ich dummerweise verweigert habe. Ich dachte, wozu brauchst du das?

Hirsch: Ich habe noch Russisch in der Schule gelernt. Das hat aber auch nicht viel genützt. Man hatte ja dann nie Gelegenheit, es zu sprechen.

Baum: Mütterlicherseits waren das also Deutschrussen. Ich denke heute oft daran, dass mein Großvater in Charkow geboren wurde, er hat wohl Ukrainisch gesprochen als Kind. Er hatte eine florierende Textilfabrik in Moskau, eine wunderbare Wohnung, dann kam die Revolution, und alles war weg. Die Dienstboten zogen in den herrschaftlichen Teil der Wohnung. Die Familie blieb noch eine kurze Weile und emigrierte dann nach Berlin. Mein Großvater väterlicherseits, Rudolf Baum, ein Rechtsanwalt, ist im Ersten Weltkrieg gefallen, mein Vater dann im Zweiten. Mein Vater hatte einen Bruder, Günter Baum. Er war ein bekannter Bariton und Professor an der Musikhochschule

Berlin. Möglicherweise ist meine Mutter, eine den Künsten zugewandte Frau, durch ihn mit meinem Vater bekannt gemacht worden. Es muss Liebe gewesen sein, die meine feinsinnige Mutter in diese bodenständige sächsische Familie verschlagen hat. Ich blieb nicht das einzige Kind. Sechs Jahre später wurden meine Geschwister geboren, zweieiige Zwillinge, die beide leider schon verstorben sind.

Wie haben Sie die Stimmung vor dem Krieg empfunden?

Baum: Ich erinnere mich auch an Menschen mit Judenstern. Sie saßen in der Sonne auf einer Parkbank. Aus unserer Umgebung verschwanden Juden aus ihren Wohnungen. Meine Familie hat mir zu verstehen gegeben, dass etwas Furchtbares in Lagern passiert. Man hatte eine dunkle Ahnung. Bei einem Besuch mit meiner Mutter im damaligen Litzmannstadt, wie die Nazis das polnische Lodz umbenannt hatten, wo ihre Familie mütterlicherseits lebte, erfuhr ich von einem Ghetto und von Judenverfolgungen. Es ist mir bis heute ein Rätsel, dass viele Deutsche damals von alledem nichts gewusst haben wollten.

Hatten Ihre Familien Beziehungen zu Juden damals?

Baum: Ja, vor allem zu jüdischen Künstlern, so auch zu Hildebrand Gurlitt, dessen Sohn Cornelius einer meiner Mitschüler war.

Hirsch: Ein enger Freund meiner Eltern war Jude, Richter in Magdeburg, wir nannten ihn Onkel Glocke. Er wurde

1933 als Richter entlassen. Aber da er Kriegsteilnehmer im Ersten Weltkrieg gewesen und hoch ausgezeichnet worden war, da zudem seine Frau Nichtjüdin war, wurden sie und die beiden Kinder lange verschont. Als wir 1937 nach Halle zogen, verliert sich meine Erinnerung an sie. Wir haben erst lange nach dem Krieg, Mitte der fünfziger Jahre, wieder Kontakt zu ihnen bekommen.

Wie haben Sie den Krieg erlebt?

Baum: Trotz aller Kriegswirren und dunklen Ahnungen war es eine angenehme Kindheit für mich in Dresden. Wir haben bis in den Herbst 1943 hinein Mozart-Serenaden im Hof des Zwingers gehört, in einer unzerstörten, vom Krieg bis dahin unberührten Stadt. Und dann das jähe Ende. Die Dresdner Bombennacht im Februar 1945.

Bis dahin hatte es das Kriegsgeschehen für uns nur in den Medien gegeben, nicht durch unmittelbare Eindrücke. Wir verfolgten den Lauf der Fronten, die immer näher rückten, und steckten sie auf den Landkarten ab. Ich bin Pimpf geworden, wie alle in meinem Alter, zum Leidwesen meiner Mutter. Sie hat mich dauernd krankschreiben lassen und fand, das sei doch Unfug, was da geschieht. Wir haben vor allen Dingen diese Geländespiele gemacht, also gegen einen fiktiven Gegner gekämpft – als Vorbereitung auf militärische Operationen. Ich wurde als Zwölfjähriger noch für den sogenannten »Volkssturm« rekrutiert. Zu einem Einsatz kam es zum Glück nicht mehr. Als die Amerikaner in Tegernsee einmarschierten, wohin meine Mutter mit uns Kindern nach der Dresdner Bombennacht geflüchtet war, habe ich in Panik die Nazi-Embleme meiner Uniform im See versenkt – aus Angst vor den Besatzungstruppen. Ganz unbegründet, denn sie haben uns, vor allem uns Kinder, außerordentlich freundlich behandelt.

Hirsch: Halle wurde relativ spät bombardiert. Wir machten als »Jungvolk« Löscharbeiten, und ich habe dabei auch Leichen auf den Straßen liegen sehen. Das hat mich damals kaum beeindruckt. Es war halt Krieg, und später war fast dauernd Fliegeralarm. Man hörte ja über Rundfunk, wo die Flieger entlangkamen. Da hab ich mich aufs Dach gestellt, irgendwelche Geschwader über mir, und da krachten auch schon die Splitter der Flakgranaten runter. Daran, dass die mich treffen könnten, habe ich nicht gedacht. Als die deutschen Truppen schon weg und die Amerikaner noch nicht da waren, hörte ich von einem Wehrmachtslager in Trotha, da konnte man Fleischbüchsen und Zucker und Lebensmittel bekommen. Das Lager wurde allerdings von deutschen Posten bewacht, die zur Abschreckung schossen, wenn sich zu viele Zivilisten näherten. Das war völliger Blödsinn, weil sie das Lager anschließend in Brand steckten, damit es nicht den Amerikanern in die Hände fiel. Ein Klassenkamerad, Fred Richter, wurde auf der Straße von einem Granatsplitter getroffen und war tot. Ich sah, wie sie ihn auf eine Bahre legten, Tuch drüber, ein Arm hing runter, dann trugen sie ihn weg. Das hat mich umgehauen. Wir kannten uns gut, und er war in meinem Alter. Das war etwas ganz anderes als die Leichen auf den Straßen.

Baum: Nachdem Dresden zerstört war, brach die bis dahin geordnete Welt zusammen. Ich weiß noch, dass ich meine Schulsachen zurechtgelegt hatte für den nächsten Morgen, und mit einem Mal war das alles nicht mehr wichtig. Menschliche Rücksichtnahme und Moral kamen unter die Räder. Man nahm, was man fand, auch später am Tegernsee, zum Beispiel säckeweise Zucker aus den Bäckereien, bevor die Amerikaner kamen. »Organisieren« hieß das. Die Grenzen jedweder staatlichen Ordnung wurden dauernd überschritten. Die Not war zu groß. Wir haben mitunter gehungert. Gerettet hat uns oft die von den Amerikanern organisierte Schulspeisung. Das Bewusstsein, dass Nahrung etwas sehr Kostbares ist, hat sich mir eingeprägt. Brot wegzuschmeißen ist mir bis heute unmöglich. Ich erinnere mich an die Schlangen vor den Geschäften. Ich habe damals eine Fertigkeit entwickelt, die ich bis heute nicht ganz abgelegt habe. So drängele ich mich beim Boarding am Flughafen nach vorne, obwohl ich einen sicheren Platz habe. Zu oft habe ich als Kind erlebt, dass leer ausgeht, wer in der Schlange zu weit hinten steht.

Hirsch: Man hat sich alles »organisiert«. Man tat, was man konnte, um an Lebensmittel zu kommen. Wir haben Ähren gestoppelt und sind im ersten Nachkriegswinter, der schrecklich kalt war, zum Güterbahnhof gefahren, um von den Waggons Kohlen zu klauen. In der Nähe von Halle war eine Braunkohlegrube, da gingen wir mit der Schaufel runter und schaufelten die Kohle auf das Rad eines Fahrrads, durch dessen Speichen wir Draht gezogen hatten, und schüttelten die Krümel raus, damit man an die dicken

Brocken kam. Die steckten wir in den Rucksack und nahmen sie mit. Vor den Läden gab es lange Schlangen. Damals habe ich mir geschworen, nie wieder in meinem Leben nach Essen anzustehen.

Baum: Ein furchtbarer Winter war das. Der Tegernsee war zugefroren. Wir haben heiße Ziegelsteine mit ins Bett genommen, weil wir nachts keine Heizung hatten. Selbst die Tinte war gefroren. Ich hatte Frostbeulen an den Füßen, denn man stapfte ohne warme Schuhe durch den Schnee und über den gefrorenen See in die Schule.

Hirsch: Da ging es wirklich ums nackte Überleben.

Baum: Ja. Aber verglichen mit den zerstörten Städten hatten wir es gut in der wunderbaren Landschaft am Tegernsee. Als ich 1950 nach Köln kam, war es erschreckend, wie düster, wie zerstört alles war.

Hirsch: Wir hatten nach dem Krieg buchstäblich alles verloren und standen vor dem blanken Nichts. Als die Amerikaner noch in Halle waren, kam ein Soldat, ein Wehrmachtsoffizier, der irgendwie freigekommen war, und sagte, dass unser Vater noch lebte, bestellte Grüße von ihm. Er erzählte von Massenerschießungen, an denen er selbst teilgenommen hatte. Judenerschießungen. Das war das erste Mal, dass ich davon hörte. Da wurde mir manches klar. Ich musste an die Frau mit dem gelben Stern denken. Die ganze Zeit über hatte ich empfunden, dass die Menschen etwas hinter einer Fassade verbargen, über das nicht gesprochen wurde. Ich fühlte mich getäuscht und erniedrigt.

Im Herbst '45 fing die Schule wieder an. Bis dahin hatte ich mich als Landarbeiter durchgeschlagen, man musste ja leben. In der Schule erzählten uns dieselben Lehrer, die vorher mit »Heil Hitler« in die Klasse gekommen waren, plötzlich etwas von »unseren Freunden von der Roten Armee«.

Baum: Wir hatten noch drei Koffer, sonst nichts. Kein Geld, gar nichts. Das Haus in Dresden, alles abgebrannt. Meiner Mutter widerstrebte es, nach ihren Erfahrungen während der russischen Revolution und nach all den Gerüchten von der Ostfront, es mit den vorrückenden Russen zu tun zu bekommen. Wir hatten Freunde am Tegernsee, dorthin wollte sie. Die Reise war mühsam, es gab ständige Tieffliegerangriffe auf die Züge.

Wird man ein traumatisches Erlebnis wie die Dresdner Bombennacht jemals los?

Baum: Die Bombennacht im Februar 1945 habe ich nur schwer verarbeitet. Einmal im Jahr, am Gedenktag, rede ich darüber in der Semperoper anlässlich der Verleihung des Dresdner Friedenspreises. Meine Erinnerungen sind sehr präsent, auch noch siebzig Jahre nach dieser Nacht. Wir hatten Rauchvergiftungen, die Stadt hat geglüht, aber die Dimensionen habe ich damals natürlich nicht begreifen können. Heute würde ich sagen, diese Nacht hat mich traumatisiert. Nach dem ersten Angriff versuchten wir, in die brennende Stadt zu kommen, um nach Freunden und Bekannten zu sehen. Aber das ging nicht. Dresden war ein Feuermeer. Unser Haus brannte dann auch. Wir haben im Keller gesessen, da brach alles ein. Ich habe zum ersten Mal Leichen gesehen, unzählige Leichen, die auf Scheiterhaufen verbrannten. Das sind Erinnerungen, die mich jedes Mal überfallen, wenn ich nach Dresden komme. Wobei Dresden ja kein Ausnahmefall war, was manche Dresdner immer noch annehmen. Auch andere Städte sind noch kurz vor Kriegsende kaputtgebombt worden, etwa Pforzheim oder Hildesheim. Aber die Dresdner tun sich mit dieser Erinnerung besonders schwer und haben eine eigene Erinnerungskultur entwickelt.

Als wir nach der Flucht aus Dresden in München waren, erlebten wir im März erneut Fliegerangriffe. Auch die Bahnstrecke nach Tegernsee war ständig gesperrt, wo wir aber doch wenig später landeten. Ich weiß noch, wie die Lokomotive zischte. Wir kamen in St. Quirin an, einem idyllischen Ort. Der See lag friedlich da. Der Krieg war hier eigentlich nur noch wegen der vielen Lazarette sichtbar. Wir waren Flüchtlinge. Wenn ich jetzt erlebe, wie die Leute sagen, oh Gott, bitte keine Flüchtlinge, denke ich an damals. Wir wurden in die Häuser eingewiesen, in die Wohnungen fremder Leute. Die mussten uns aufnehmen, es gab ja keine Flüchtlingslager. Rund um den Tegernsee wurden wir fünf oder sechs Mal eingewiesen und wieder ausgewiesen. Den Einheimischen fiel es schwer, zu teilen. Sie hatten zu essen, wir nicht. Sie hatten Hühner und Kühe, wir nicht. Wir bekamen Zimmer, aber wenig zu essen. Zum Schluss bekamen wir ein Haus am See, das war wunderschön. Aber es war ein Sommerhaus, das man nicht richtig heizen konnte. Und wir hatten nichts Warmes anzuziehen.

Wie hat Ihre Mutter Sie durchgebracht?

Baum: Sie hatte keinen Beruf gelernt, als höhere Tochter. Aber sie hat unser Leben dann mit unglaublicher Tatkraft in die Hand genommen. Eines Tages kam sie sogar mit einem Pferd an. Soldaten flüchteten über die Berge, die Pferde blieben zurück und wurden zusammengetrieben. Das Pferd wurde bei uns geschlachtet. Zwei Landser haben das übernommen, eine furchtbare Sache. Wir aßen wochenlang Pferd, Sauerbraten. Meine Mutter hat dann angefangen, Geld zu verdienen. Und ich suchte mir Ersatzväter. Derjenige, der mich am meisten geprägt hat, war der Privatgelehrte und Historiker Adolf Grote. Er unterrichtete zeitweise am Gymnasium Tegernsee. Ein Anti-Nazi. Er gehörte Widerstandskreisen an und auch entfernt dem George-Kreis. Er war auch ein sehr musischer Mann. Die liberalen Grundüberzeugungen, die mich später geleitet haben, hat vor allem er mir vermittelt. Unter anderem hat er mich mit den Büchern von Alexander Rüstow, Wilhelm Röpke und Karl Popper vertraut gemacht. Wir haben uns oft über die Bedeutung einer sozial geprägten Marktwirtschaft ausgetauscht.

Grote war Bismarck-Gegner und sah in der obrigkeitsstaatlichen deutschen Geschichte, in der ja bis 1989 keine Revolution erfolgreich war, eine wesentliche Ursache für das Versagen der Weimarer Demokratie und für die anschließende Nazibarbarei. 1960 publizierte er seine Gedanken in dem Buch »Unangenehme Geschichtstatsachen«. Er hatte eine Riesenbibliothek und las meinen Freunden und mir in den kalten Wintern vor – Thomas Manns Tonio Kröger zum Beispiel. Auch die Duineser Elegien von Rilke, die frühen Gedichte von Hugo von Hofmannsthal und vieles andere. Wer macht das heute noch? Dieser Mann war eine unglaubliche Inspiration für mich, auch auf dem Felde der bildenden Kunst.

Wann wussten Sie, dass Ihr Vater nicht zurückkommen würde?

Baum: Das wussten wir im Sommer 1945. Er starb in sowjetischer Kriegsgefangenschaft. Aber zurück zu Grote. In der Schule habe auch ich die Lehrer vom alten Kader erlebt. Grote hatte angeregt, am 20. Juli 1946 eine Erinnerungsfeier für den Widerstand des 20. Juli zu veranstalten. Dies wurde mit dem Argument abgelehnt, das seien Vaterlandsverräter gewesen, die den Eid auf den Führer gebrochen haben. Man möge von Hitler halten, was man wolle, aber an ihren Eid seien alle gebunden gewesen. Da habe ich gedacht, verdammt noch mal, wenn du das hier nicht darfst, dann ist doch etwas nicht in Ordnung. Diese Erfahrung wirkte nach. Ich habe, inspiriert durch Grote, Thomas Mann 1953 zu seinem Roman »Doktor Faustus« einen Brief geschrieben, in dem stand: »Ich bin gar nicht so sicher, ob diese Demokratie gelingt.« Da war ich gerade zwanzig Jahre alt. Weiter schrieb ich, das muss ich jetzt mal zitieren: »Wie war all dies Unfassbare aus dem ›anderen‹, dem wahren, dem hochgeistig-humanen Deutschland entstanden, wie sollte man zu diesem Deutschland zurückfinden? Ihr Faustus hat mir gezeigt, wo die Kausalzusammenhänge der geschichtlich gegebenen Werte, aber auch Unwerte des deutschen Wesens mit unserer apokalyptischen Gegenwartslage zu suchen sind.« Thomas Mann hat mir freundlich geantwortet: »Sie haben mit Ihren Worten und dem Erleben, das daraus spricht, meine ganze Sympathie gewonnen.«

Neben Grote war noch ein zweiter Mann wichtig für mein Leben, Fritz Naumann, der spätere Lebensgefährte meiner Mutter. Ein weltläufiger Mann aus Dresden, Architekt und Künstler, verbunden mit den Malern der »Brücke«, Veranstalter von Hauskonzerten. Er hatte auch Kontakte zu den Künstlern, die dort am Tegernsee lebten. Eine Kontrastfigur zu dem hageren, asketischen Grote.

Welche Lektüre hat Sie besonders beeinflusst, Herr Hirsch?

Hirsch: Das kam sehr viel später. In den ersten Nachkriegsjahren hatte ich keine Gelegenheit, irgendwas zu lesen. Es ging nur darum, überhaupt zu überleben. Kurt Tucholsky und Heinrich Heine, seelenverwandte, begnadete Spötter, habe ich erst während des Studiums in Marburg gelesen. Sie waren für mich unheilbare Demokraten, die die hohlen Phrasen ihrer politischen Gegenwart schonungslos enthüllten und am Zeitgeist zerbrachen. Als ich im »Buch Le Grand« Heines Schilderung vom Einzug Napoleons in Düsseldorf las und seinen Spott über das devote Verhalten der damaligen Ratsherren, fing ich langsam an, mich nicht mehr über das Verhalten unserer Lehrer beim Einmarsch der Russen im Sommer 1945 zu empören. Natürlich haben wir in der Schule unsere Klassiker gelesen, dann auch Tolstoi und Puschkin auf Russisch, sprachlich brillant, aber sie haben mich weniger beeindruckt als viele Jahre später der Kurde Yasar Kemal, den ich in Istanbul kennenlernte.

Anfänge in der Bundesrepublik

1949 wurde das Grundgesetz verabschiedet. Was bedeutet Ihnen diese historische Zäsur?

Baum: Um das Grundgesetz gab es keine große öffentliche Diskussion. Das Volk hatte andere Sorgen. Im Grunde haben das Politiker im Parlamentarischen Rat unter sich ausgemacht. Die Verfassung, die dabei herauskam, war dennoch ein Glücksfall für unser Land. Wir hatten nie zuvor eine solche. Sie war sehr viel stärker auf die Demokratie hin orientiert als die Weimarer Reichsverfassung. Was Revolutionen in Deutschland nicht geschafft haben, hat das Grundgesetz erreicht: die konsequente Abkehr vom Obrigkeitsstaat. Es ist aus den bitteren Erfahrungen der Nazibarbarei geboren, es ist durchdrungen vom sittlichen Prinzip der Menschenwürde. Für die Amerikaner ist die Freiheit der wichtigste Bezugspunkt ihrer Verfassung. Wir gehen mit dem Prinzip der Menschenwürde ein Stück weiter. Das Bundesverfassungsgericht hat unsere Verfassung langsam zum Leben erweckt, hat sie in vielen Entscheidungen zum Sprechen gebracht und fortentwickelt.

Wir mussten lernen, dass es mitunter beschwerlich ist, die Verfassung zu leben. Versammlungsfreiheit kann für den, der Samstagmorgen ungestört zum Einkaufen gehen will, unangenehm sein. Es ist auch schwer zu akzeptieren, dass Verfassungsfeinde Versammlungsfreiheit genießen. Religionsfreiheit verlangt den Menschen unter anderem Respekt vor dem Islam ab.

Großen Respekt habe ich vor den vier Frauen, an der Spitze die Sozialdemokratin Elisabeth Selbert, die zusammen mit 66 Männern im Parlamentarischen Rat saßen. Es gab also nicht nur die vielzitierten »Väter des Grundgesetzes«, sondern auch die »Mütter«. Elisabeth Selbert hatte darauf bestanden, die Gleichheit zwischen Mann und Frau festzuschreiben. Da müssen wir ja das ganze BGB ändern, hatte ihr Thomas Dehler entgegengehalten. Worauf sie geantwortet hat: Na und! Das ist dann nach langen Verhandlungen durchgesetzt worden, später dann auch die dringend notwendigen Änderungen in den einschlägigen Gesetzen.

Hirsch: Es hat mir nie gefallen, dass immer wieder gesagt wurde, das Grundgesetz sei nicht erkämpft, sondern uns von den westlichen Besatzungsmächten aufgegeben worden. Richtig ist, dass sie die Gründung der Bundesrepublik als Staat erreichen wollten. Aber die Leitlinien des Grundgesetzes sind legitime Folgen unseres Verfassungsdenkens. Vielleicht werden künftige Historiker die Zeit von 1848 bis 1949 als einen hundertjährigen Bürgerkrieg zur Durchsetzung von Demokratie und Freiheitsrechten in Europa beschreiben – das wäre wohl auch richtig. Das Grundgesetz war fortschrittlicher als das Lebensgefühl der Gesellschaft damals. Schon die Sprache begeistert. Das ist klassische Literatur! An ein paar Artikeln ist später herumgepfuscht worden, man merkt es an geschwätzigen Artikeln wie dem Asylrecht, wo faule Kompromisse vorherrschen statt Klartext. Nicht so die sogenannte Ewigkeitsklausel, die festschreibt, dass die Menschenwürde nicht abänderbar ist.

Ein weiterer Punkt ist die Wiederbelebung des Föderalismus, eine zusätzliche Gewaltenteilung, weil die klassische Gewaltenteilung durch die parlamentarische Wirklichkeit unterlaufen wird. Allerdings bedaure ich die Angst der Verfassungsväter vor Elementen direkter Demokratie – Folge einer historischen Fehldeutung der Ursachen des Untergangs der Weimarer Republik. Auch bedaure ich, dass das Grundgesetz nie durch eine Volksabstimmung angenommen worden ist, sondern durch Entscheidung der Landtage als »Behelfsheime der deutschen Existenz«, wie Theodor Heuss sagte, als es um die Aufnahme sozialer Grundrechte in unsere Verfassung ging. Eine Volksabstimmung hat mir übrigens auch bei der Wiedervereinigung gefehlt. Da befürchtete die Bundesregierung, dass die sozialen Grundrechte, die in fast allen Verfassungen der wiedererstandenen Länder der DDR enthalten waren, in das Grundgesetz eingeführt würden.

Baum: Mir fehlte eine Volksabstimmung nicht. Ich fand sie überflüssig, und nach den Umständen war sie weder 1949 noch 1989 möglich. Außerdem ist unsere Rechtsprechung de facto enorm sozialstaatsfreundlich.

Hirsch: Richtig, aber ist es denn Aufgabe des einzelnen Bürgers, über die Gerichte die Verfassung dieses Landes zu verändern? Oder ist es Sache der Politiker, das selbst zu tun?

Baum: Aber würde sich etwas ändern, wenn diese Sozialstaatsklauseln im Grundgesetz stünden?

Hirsch: Wenn sie Staatsziele wären – ist das nichts?

Baum: Aber Herr Hirsch, wir haben den Tierschutz im Grundgesetz. Ändert das etwas an der Massentierhaltung? Wichtig ist die Änderung des politischen Bewußtseins. Auch das Kulturstaatsgebot steht nicht in der Verfassung, dennoch gilt es.

Hirsch: Der in der Verfassung verankerte Schutz von Ehe und Familie hat auch keine Ehe gestiftet und keinen Ehebruch verhindert. Ich verlange doch nicht ein Recht auf Arbeit oder so etwas. Ich verlange nur, dass eine Gesellschaft die Kraft hat, politische Ziele zu ihren eigenen zu machen. Und das nicht nur durch die Entscheidung eines Gerichtes, sondern dadurch, dass sie sich selber dazu bekennt. Zu meinem Freiheitsbegriff gehört nicht nur, dass wir bestimmte Rechte haben, sondern auch, dass wir sie wahrnehmen können. Wenn ich arbeitslos bin und keine Wohnung habe, wie soll ich da Grundrechte wahrnehmen? Die soziale Verpflichtung gehört in eine moderne Verfassung.

Baum: Die ist ja drin. Nehmen Sie die europäische Grundrechtscharta.

Hirsch: Die europäische Grundrechtscharta gilt nur für den Vollzug europäischen Rechts. Es hat mich immer gewundert, dass dieselben Konservativen, die die Aufnahme sozialer Grundrechte in unsere Verfassung ablehnten, später den sozialen Grundrechten in der Charta ohne Debatte zugestimmt haben. Aber im Grundgesetz steht nur: Wir sind ein »sozialer Bundesstaat«. Das reicht nicht.

Wie sähe so eine soziale Verpflichtung aus?

Hirsch: Ein Vorbild wäre die europäische Grundrechtscharta. Für mich ist wichtig, dass eine Gesellschaft gemeinsame Ziele, die sie politisch verwirklichen will, auch in der Verfassung festschreibt. Eine liberale Gesellschaft ohne soziale Verantwortung ist mörderisch.

Baum: Das ist nicht zu bestreiten. Ich bin gespannt, wie der Europäische Gerichtshof mit dem Sozialstaatsthema umgeht. Er ist doch sehr grundrechtsorientiert.

Hirsch: Ja. Er ist es seit 2015 geworden. Seit den Entscheidungen zur Vorratsdatenspeicherung, zum Recht auf Vergessen und zum sogenannten Safe-Harbor-Abkommen.

Baum: Wir wachsen hinein in einen neuen Grundrechtsraum, der auch von einem Gericht begleitet wird. Das ist doch eine sehr positive Entwicklung. Dehler übrigens wollte kein Bundesverfassungsgericht. Für ihn kam das einer Entmachtung der Politik gleich. Die Erfahrung hat ihn widerlegt.

Gehen wir noch einmal zurück in die Anfangsjahre der Bundesrepublik. Wie haben Sie begonnen, sich politisch zu betätigen?

Hirsch: Einer meiner Lehrer war Mitglied der LDP, der ostdeutschen Liberalen. Im ersten Kommunalwahlkampf in Halle gingen wir in die damals üblichen Versammlungen. Wir haben Störer rausgeworfen und Plakate abgerissen, wenn sie unsere überklebt hatten. Dann kamen regelmäßig Russen in die Schule und verhörten uns, ob und von wem wir angestiftet worden seien. Wir ahnten, dass einer in der Klasse ein Informant war, aber wir wussten nicht wer. Das kam mir alles bekannt vor, eine Gängelung und Überwachung wie die, der wir gerade entkommen waren, und die Angst, selbst unter Freunden darüber zu sprechen. Dabei entstand allmählich der Gedanke, dass Politik eine viel zu ernste Sache ist, als dass man sie anderen Leuten überlassen könnte. Sollte man etwa wieder so lange warten, bis es zu spät war? Ich wollte in Halle bleiben, dort das Abitur machen und dann Medizin studieren. Aber ich wurde als »Kind der bürgerlichen Klasse« nicht zum Studium zugelassen.

Mein früherer Jungstammführer war mittlerweile eine Nummer in der FDJ geworden und sagte mir schlicht: Nein, das geht nicht, jetzt sind erst mal die anderen dran. Da bin ich Chemiehilfswerker in Leuna geworden, ich musste ja von irgendetwas leben. Und trat in die LDPD ein, die Liberal-Demokratische Partei Deutschlands. Im November '49 ließ mir eine gute Bekannte ausrichten, dass sie mich auf dem Marktplatz am Roten Turm treffen wolle. Da war eine Straßenbahnhaltestelle. Ich bin hin, sie blieb in der Menge stehen und signalisierte mir, mich neben sie zu stellen. Dann flüsterte sie mir zu, dass die Russen sich nach mir erkundigten. Sie waren bei ihr gewesen, wussten schon, dass meine Eltern im Westen waren, hatten gefragt, was die da machten und was ich noch in Halle machte. Ich wusste, dass Reinfried Pohl, später ein Freund Helmut Kohls, Landesjugendsekretär der LDP, der mich geworben hatte und mit dem ich gut bekannt war, verschwunden war.

Warum blieben Sie da, wenn Sie nicht studieren durften?

Hirsch: Ich dachte, irgendwann lassen die mich schon studieren. Im Westen waren zwar inzwischen meine Eltern und mein Bruder, aber sonst kannte ich dort niemanden. Was sollte ich da? Und es hat mich bewegt, dass da ein System aufgebaut wurde, das zwar anders, aber doch ähnlich dem war, dem wir gerade entronnen waren. Ich wollte eben nicht weggehen. Ich hätte lieber dort etwas verändert. Aber mir war klar, jetzt wird es ernsthaft schwierig.

Was hat man Ihnen vorgeworfen?

Hirsch: Ich habe die Russen lieber nicht gefragt. Leuna war ein russischer Reparationsbetrieb. Ich habe dort als Chemiehilfswerker das Maul aufgerissen. Wie man das so macht in dem Alter. Ich war neunzehn und habe eben gesagt, was ich denke. Ich bin noch am selben Tag in die Marktkirche gegangen, habe mich ganz hinten an eine Säule gestellt und Abschied genommen. Ich wusste, das ist der letzte Tag, den du hier bist, so schnell wirst du nicht zurückkommen. Ich hab' mein Fahrrad genommen und den Rucksack, bin zum Bahnhof und mit dem Zug nach Berlin gefahren. Ich hatte kein Geld mehr, nichts. Es gab von Berlin eine Luftbrücke nach Hannover. Der Beamte fragte mich: Kannst du denn belegen, dass du politisch verfolgt wirst? Ich hab' gesagt: Wissen Sie, ich hab' ja an alles Mögliche gedacht, nur nicht daran, mir von den Russen bescheinigen zu lassen, dass sie mich verhaften wollen. Dann kann ich dir auch nicht helfen, war seine Antwort. Ich musste zurück nach Magdeburg, zu einem Onkel, der meinte: Wir haben Bekannte im Harz, fahr da hin, die helfen dir. Da bin ich nachts durch den Harz gewandert, es war eine mondhelle Nacht, die Bäume warfen lange, schräge Schatten. Man hatte mir gesagt, du musst da und da hingehen, zwischen halb zwölf und Mitternacht ist die Luft rein, weil da der Posten wechselt. Ich bin also los. Da kamen zwei Vopos auf mich zu: Was machst du denn hier? Ich erzählte eine Räuberpistole vom sterbenden Großvater in Braunschweig. Der eine fragte nach meinem Ausweis, dann meinte er: Na jut, dann loof. Ich wusste ja nicht, wohin, und habe gefragt, wo denn die Grenze sei. Da hat er eine Handbewegung gemacht, ich bin in die Richtung gelaufen, fünf Minuten später war ich drüben und bin nach Braunschweig, wo meine Eltern lebten.

Baum: Das war eine Stimmung in der damaligen sowjetischen Besatzungszone, die dazu geführt hat, dass unmittelbar nach dem Krieg, 1946, junge liberale Politiker, die sich zusammengeschlossen hatten, von den Russen verfolgt und hingerichtet wurden. Ein junger Mann, an den zu Recht immer wieder erinnert wird, hieß Arno Esch. Er war Pazifist, wurde 1949 verhaftet und 1951 in der Sowjetunion hingerichtet, mit 23 Jahren. Karl-Hermann Flach, unser Vorbild, später Generalsekretär der FDP, sagte einmal: Damals ging die liberale Jugend lieber ins Zuchthaus oder nach Sibirien, ehe sie Verrat an der Freiheit geübt hätte. Das sind liberale Märtyrer für uns.

Hirsch: Aus einer Studentengruppe um Arno Esch wurden achtzehn Studenten vor einem russischen Militärgericht angeklagt, vierzehn zum Tode verurteilt und hingerichtet. Man müsste auch an Wolfgang Natonek erinnern, der zwar mit dem Leben davonkam, aber jahrelang im Gefängnis saß. Ich wollte nicht umkommen. Also floh ich lieber.

Baum: Sonst würden wir Sie heute als Märtyrer verehren, Herr Hirsch.

Hirsch: Ich glaube nicht, Herr Baum. Wer kennt noch Arno Esch?

Baum: Heute nehmen manche die Freiheit so leicht, auch die Liberalen. Denen müsste man mal sagen, dass Leute ihr Leben aufs Spiel gesetzt haben für die Freiheit. Eine Frage, die ich mir immer wieder gestellt habe: Was ist Heimat? Oder wo ist meine Heimat? Da gibt es das wunderbare Wort von Goethe: Heimat ist dort, wo ich liebe. Wo ich Menschen liebe. Bei mir ist das eine Mixtur. Einmal die sächsische Prägung. Ich fange wieder an, Sächsisch zu sprechen, wenn ich dort bin. Ich übe das dann. Sie brauchen eine bestimmte Mundstellung dazu.

Hirsch: Sächsisch zu reden, das kam im Westen gar nicht gut an.

Baum: Meine Mutter hatte mir damals strikt verboten, Sächsisch zu sprechen. Sie hat es mir regelrecht austreiben wollen. Vergebens!

Hirsch: Ich wurde in Braunschweig Krankenpfleger und bekam anfangs keinen Zugang zu den Menschen. Man klang so, als wäre man Walter Ulbricht persönlich.

Baum: Ulbricht hat das Ansehen des Sächsischen in den Keller gezogen. Aber andere haben auch Sächsisch gesprochen. Ich denke an Richard Wagner, Nietzsche und viele andere.

Hirsch: Goethe muss glockenreines Sächsisch gesprochen haben. Der Faust auf Sächsisch ist der wahre Faust. Ich hab' dann angefangen zu berlinern. Wenn du berlinerst, sind die Leute freundlich.

Baum: Goethe war Bürger der Freien Reichsstadt Frankfurt!

Hirsch: Ja, aber zu Goethes Zeit war Sächsisch das klassische Hochdeutsch. Das, was heute das Hannoveraner Deutsch ist. Wenn Sie den Faust auf Sächsisch vortragen, klingt er ganz anders.

Baum: Ich lese gerade das Buch »Sommerregen der Liebe« von Sigrid Damm, da zitiert sie aus Goethes Briefen an Frau von Stein. Wie immer bei Goethe dreht sich alles um ihn. Seine Gedichte aber gehören zum Schönsten, was in deutscher Sprache je geschrieben wurde, weit weg von jedem Dialekt – in unvergleichlichem Deutsch.

Hirsch: Goethe war kein sympathischer, sondern ein sehr egozentrischer Zeitgenosse, ziemlich unerfreulich.

Baum: Er war eben Künstler. Künstler denken vor allem an ihr Werk. Goethe hat geliebt, um dichten zu können. Ich stelle übrigens auch fest, dass ich immer noch Sächsisch sprechen kann und mir eine sächsische Mentalität bewahrt habe, etwas Gelassenes, das übrigens nicht weit weg ist von der rheinischen Lebensart. Meine zweite Heimat war Bayern – ein anderer Dialekt, den ich auch zur Not noch sprechen kann, eine andere Mentalität, die meine dortigen Freunde prägt. Auch die Natur dort hat bleibenden Eindruck auf mich hinterlassen. Ich bin jeden Tag mit meinem Freund Franz Negele über den See in die Schule gerudert. Das war Natur pur: Sonne, Nebel, Regen, Wind und Sturm. Und wir sind nach München gefahren, ins Haus der Kunst, mit den Ausstellungen des uns bis dahin unbekannten Expressionismus, und ins Prinzregententheater.

Die erste Opernaufführung meines Lebens habe ich jedoch noch in der unzerstörten Semperoper in Dresden erlebt. Zum Gottesdienst ging ich in die unzerstörte Frauenkirche. So alt ist man! Bei der Gedenkfeier 2015 habe ich Bundespräsident Gauck erzählt, dass ich hier sonntags mit meiner Oma gesessen habe. Er hat das dann zu meiner Freude bei der Kundgebung vor der Kirche erwähnt. Ich nehme heute unter Umständen Einladungen nur deshalb an, weil sie in Dresden stattfinden. Sicher: Ich bin heute vor allem Europäer. Aber die Prägungen durch Landschaften und Menschen, durch Erinnerungen, die bleiben.

Hirsch: Wenn ich durch Halle oder Magdeburg fahre, geht mir das wirklich an die Nieren. Da taucht so viel wieder auf, dass man sich fragt, wo gehörst du eigentlich hin. Ich habe nach der Wiedervereinigung ernsthaft überlegt, ob ich nach Halle zurückgehe.

Baum: Ich auch. Nach Dresden.

Hirsch: Meine Frau, die Rheinländerin ist, hat gesagt, sie käme schon mit, aber was solle sie da? Ich hab es dann gelassen. Meine Erinnerungen an Magdeburg sind etwas schwächer. Magdeburg ist ja im Februar '45 total vernichtet worden. Da sind die Leute durch die Keller gerannt, weil oben die Häuser in Flammen aufgingen. Meine Großeltern kamen mit dem Zug aus Magdeburg in Halle an, mein Großvater, damals schon über achtzig, in Schlafrock und langen Unterhosen. Er hielt noch den Schlüsselbund in der Hand und begriff nicht, dass alles abgebrannt war. Er hat den Verlust nicht lange überlebt.

Baum: Wenn Sie das so erzählen, frage ich mich, was Sie wohl gefühlt haben, als wir 1989 mit Hans-Dietrich Genscher auf dem Marktplatz von Halle standen. Vor uns eine unüberschaubare Menschenmenge. Genscher hat geredet, sehr emotional ...

Hirsch: Bei diesem Besuch mit Genscher in Halle bekam ich kein Wort heraus und habe mich nur mühsam beherrscht. Ich bin danach noch oft in Halle gewesen, und bei jedem Besuch bin ich in die Marktkirche zu der Säule gegangen, an der ich damals Abschied genommen hatte. Und zum Giebichenstein, der Burg über der Saale. 1977 bin ich zum ersten Mal seit meiner Flucht wieder in die DDR gefahren, mit Frau und Kindern, hinter uns immer zwei Wartburgs mit acht Stasi-Leuten. Wir haben aber nur Sightseeing gemacht – Kirchen, Museen, die Wartburg und die Rudelsburg, die Dome in Naumburg und Magdeburg. Ich habe im Dresdner Zwinger die Sixtinische Madonna wiedergesehen, die Bastei im Elbsandstein, Sanssouci in Potsdam, Barlach in Güstrow, das Schloss in Schwerin. Als wir zurück waren, fragte ich meinen kleinen Sohn, was ihn am meisten beeindruckt hatte. Da hat er lange nachgedacht und gesagt: »Dass die alle Deutsch sprechen.« Nichts konnte deutlicher machen als diese Bemerkung, wie sehr wir dabei waren, uns auseinanderzuleben. Die Akzeptanz der DDR, um zu einer Normalität zu kommen, um sich wieder anzunähern, war für mich der einzige gangbare Weg, die Nation zu erhalten.

Baum: Zum Glück hielt noch etwas anderes die Deutschen damals zusammen: die Kultur. Es gab Literatur in der DDR, die uns interessierte, viel Beachtenswertes in der zeitgenössischen Musik, in der Malerei, etwa die Leipziger

Schule. Joseph Beuys hier, Bernhard Heisig in Leipzig. Auch für das geteilte Berlin waren diese kulturellen Impulse – sie waren ja wechselseitig – sehr wichtig.

Hirsch: Was das betrifft, zögere ich sehr, Ihnen zuzustimmen. In der Musik: ja. In der zeitgenössischen Malerei der DDR dominierte der sozialistische Realismus, in der Literatur die russische Klassik.

Baum: Das stimmt nicht! Es gab bedeutende Künstler in der DDR, und es gab Schriftsteller von Rang, Stefan Heym, Erich Loest, Günter Kunert, Christa Wolf, Jurek Becker und viele andere.

Hirsch: Kulturellen Austausch gab es, einverstanden. Was die Politik betrifft, hat Thomas Dehler immer gesagt, wir stehen verkehrt herum – dass wir besser mit dem Rücken zum Westen stehen sollten, nicht umgekehrt. Nur so könnten wir offener sein für eine Annäherung. Für Adenauer gab es ja nur die Grenze, den Eisernen Vorhang.

Baum: Als wir 1951 nach Köln kamen, suchte meine Mutter ein Grundstück. In der Stadtverwaltung sagte man ihr: Liebe Frau Baum, bitte bleiben Sie linksrheinisch. Sind wir dann ja auch. Man wusste nie, ob der Rhein nicht wieder eine Grenze wird. So war die Mentalität damals.

Hirsch: Es gab tatsächlich Aufmarschpläne der NVA, der Volksarmee der DDR, die bis über den Rhein reichten.

Baum: Die Furcht vor den Sowjets war nicht unberechtigt. Es drohte ja wirklich Gefahr. Trotzdem sind unsere Bande in die alte Heimat nie gerissen. Wir haben beide viele Kontakte in die DDR geknüpft. Wir waren in Dresden, wir waren in Halle. Wir haben Gespräche geführt mit Leuten, die dann sehr bekannt wurden. Vor der Wende und nach der Wende.

Hirsch: Unmittelbar nach der Wende zum Beispiel mit Wolfgang Schnur und Ibrahim Böhme, die dann beide als Stasi-Spitzel enttarnt wurden. Und vorher schon mit Joachim Gauck in Rostock und einer ganzen Reihe von Vertretern der Runden Tische. Ich hatte anfangs auch noch Verwandte in der DDR, die ich nur zögernd besuchte, um sie nicht in Gefahr zu bringen.

Baum: Ich denke vor allem an meinen Freund Jürgen Bönninger und seine Widerstandsgruppe in Dresden. Wir, meine Frau und ich mit unserer kleinen Stiftung, haben daran mitgewirkt, dass neben der Kreuzkirche in Dresden ein Denkmal errichtet wurde, das an ein legendäres Friedensgebet »Schwerter zu Pflugscharen« mit über tausend Menschen erinnert, das am 8. Oktober 1982 in der Kreuzkirche stattgefunden hatte. Es besteht aus zwei gegeneinander gekippten Trümmerbrocken: »Steine des Anstoßes«. Die Rolle der Bürgerrechtler drohte zu verblassen. Dem wollten wir entgegenwirken. Erinnern Sie sich noch, Herr Hirsch, als wir im Oktober 1989 in der Kreuzkirche waren und Hunderte junger Demonstranten, die von der staatlichen Gewalt zusammengeknüppelt worden waren, dort

Schutz suchten? Christof Ziemer, der mutige Dresdner Superintendent, hielt eine Predigt gegen die Angst. Er war eine führende Figur in der Friedensbewegung. Wir standen da als Westdeutsche mitten in der Kirche in enger Solidarität. Diese Stimmung damals, in Halle, Dresden, Leipzig, haben wir miterlebt und viele Gespräche geführt. Wir sind auch bei einigen Montagsdemonstrationen mitgegangen.

Zurück nach Köln, wohin Ihre Mutter mit Ihnen und Ihren Geschwistern übersiedelte, Herr Baum. Wie kam es dazu?

Baum: Nach der Währungsreform waren wir mittellos. Meine Mutter bekam eine Witwenrente, aber davon konnten wir nicht leben. Sie suchte also Arbeit und wurde Vertreterin für medizinische Geräte. Wie sie dazu gekommen ist, weiß ich nicht. Sie war eine sehr überzeugende, charmante Frau und konnte mit Männern umgehen, die damals ja in den Kliniken das Sagen hatten. Sie reiste im ganzen Bundesgebiet herum mit diesen Geräten – die Eiserne Lunge beispielsweise. Das lief eine gewisse Zeit, ich war oft allein mit meinen Geschwistern am Tegernsee. Dann gab es Anfang der fünfziger Jahre eine Möglichkeit, nach Köln zu kommen. Wir haben dort ein Haus gebaut, als Flüchtlinge mit staatlicher Unterstützung.

Wie ging das, wenn man mittellos war?

Baum: Meine Mutter hat Geld verdient. Außerdem hat sie in Köln ein Maklergeschäft aufgebaut. Sie hat Grundstücke ausfindig gemacht, mit den Eigentümern verhandelt, die Häuser in Eigentumswohnungen aufgeteilt und die Käufer beraten. Sie hat sie mit einem befreundeten Bauträger, einem Architekten, zusammengebracht. Von der Provision haben wir gelebt. Mein Zimmer in unserem Häuschen in Köln-Weidenpesch war das Wartezimmer. Zwei- oder dreimal in der Woche saßen da die Leute. Ich habe meine Mutter dann irgendwann mit meinen kümmerlichen Jurakenntnissen beraten. Später hat sie alles verkauft, ist nach Berlin gegangen und hat sich dort sehr geschickt eine ältere, preiswerte Villa in Halensee gekauft, hat in einer herrschaftlichen Wohnung darin gewohnt und alles mit einem Rentenvertrag verkauft. Das heißt, sie konnte dort leben, bekam eine Leibrente und hat es geschafft, ihr Leben bis zum Schluss zu meistern, ohne von uns Hilfe zu brauchen. Sie ist 86 Jahre alt geworden. Die Frau aus dem Mädchenpensionat. Sie hat sich immer eine neue Partnerschaft gewünscht. Sie war sehr attraktiv, aber einen Mann, der sein Leben so mit ihr teilen wollte, wie sie sich das vorstellte, fand sie nicht. Sie hatte gute Kontakte, zum Beispiel zu Axel Springer. Ich hatte das Vergnügen, bei Springer eingeladen gewesen zu sein, das war 1980. Seine Zeitungen forderten damals regelmäßig meinen Rücktritt als Innenminister. Beim Tee in Springers Villa auf Schwanenwerder hat keiner von uns dieses heikle Thema erwähnt. Aber natürlich haben wir auch über Politik geredet.

Wie erinnern Sie sich an Ihre ersten Jahre im Westen, Herr Hirsch?

Hirsch: Nachdem ich im Harz über die Grenze gelaufen war, bin ich nach Braunschweig gegangen. Mein Vater war arbeitslos, meine Mutter Arbeiterin in einer Glühlampenfabrik. Die versorgten durchgebrannte Birnen mit neuem Draht. Ich wollte Mediziner werden und habe deswegen als Krankenpfleger in einer Unfallchirurgie gearbeitet, gegen Essen. Geld gab's nicht. Mit geborgten 500 Mark habe ich mich in Marburg beworben, weil da Bekannte aus Halle lebten. Die Uni nahm mich, ich war der jüngste Medizinstudent Deutschlands. Aber erst sollte ich 350 Mark Gebühren bezahlen. Als Hesse wäre ich gebührenbefreit gewesen, aber ich war ja ein zugereister Fremder. Außerdem brauchte ich einen Wohnungsnachweis. Es war der letzte Einschreibungstag. Beim studentischen Wohnungsamt standen fünfzig Studenten vor mir, mittags um halb zwölf. Plötzlich ging die Tür auf und Reinfried Pohl kam heraus, der vor mir aus Halle geflohen war. Binnen einer halben Stunde besorgte er mir ein Zimmer. Es war eine schlimme Zeit. Ich habe gehungert, aß mittags in der Volksküche für zehn Pfennig eine Suppe.

Am Ende des Semesters hatte ich gerade noch Geld für eine Fahrkarte nach Gießen. Dort hatte ein Studienkollege eine Rasierklingenvertretung, Homos hieß die Marke. Die haben mich im Hausieren angelernt. Wir sind durch die ganze süddeutsche Republik gereist, drei Monate lang. Das Geld, das ich da verdient habe, ermöglichte mir vier weitere Semester. Ich habe während des Studiums alles Mögliche gemacht, beim Fahrzeugbauer Büssing gearbeitet, im Hofbräuhaus Wolters in Braunschweig, als Taxator für eine Versicherungsgesellschaft. Später hat mich das oft beschäftigt: Wer Geld hatte, konnte studieren. Ich konnte mir nicht mal ein Lehrbuch kaufen. Daraus ergaben sich Bildungslücken, die ich noch lange gespürt habe.

Baum: Ich wollte zuerst Kunstgeschichte studieren, hab' mir das aber schnell abgeschminkt. Ich wollte näher mit der Realität des Lebens in Kontakt kommen, vor allem mit der Politik. Ich habe mich dann in Köln für Jura eingeschrieben, ohne Schwierigkeiten. Aber auch ich hatte zunächst kein Lehrbuch und keinen Gesetzestext. Da bekam ich hundert Mark von einer staatlichen Stelle, um mich mit Büchern auszustatten. Den Lebensunterhalt habe ich durch Beratung meiner Mutter verdient. Oft habe ich auch am Schalter der Stadtsparkasse gejobbt.

Hirsch: Beim Hausieren habe ich damals Thomas Dehler in Bamberg kennengelernt. Ich wusste nicht, dass das ein bedeutender Mann war. Mit unseren Rasierklingen gingen wir immer dorthin, wo Männer waren, zum Beispiel ins Oberlandesgericht. Ich kam mit Dehler ins Gespräch und erzählte ihm, was ich so mache. Da sagte er: »Ich rate Ihnen, Jura zu studieren. Aber gehen Sie nicht nach Bayern. Sie sind evangelisch, das können Sie ändern. Sie sind nicht in der CDU, das können Sie auch ändern. Aber Sie sind nicht aus Bayern, und das können Sie nicht ändern.« Später sollte er einmal eine Rede in Marburg halten. Ich war schon bei der FDP und bekam die Aufgabe, ihn zu bitten, dabei etwas Rücksicht auf die feinsinnigen Bürger im Publikum zu nehmen. Er starrte mich an und sagte schließlich: »Wissen Sie, ich nehme mir immer das Beste vor, aber wenn ich da oben auf der Bühne stehe, dann rede erst ich, und dann redet es aus mir.« Natürlich hielt er eine donnernde Rede, wir waren hell begeistert.

Baum: Dehler war erklärter Nazigegner, hatte eine jüdische Frau und konnte sich als Rechtsanwalt im Dritten Reich nur mühsam halten. Ins Gericht ging er immer mit einer Aktentasche in jeder Hand, um den Hitlergruß zu vermeiden. Eines Tages wurde er wegen Missachtung staatlicher Symbole angezeigt. Für mich war er ein Vorbild für kämpferischen Liberalismus. Seine Reden im Bundestag sind heute noch lesenswert. Bis zu seinem Tod 1967, der uns sehr erschüttert hat, hatte ich mit ihm ein enges, vertrauensvolles Verhältnis, das mir viel bedeutet hat. Wir kämpften gemeinsam gegen den Muff der Mende-FDP.

Haben Sie wegen Dehlers Rat auf Jura umgesattelt, Herr Hirsch?

Hirsch: Nein. Es waren persönliche Gründe, Medizin abzubrechen und auf Jura umzusatteln. Aufgrund der Jobs, die ich für meinen Lebensunterhalt machen musste, war das Studium schwierig. Es war überhaupt nicht daran zu denken, Literatur zu lesen. Ich war froh, dass ich einigermaßen durchkam. 1954 habe ich das erste Staatsexamen gemacht. Nach dem zweiten Examen bin ich zur Wirtschaftsvereinigung Eisen und Stahl in Düsseldorf gegangen, weil die Lehrgänge anbot für Leute, die in die Europäische Gemeinschaft wollten. Da habe ich als Praktikant in den Hüttenwerken Oberhausen angefangen, im Thomas-Stahlwerk und am Hochofen. Danach ging es langsam aufwärts. Wegen dieser Erfahrungen bin ich immer gegen Studiengebühren gewesen. Ich bin ja ein Studienabbrecher. Das war aufgrund meiner damaligen Umstände nötig und hat mir wirklich keinen Spaß gemacht. Mich hat meine Art zu studieren einen hohen Preis gekostet.

Baum: Ich hab' nicht gerne studiert. War mir zu trocken, zu langweilig. Ich habe zwei Jahre in einer Anwaltskanzlei gearbeitet, bin ins kalte Wasser gesprungen, hatte überhaupt keine Erfahrung. Mit einer Bürovorsteherin haben wir den Laden geschmissen, da habe ich mehr gelernt als an der Uni. Was Juristerei ist, habe ich erst begriffen, als ich Referendar wurde. Da wurde ich an Amtsgerichte versetzt, habe mit Menschen zu tun bekommen. Das Recht begann zu leben, sich mit Schicksalen zu verbinden. Ich merkte, dass Recht nicht gleich Recht ist, dass es gestaltbare Zwischenräume gibt. Das war eine tolle Zeit. Mein erstes Examen war schlecht, das zweite besser, auch wegen dieser praktischen Erfahrung. Ich weiß noch, wie ich einmal als Vertreter der Staatsanwaltschaft gegen ein homosexuelles Paar – das war ja damals strafbar –, unerfahren wie ich war, ein übertrieben hohes Strafmaß beantragt habe. Der Richter hat mich nur angeschaut: »Herr Kollege, meinen Sie das im Ernst?« Werde ich nie vergessen. Irgendwann war aber keine Zeit mehr für solche Dinge, weil wir Politik gemacht haben, nicht wahr, Herr Hirsch?

Hirsch: So ist es. Ich beklage die harten Lehrjahre übrigens nicht. Wenn man sich einmal durchgebissen hat, wirft einen nichts mehr so leicht um.

Engagement für eine liberale FDP

Wann wussten Sie, dass Sie in die Politik gehen wollten?

Baum: Meine Motivation, das wird mir immer klarer, liegt im persönlichen und politischen Schock der Zerstörung meiner Heimatstadt Dresden. Diese Katastrophe hat mich so geprägt, dass der Wunsch, daran mitzuwirken, dass so etwas nie mehr passiert, immer stärker wurde. In Deutschland musste ja eine Demokratie aufgebaut werden, und dieses Projekt hat mich von Anfang an zur politischen Aktivität motiviert. Für die jungen Menschen heute sollten Europa und die Menschenrechte Motivation sein, um sich politisch zu engagieren.

Hirsch: Meine Politisierung fing in Halle an, als mir gesagt wurde, du gehörst zur bürgerlichen Klasse und hast hier nichts mehr zu suchen. Da sagte ich mir: Sollen die Russen oder wer immer mir vorschreiben, wie und wo ich zu leben habe? Nach meinen Erfahrungen in der LDP in Halle habe ich mich in Marburg bei der FDP gemeldet, bin dort Mitglied geworden und musste sofort in die Wahlkämpfe von

1950/51 ziehen. Wir wurden mit einem Lichtbildervortrag auf die Dörfer geschickt. Dabei erlebte ich eine ganz andere Welt als die, die ich in der Sowjetischen Besatzungszone hinter mir gelassen hatte – die beginnende Restauration der untergegangenen Gutbürgerlichkeit. Ich kam als Jungdemokrat in den Kreisvorstand, engagierte mich im Liberalen Studentenbund, agierte gegen die sich neu bildenden Korporationen und arbeitete in der Marburger Kreisjugendpflege mit. Ein konkretes Berufsziel hatte ich nicht. Die Unabhängigkeit des Amtsrichters in Niebüll erschien mir ebenso erstrebenswert wie die Einflussmöglichkeiten eines Justizministers. Eins von beiden sollte es schon sein. Dazu, ein politisches Amt als Beruf zu übernehmen, musste ich mich erst 1975 entscheiden, als Willi Weyer als Innenminister von Nordrhein-Westfalen aufhörte.

Baum: Ich lebte in einem Vorort von Köln, da gab es eine FDP-Gruppe von Industriearbeitern, was heute kaum mehr vorstellbar ist. Dort knüpfte ich meine ersten Kontakte. Der Vorsitzende der Truppe war ein Kölner Rechtsanwalt namens Friedrich Jacobs, ein väterlicher Freund. Er wurde später Bürgermeister. Noch war ich aber zu unentschlossen, in die Partei zu gehen. Zudem hatte die FDP aufgrund ihrer Nazi-Netzwerke einen schlechten Ruf in Nordrhein-Westfalen. Da bin ich lieber in den Liberalen Studentenbund eingetreten. Wir haben uns jeden Mittag getroffen, und ehe ich mich versah, wurde ich Vorsitzender und habe meine ersten Veranstaltungen gemacht, zum Beispiel zur Wiederbewaffnung der Bundeswehr. Da war die Mensa voll, tausend Leute! Im Grunde bin ich getragen worden von Freunden und Gleichgesinnten. Mit denen bin ich dann zu den Jungdemokraten gegangen, der Jugendorganisation der FDP, deren Vorsitzender ich von 1960 bis 1966 in Köln war. Wir merkten schnell, dass man nur Einfluss nehmen konnte, wenn man in der Partei war. Also sind wir in die FDP eingetreten und haben sofort versucht, die Partei hier in Köln zu verändern. Wir waren immer in der Opposition, jahrelang. Die Jungdemokraten waren ja »links«. Längst war uns klar, dass Friedrich Middelhauve die nordrhein-westfälische FDP auch mit Hilfe ehemaliger HJ- und NS-Funktionäre führte.

Warum haben Sie sich die FDP ausgesucht?

Baum: Welche Partei denn sonst? In Köln war die CDU extrem klerikal, trat zum Beispiel für die Konfessionsschule ein. Die SPD hatte gerade ein sozialistisches Programm verabschiedet, das kam für mich als überzeugter Marktwirtschaftler nicht in Frage. Sonst gab es ja nur noch die KPD. Die FDP erschien mir damals als das kleinere Übel. Wir wollten diese Partei ja auch verändern. Als wir zu unserem ersten Landeskongress der Jungdemokraten gingen, stellten wir fest, dass da schwarz-weiß-rote Fahnen hingen. Die haben wir erst mal abhängen lassen. Es gab völkische Treffen in der Dunkelheit am Hermannsdenkmal im Teutoburger Wald. Jeder bekam eine Fackel in die Hand gedrückt. Da sagte Günter Verheugen, den ich dort zum ersten Mal getroffen habe, zu mir: »Was machen wir eigentlich hier?« Wir schmissen die Fackeln weg und gingen unten im Dorf einen trinken.

Hirsch: Und Wolfgang Döring hielt am Denkmal eine Rede, wo er von der »schwarzen Seidenschnur der klerikalen Heuchler« sprach. Er gab ein Schwarzbuch heraus, das habe ich heute noch, über den Einfluss der katholischen Kirche auf die Wahlen in Nordrhein-Westfalen.

Baum: Da wurde von den Kanzeln in der Kirche herab eine Wahlempfehlung abgegeben pro CDU. Wir wollten weder von den Kanzeln noch von den Gewerkschaften abhängig sein, die für die SPD warben.

Hirsch: Die FDP hielt einmal einen Landesparteitag in Wetzlar ab. Da kam eine Delegation der »Jungen Adler« aus Nordrhein-Westfalen, der Vorfeldorganisation der Jungdemokraten, Altersgruppe vierzehn bis achtzehn. Die hatten die alte Pimpf-Uniform an, braunes Hemd, kurze schwarze Cordhosen, schwarzer Schlips, Lederknoten. Und dann einen Wimpel! Ich dachte erst, das ist eine Theatertruppe, lächerlich.

Baum: Die Lage war sehr ernst in Nordrhein-Westfalen. Der Landesvorsitzende Friedrich Middelhauve wollte mit seinem Nazi-Netzwerk die Ehemaligen als Wähler ansprechen. Er wollte die Partei rechts von der CDU etablieren und hatte damit einen gewissen Erfolg. Eine Reihe seiner Geschäftsführer rekrutierte sich aus diesen alten Seilschaften. Diesem Machtgefüge standen wir gegenüber, als wir da anfingen. Wir wurden nirgendwo gewählt, wir befanden uns auf einer Insel in feindlichem Umfeld, das uns nicht zum Zuge kommen ließ und erst recht nicht unsere Vorstellungen so vertrat, wie wir das erwartet hatten. Zehn Jahre lang – von 1962 bis 1972 – war ich Vorsitzender der Kölner FDP, des größten Kreisverbands in Nordrhein-Westfalen. Von festen Listenplätzen blieben meine Freunde und ich aber ausgeschlossen. Im Landesverband bestand weithin eine Schlussstrichmentalität, was die Aufarbeitung der NS-Vergangenheit betrifft. Eine Generalamnestie sollte her, Mord sollte verjähren. Das alles wurde letztlich verhindert, und daran haben wir mitgewirkt.

Ein Beispiel für unsere Aktivitäten: 1955 haben wir als Jungdemokraten den in Deutschland heftig umstrittenen französischen Film »Nacht und Nebel« von Alain Resnais in einem Kölner Kino gezeigt, den ersten Dokumentarfilm über Konzentrationslager, und danach mit den Besuchern diskutiert – sehr zum Missfallen unserer Partei. So war die Stimmung in der nordrhein-westfälischen FDP damals, allerdings nicht nur dort. Wir mussten uns als Jungdemokraten Redner aus anderen Bundesländern einladen. Ich wäre nie in die FDP gegangen, wenn es nicht Leute wie Theodor Heuss, Reinhold Maier, Thomas Dehler, Franz Blücher, Hildegard Hamm-Brücher oder Hermann Höpker-Aschoff gegeben hätte, um nur einige zu nennen. Es kostete uns schon Überwindung, in diese Partei einzutreten, und viel Kraft, sie zu verändern. Aber das wollten wir von Anfang an. Abgeschlossen war das erst mit der sozialliberalen Koalition 1969 und mit dem Freiburger Programm 1971. Dann verschwanden nach und nach unsere Gegner aus der FDP.

Hirsch: Ich bin erst 1955 in Düsseldorf sesshaft geworden und habe die FDP anders erlebt. Walter Scheel, Wolfgang

Döring, Willi Weyer und Hans Wolfgang Rubin sind 1956 als sogenannte Jungtürken, als liberale Demokraten, mit dem Sturz von CDU-Ministerpräsident Karl Arnold in die Bundespolitik eingetreten, um die Fortsetzung einer liberalen Politik gegen das sogenannte Grabenwahlsystem zu sichern, mit dem Adenauer – unser Koalitionspartner! – die FDP zerschlagen wollte. Die Jungtürken traten dem Machtanspruch der CDU ebenso entschlossen entgegen, wie sie mit Middelhauve fertig wurden. Das Wahlplakat »Rechts ran! Wählt Middelhauve!« mit schwarz-weiß-rotem Rand war unerträglich. Aber es gab in allen Parteien Leute, die eine unbewältigte Vergangenheit mit sich herumtrugen. In der FDP war ihr politischer Einfluss mit der Naumann-Affäre von 1953 und dem massiven Eingreifen Dehlers im Auftrag des Bundesvorstands gebrochen, der den weiteren Aufstieg Middelhauves beendete. Für mich war das eine Generation, die sich noch jahrelang um das Eingeständnis herumdrückte, versagt zu haben. Ich habe mich immer wieder gefragt, wie der erste Deutsche Bundestag 1949 ausgesehen hätte, wenn alle die Uniform getragen hätten, die sie am 8. Mai 1945 anhatten. Das wäre ein ziemlich buntes Bild gewesen.

In Marburg habe ich mich monatelang ins Amerika-Haus gesetzt und die über vierzig Bände der Nürnberger Prozessakten gelesen, um zu begreifen: Was war da eigentlich passiert? Die Leute verdrängten ja alles, was mit dem sogenannten Dritten Reich zu tun hatte. Sie benahmen sich wie Menschen, die einen Betriebsunfall miterlebt hatten, aber eben als Zuschauer. Das war die Persilschein-Generation. Die größte Lügensammlung der deutschen Geschichte waren die Persilscheine, mit denen jeder zu beweisen versuchte, dass er unter den Nazis ein anständiger Mensch geblieben war. Die eigentliche Frage war damals: Konnte man wenigstens einen Teil dieser Generation integrieren? Ich habe immer unterschieden zwischen denen, die keine Märtyrer werden wollten, die reinen Mitläufer, und denen, die wussten, was gemacht wurde, und mitgemacht haben. Und die sollten raus aus der Politik und sich schämen.

Baum: Aber Herr Hirsch, die waren ja alle da. Sie saßen in den Ämtern, in den Gerichten. Man hat sich mehr um die Eingliederung der alten Nazis gekümmert als um die Eingliederung der Emigranten. Warum mussten sie unbedingt wieder in Schlüsselpositionen kommen?

Hirsch: Das ist mir zu pauschal. Ich möchte unterscheiden zwischen denen, die nichts begriffen hatten, und der Vielzahl derjenigen, die ernsthaft am Aufbau eines demokratischen Staates mitwirken wollten. Sie müssen den Mut haben, auch in dieser Frage zu differenzieren.

Baum: Aber ich meine doch die Leute, die die FDP rechts von der CDU ansiedeln wollten! Die nicht loslassen konnten von den alten völkischen Vorstellungen der Nazis. Die wollten die Niederlage, ihre Ursachen und Folgen nicht anerkennen, also zum Beispiel keine neue Ostpolitik einleiten. Mit denen haben wir uns doch angelegt!

Hirsch: In der Frage sind wir uns völlig einig. Es gab aber auch viele Leute, die Mitläufer gewesen waren oder einfach keinen Mut oder keine Lust gehabt hatten, sich zu exponieren.

Baum: Ist klar. Aber noch lange hatte man den Eindruck, dass die Nazigesinnung noch da war. Sie haben uns nicht erzählt, was damals passiert war. Alle Versuche der kritischen Aufarbeitung stießen auf eine Mauer des Schweigens.

Hirsch: Einverstanden.

Baum: Die ist erst durchbrochen worden durch einen Mann, den ich zutiefst verehre …

Hirsch: Fritz Bauer.

Baum: Genau. Sie haben ja den Fritz-Bauer-Preis der Humanistischen Union bekommen. Ohne Bauer hätte es 1963, also sehr spät, den Auschwitz-Prozess nicht gegeben, und Eichmann wäre friedlich in Argentinien gestorben. Bauer war in der deutschen Richterschaft ziemlich isoliert. Hessens Ministerpräsident Zinn hat ihn gedeckt. Bauer fand heraus, dass Eichmann in Argentinien lebte, und teilte dies nicht den deutschen Behörden mit, weil er kein Vertrauen in sie hatte! Er hat es dem israelischen Geheimdienst Mossad gesagt. So waren die Verhältnisse damals. Man hatte hier keinen Willen, sich mit der eigenen Vergangenheit auch juristisch auseinanderzusetzen. Wann haben wir von den Verbrechen der Wehrmacht erfahren? Durch die Wehrmachtausstellung meines Freundes Hannes Heer. Das war 1995! Da haben die Leute noch immer gesagt: Das kann doch nicht sein, das waren doch alles anständige Leute, die für ihr Vaterland gekämpft haben. Eben nicht! Sie beriefen sich auf Befehle, aber das kann sie bei Mord nicht entlasten.

Hirsch: Man sprach damals nicht von den Kriegsverbrechern, sondern von den »Kriegsverurteilten«. Übrigens habe ich diese Ausstellung mit betrieben.

Baum: Weiß ich, Herr Hirsch.

Hirsch: Wegen dieser Ausstellung gehe ich nicht mehr ins Haus der Geschichte in Bonn, weil die sich geweigert haben, sie zu bringen.

Baum: Da sehen Sie, wie lange dieser Prozess gedauert hat, der die Bundesrepublik im Grunde demokratischer gemacht hat. Trotzdem finde ich, wir machen das schon ganz gut, wie wir bis heute mit der Nazibarbarei umgehen. Wir stellen uns heute dieser Geschichte. Das ist doch eine sehr positive Entwicklung unseres Landes. Sie stärkt unsere Demokratie.

Hirsch: Ich möchte noch einmal die herausragende Rolle von Fritz Bauer in der Auschwitzfrage betonen. Sie haben die Ausstellung von Hannes Heer und Jan Philipp Reemtsma genannt. Unsere Mitbürger hatten keine Vorstellung davon, wie viele Deutsche von diesen Ermordungen wussten – oder sie wollten es nicht wissen. Das wurde immer weggeschoben mit der Bemerkung, das seien nur ein paar Verbrecher gewesen. Nein, das waren wir Deutsche! Es war erschreckend zu begreifen, wie viele da mitgemacht haben. Haben die in ihren Fronturlauben nie etwas davon erzählt? Haben die unterm Weihnachtsbaum gesessen und fromme Lieder gesungen? Ich bin immer wieder fassungslos, wie viele das einfach verdrängt haben. Und wie viele Menschen sich das Hab und Gut der deportierten jüdischen Nachbarn unter den Nagel gerissen haben, doch wohl in dem Wissen, dass die nie zurückkehren werden. Hier in Düsseldorf mussten Tausende ein Wochenende lang in einer Halle für Schlachtvieh warten, ihre Kleinkinder legten sie in die Tröge. Und am Montag mussten sie zum Güterbahnhof Derendorf marschieren zum Abtransport. Nach dem Krieg wollte das keiner mehr wissen.

Baum: Ich habe vor fünf Jahren die Ausstellung »Verstummte Stimmen« von Hannes Heer in Dresden begleitet. Sie stellte das Schicksal der von den Nationalsozialisten vertriebenen jüdischen Angehörigen der Dresdner Bühnen dar. Bemerkenswert ist, dass Heer bei der Vorbereitung Rechercheprobleme hatte, noch nach so langer Zeit! Die zuständigen Ämter haben abgewiegelt. Immer noch! Vor kurzem war wieder über einen Nazi-Massenmörder zu lesen. Der hatte eine reduzierte Strafe bekommen, die er abgesessen hat. Fünf oder sechs Jahre. Danach hat er sein Leben friedlich in einem Altersheim in Brühl beschlossen. Das macht mich so zornig, dass ich unstatthafte Gedanken hege: Die RAF-Täter haben wir bestraft, lebenslang. Zu Recht. Natürlich haben die zwanzig Jahre oder mehr gesessen. Da stimmt doch das Verhältnis nicht! Zehntausende von NS-Tätern wurden nach dem Krieg mit einem Federstrich amnestiert.

Hirsch: Die Amnestie bezog sich auf die Verbrechen, die im letzten halben Jahr des Krieges begangen worden waren.

Baum: Trotzdem! Der Auschwitz-Prozess hat ja nur eine lächerliche Ausbeute an Strafen gebracht. Demgegenüber haben wir rigoros reagiert bei den RAF-Tätern, die Mörder waren. Das war richtig. Falsch war, dass wir den NS-Tätern gegenüber so milde waren.

Hirsch: Das erinnert mich an die schlimme Rede, die Martin Walser über die »Auschwitz-Keule« ausgerechnet bei der Verleihung des Friedenspreises des Deutschen Buchhandels in der Paulskirche gehalten hat. Walser mag kein Antisemit sein, aber dieselbe Rede hätte auch ein Antisemit halten können. Es gab stehende Ovationen. Ignatz Bubis und seine Frau blieben sitzen. Ich war dabei und schäme mich bis heute.

Baum: Ich war neulich in Amsterdam. Ich ging abends spazieren und kam zufällig beim Anne-Frank-Haus vorbei. Abends um 19 Uhr war da noch immer eine etwa hundert Meter lange Schlange vor dem Einlass. Da habe ich als Deutscher ein beklommenes Gefühl gehabt. Da kommen Leute aus der ganzen Welt und wollen wissen, wer Anne Frank war, und möchten an ihrem Schicksal teilnehmen.

Hirsch: Theodor Heuss hat mal gesagt, es gibt keine Kollektivschuld, aber eine Kollektivscham. Ich frage mich, wie viele Leute diese Kollektivscham wirklich empfunden haben und was sie tun, damit sich so etwas nicht mehr wiederholen kann.

Baum: Und es gibt eine kollektiv nachwirkende Verantwortung!

Hirsch: Ich bin lange nicht damit fertig geworden, dass unsere Lehrer erst mit Heil Hitler ins Klassenzimmer kamen und sich später als Freunde der Roten Armee bezeichneten. Ein Volk aus Märtyrern gibt es nicht. Die Menschen wollen überleben. Dafür gibt es den Begriff der »normativen Kraft des Faktischen«. Menschen, die in einer Herrschaftsordnung leben, die ihren eigenen Vorstellungen nicht entspricht, der sie aber nicht entkommen können, fangen an, ihre Werturteile an die neuen Machtverhältnisse anzupassen.

Baum: Verständlich ist, wenn sie ihr Verhalten anpassen. Aber meine Sympathie haben jene, die, auch wenn sie keinen aktiven Widerstand geleistet haben, ihren Überzeugungen treu geblieben sind unter den schwierigen Umständen einer Diktatur. Das waren doch unsere Gesprächspartner in den nichtdemokratischen Ländern, die wir besucht haben. Nelson Mandela nach seiner Freilassung zum Beispiel, aber auch Winnie Mandela oder Erzbischof Tutu. Ich meine die, die sich nicht angebiedert haben. Viele sagen heute: Ich weiß nicht, wie ich mich verhalten hätte. Ich will nicht von mir sprechen, sondern von Ihnen, Herr Hirsch. Ich weiß, wie Sie sich verhalten hätten. Sie sind nicht Kommunist geworden, und Sie wären niemals Nazi geworden. Die Nazis waren nur deshalb so erfolgreich, weil viel zu viele Deutsche sie gewähren ließen. Die Röhm-Morde 1934 erfolgten auf offener Bühne, sogar der frühere Reichskanzler Kurt von Schleicher wurde mit seiner Frau umgebracht, mehr als siebzig Menschen. Carl Schmitt kommentierte öffentlich: »Der Führer schafft Recht.«

Hirsch: Aber das ist mit einem Teil der Deutschen 1933 und in der Sowjetischen Besatzungszone nach 1945 auch geschehen, dass sie sich anpassten, um in einem Staat zu überleben, den sie sich nicht ausgesucht hatten. Darin liegt auch einer der Gründe, warum Dehler für die Verjährung selbst von Mordstraftaten eintrat, leider. Aber abgesehen von der unerhörten fabrikmäßigen Ermordung, für die man jeden Täter und Mittäter auch heute noch verurteilen sollte, frage ich mich manchmal, ob sich unsere heutigen Zeitgenossen in die damalige Zeit hineinversetzen können und ob man die Täter nicht nur wegen ihrer individuellen Schuld, sondern als Teil des Regimes bestraft, gleichzeitig für die millionenfachen Mitläufer, ohne die das Regime nicht funktioniert hätte. Aber insgesamt hat die deutsche Nachkriegsjustiz versagt.

Baum: Aus dieser Erfahrung, die wir beide und viele Deutsche gemacht haben, leite ich unsere besondere Pflicht ab, gegen die Schweinereien auf der Welt aufzustehen. Wo

Leute massakriert oder gedemütigt werden, wo sie gefoltert werden, da müssen wir aufstehen. Wir haben hier zwei Unrechtsregime erlebt und die Schlussfolgerung daraus gezogen, eine Demokratie aufzubauen. Ich fühle eine tiefe Verbindung zu denen, die dazu nicht in der Lage sind.

Hirsch: Ich habe das Asylrecht im Bundestag wiederholt als Freiheitsstatue im Hafen unserer Verfassung bezeichnet. Das gilt noch immer.

Baum: Weiß ich noch. Und wir haben 1993 der Verfassungsänderung, dem sogenannten Asylkompromiss, nicht zugestimmt. Wir sind im Bundestag sitzen geblieben, als das Asylrecht von einer Allparteienkoalition mit Zweidrittelmehrheit verschärft wurde. Um uns erhoben sich die Kollegen. Und dann erst sind wir mit den Gegnern der Verfassungsänderung aufgestanden. Damals wurde das »sichere Herkunftsland« geboren. Asyl hätte man danach nur durch einen Fallschirmabsprung über Deutschland erfolgreich beantragen können. Auch damals gab es Fremdenhass und Hass gegen diejenigen, die wie wir das Grundgesetz erhalten wollten. Die Hemmschwelle liegt heute noch niedriger – auch die für Gewalt gegen Fremde.

Die Ära Adenauer und der Mauerbau

Die FDP war in der Koalition mit der Adenauer-CDU eher rechts angesiedelt. Wann wendete sich das Blatt?

Baum: Die Geburtsschwierigkeiten der FDP waren bald überwunden. Als 1966 die erste große Koalition gebildet wurde, hatten wir als Opposition ganz andere Spielräume, konnten uns endlich entfalten. Wir wurden zu einem Gegengewicht, stimmten zum Beispiel gegen die Notstandsgesetze. Dann gab es die legendären Reformparteitage in Freiburg und Hannover.

Hirsch: Das fing Mitte der fünfziger Jahre an, als die bereits erwähnten Jungtürken Adenauers Vorhaben, die FDP durch Manipulation des Wahlrechts zu schwächen, verhinderten, indem sie in Nordrhein-Westfalen Karl Arnold durch ein konstruktives Misstrauensvotum stürzten und unter Fritz Steinhoff eine sozialliberale Landesregierung bildeten. Adenauers reine Westbindung und die Hallstein-Doktrin, die Osteuropa ausgrenzten und die deutsche Wiedervereinigung auf unabsehbare Zeit aufschoben, haben auch zu einem Kurswechsel der FDP beigetragen. Wir Mitteldeutschen waren die Einzigen, die den Krieg wirklich verloren hatten.

Gab es eine Alternative zur Westbindung?

Baum: Nein. Die Wiedervereinigung wurde nicht behindert, sondern durch die klare Westbindung, beginnend mit Adenauer, und das damit gewonnene Vertrauen unserer westlichen Partner erst möglich.

Hirsch: Wahrscheinlich nicht. Aber man hätte doch wenigstens den Versuch unternehmen müssen, die Nation zu erhalten. Der Schlüssel wären die Akzeptanz der durch den Krieg entstandenen Grenzen und der Verzicht gewesen, sie durch Gewalt zu ändern. Die amerikanische Politik des Rollback konnte ich als Mitteldeutscher nicht akzeptieren. An der Zonengrenze sollten Atomwaffen als Minen verlegt werden. Das hat Helmut Schmidt verhindert, eines seiner bleibenden Verdienste. Die Wintex-Übungen endeten stets mit einem Atomwaffeneinsatz in Deutschland.

Baum: Die deutsche Gesellschaft der fünfziger Jahre hatte noch stark autoritäre Züge. Am Mittagstisch redete man als Sohn nur, wenn man gefragt wurde.

Hirsch: Solange du deine Füße unter meinen Tisch stellst …

Baum: Aber das muss man einordnen. Die Menschen hatten andere Probleme, wollten ein Dach überm Kopf, sie wollten essen, und zwar genug. Vor den Metzgereien stand man Schlange. Autos wurden gekauft. Es war Wirtschaftswunderzeit. Die demokratischen Tugenden traten in den Hintergrund. Die waren nicht so wichtig. Erst in der Reformzeit später, die ich die 68er Zeit nenne, explodierte etwas. Plötzlich wurde die Demokratie ganz neu gedacht. Ich war froh, als die Adenauerzeit zu Ende war. Doch heute sehe ich diese Zeit viel wohlwollender.

Hirsch: Wirklich?

Baum: Und zwar aus einem entscheidenden Grund: die Versöhnung mit Frankreich. Das ist nur gelungen, weil de Gaulle Adenauer vertraut hat. Er hatte die schwierige Aufgabe, seinen Landsleuten zu erklären, dass Deutschland fortan ein enger Verbündeter sein werde. Dass das erreicht wurde, ist Adenauers historisches Verdienst. Dagegen verblassen all die restaurativen Elemente dieser Zeit. Was Rudolf Augsteins damalige Gedankenspiele eines Dritten Weges jenseits von Westbindung und Ostannäherung betrifft, habe ich meine Zweifel, ob das ein gangbarer Weg gewesen wäre. Ohne die klare Westbindung der Deutschen wäre Europa, so wie es heute existiert, nicht entstanden.

Hirsch: De Gaulle war ein wichtiger, aber nicht unproblematischer Partner. Er rief das »Europa der Vaterländer« aus, als Gegenentwurf zu einer engen europäischen Integration. In der französischen Nationalversammlung fielen, nicht zuletzt durch die Gaullisten, in den Jahren 1953 und

1954 die Verträge zur Europäischen Politischen Gemeinschaft (EPG) und zur Europäischen Verteidigungsgemeinschaft (EVG) durch. Und ich erinnere mich noch sehr genau an das von Adenauer betriebene »Saar-Statut«, das 1955 erfreulicherweise an einer Volksabstimmung scheiterte. Das Scheitern der EPG und der EVG war europapolitisch eigentlich eine Katastrophe. Denn von da an war klar, dass ein europäischer Staatenbund oder gar Bundesstaat auf lange Zeit illusionär waren und die europäische Zusammenarbeit nur mit ökonomischen Hilfsinstrumenten weiterentwickelt werden konnte.

Ich habe Adenauer nur einmal in meinem Leben live gesehen, in einer Wahlversammlung zugunsten von Karl Arnold 1958. Da standen wir vor der Europahalle in Düsseldorf, die CDU wollte Eintritt haben, den wir nicht bezahlen wollten. Da kam Adenauer an und sagte uns: »Was stehnse denn hier herum, kommense doch mit rein.« Seine Rede war furchtbar, holzschnittartig, die »Zoffjetunion«, das »Pankoff-Regime« und so weiter. Aber am Ende standen die Leute jubelnd auf den Stühlen. Ich habe ihn lange Jahre nur als rheinischen Separatisten gesehen. Er wollte mit allen Mitteln sein Westdeutschland vor der kommunistischen Flut retten. Die deutsche Einheit war für ihn dabei sekundär. Er schrieb uns Mitteldeutsche auf Jahre ab. Ich konnte den Mann nicht ausstehen.

Baum: Er wollte keine Neutralisierung Deutschlands. Wir gehörten zum Westen. Da lag er richtig. In der Aufbauleistung von Westdeutschland liegt die Anziehungskraft unseres Landes begründet, und zwar sowohl im Aufbau der

Demokratie als auch in der sozialen Marktwirtschaft, die den wirtschaftlichen Aufschwung möglich machte.

Hirsch: Aber das ist nicht Adenauers Verdienst. Ohne die Schlussakte von Helsinki 1975 und die darin festgeschriebene Anerkennung der Menschenrechte, ohne die Ostpolitik der Regierung Brandt/Scheel wäre die Wiedervereinigung nie passiert – und Brandt hätte das ohne Scheel nie durchsetzen können.

Baum: Das stimmt. Die Schlussakte gehört zu den großen Lebensleistungen Hans-Dietrich Genschers. Er musste sie den Sowjets abringen, also die Verpflichtung auf Menschenrechte, Meinungs- und Informationsfreiheit. Man kann die Schlussakte, die 1990 durch die Charta von Paris bekräftigt wurde, heute dem russischen Regime wieder vorhalten. Das tue ich, wenn ich mein ins Russische übersetztes Buch »Rettet die Grundrechte« bei Lesereisen dort vorstelle.

Hirsch: Es hätte für eine andere Politik als die klare Westbindung wohl keine Mehrheit in Westdeutschland gegeben. Theoretisch gab es die von Thomas Dehler und Karl Georg Pfleiderer entwickelte Idee einer atomwaffenfreien Zone an der deutsch-deutschen Grenze, die nach meiner Überzeugung praktikabel gewesen wäre. Atomwaffen im eigenen Land bedeuten ja nicht Sicherheit, im Gegenteil. Es war das Interesse der beiden Blöcke, einen möglichen Atomkrieg auf Mitteleuropa zu begrenzen. Sicherheit entsteht durch Öffnung, durch Verhandeln. Aber die Zeit war noch nicht reif für Abrüstung. Effektiv gab es keine Möglichkeit, die deutsche Spaltung zu verhindern. Aber man kann nicht oft genug wiederholen, wie unbegreiflich es war, dass die CDU Helmut Kohls gemeinsam nur noch mit der Kommunistischen Partei Albaniens die Schlussakte von Helsinki ablehnte, in der der Verzicht auf Gewalt verabredet wurde. Der Fehler Adenauers war, die Einigung Westeuropas nicht mit einer offenen Deutschlandpolitik zu verbinden. Dazu hätte er die Machtverhältnisse in Europa akzeptieren müssen. Die Grenzen wurden erst im Vertrag von Helsinki festgeschrieben, das bezog sich auch auf die Oder-Neiße-Linie.

Baum: Aber nicht auf die deutsch-deutsche Grenze, deren friedliche Veränderung nicht ausgeschlossen wurde. Bei dieser Frage blieb Genscher fest. Die deutsche Teilung war auch nach meiner Meinung nicht zu verhindern gewesen, da es ja der Anspruch der Sowjetunion war, nicht nur die DDR, sondern alle osteuropäischen Staaten als Satellitenstaaten ihrer Freiheit zu berauben.

Hirsch: Ich muss zugeben, dass ich bei Adenauer emotional reagiere. Er hatte einen Reptilienfonds, er ließ seine Minister bespitzeln und verwendete das sogar gegen sie. Vor diesem Mann kann ich keinen Respekt haben.

Baum: Ja, an Adenauer ist viel zu kritisieren. Allein die Berufung Hans Globkes, des Kommentators der Nürnberger Rassengesetze, zu seinem engsten Mitarbeiter im Kanzleramt ist zu kritisieren. Das war ein ganz falsches Signal.

Ein besonderer Einschnitt war der Mauerbau 1961. Wie haben Sie ihn erlebt?

Hirsch: Ich hatte noch Verwandte im Osten, in der Nähe von Leipzig. Ich habe erst gar nicht richtig verstanden, was da genau geschah. Natürlich habe ich intellektuell nachvollziehen können, dass die Regierung dort etwas gegen die Flucht der Arbeitskräfte tat, gegen die Schwächung der Wirtschaftskraft. Mir war auch klar, dass der Mauerbau ein massiver Eingriff in die Lebensverhältnisse vieler Menschen war, die ja eingesperrt wurden. Ich war betroffen und fassungslos.

Baum: Jahre vorher, 1948, gab es ja schon die Blockade von Berlin. Das war eine sehr gefährliche Situation. Berlin wurde lange Zeit aus der Luft versorgt, die Kohle mit Flugzeugen herangeschafft. Berlin war ein schwieriger Ort, schon vor der Mauer. Aber die Mauer war dann eben nicht nur in Berlin, sondern überall. Wir waren erstarrt. Es hatte sich schon angekündigt, dass etwas passieren würde. Die Zahl derjenigen, die die DDR verließen, stieg täglich weiter an. Es kursierte die Meinung, die Westalliierten hätten eingreifen müssen. Das war nicht möglich. Es wurde auch Kritik an Adenauer geübt, dass er sich nicht rechtzeitig gekümmert hätte. Aber alle fragten sich: Warum machen die das? Es war das Ausbluten der DDR. Die Menschen sind gegangen, weil die DDR nicht reformbereit war. Statt auf die Sorgen der Menschen einzugehen, haben sie sie eingesperrt.

Hirsch: Als ich 1949 über die Grenze flüchtete, war das ja schon lebensgefährlich. Mir war klar, dass die DDR ein großes Gefängnis wird. »Niemand hat die Absicht, eine Mauer zu bauen«, log Ulbricht. Aber wenn man Mitglied der DDR-Regierung war, konnte man sagen, das war notwendig. Wer in den Westen gehen konnte, der tat es. Die Arbeitskräfte gingen weg. Die Exodus-Bewegung wuchs. Wenn der Osten ökonomisch mit dem Westen mithalten wollte, konnte die DDR-Regierung das nicht hinnehmen. Aber der Mauerbau war ein tiefer Eingriff in die Geschicke der Menschen, ein unmenschlicher Riss durch Familien und eine Unterwerfung existentieller menschlicher Bedürfnisse unter staatliche und politische Ansprüche. Für mich ein Akt der Hilflosigkeit, der Angst, der Schwäche.

Reise- und Bewegungsfreiheit sind Grundbedürfnisse. Vor 1914 konnte man nach Herzenslust reisen. Von Moskau nach Madrid, Grenzen spielten keine Rolle. Man musste es sich nur leisten können. Ich finde, dass die Reisegesellschaften der Nachkriegszeit, TUI, Neckermann, Studiosus und so weiter, den Friedensnobelpreis verdient hätten. Dadurch, dass sie das Massenreisen ermöglichten, haben sie den Menschen klargemacht, dass jenseits der Grenzen Menschen mit ähnlichen Problemen leben, wie man sie selbst hat. Von den Regierungsmitgliedern des Dritten Reiches ist keiner in Friedenszeiten je in einem anderen Land gewesen. Außer Ribbentrop.

Baum: Was hätten die Amerikaner und die anderen Verbündeten gegen den Bau der Mauer tun können? Nichts.

Ihnen vorzuwerfen, dass sie nichts getan haben, ist eigentlich wohlfeil.

Hirsch: Stimmt.

Wie sahen Ihre ersten Schritte in der aktiven Politik aus?

Hirsch: Ich wollte eigentlich nicht Berufspolitiker werden, aber Kommunalpolitik, dachte ich, das kann man machen. Ich habe 1962 als Bürgerschaftsvertreter angefangen und kam 1964 in den Düsseldorfer Stadtrat. Unsere Fraktion bestand nur aus vier Mitgliedern. In dieser Zeit habe ich mich wirklich wohl gefühlt. Man konnte direkt verfolgen, was man anstieß: Was wird daraus, bewährt sich das? Kommunalpolitik ist für mich Sozialpolitik für die Leute, die ihren Aufenthalt nicht nach Belieben verändern können. Leute, die darauf angewiesen sind, dass der Schulweg funktioniert, die Schule, die Müllabfuhr, Friedhöfe, Krankenhäuser, Verkehrsanbindung, Wasser- und Energieversorgung, kulturelle Einrichtungen, alles unverzichtbare Begleiterscheinungen des täglichen Lebens. Ich habe mich um Kontakt zum Düsseldorfer Brauchtum bemüht – tue das mit großem Vergnügen bis heute – und bin im Laufe der Jahre in allen denkbaren Ausschüssen gewesen, von der Rechnungsprüfung und dem Krankenhauswesen, dem Hafenausschuss bis zum Planungsausschuss und der Wirtschaftsförderung, zuletzt als stellvertretender Fraktionsvorsitzender. Es war eine wichtige und befriedigende Zeit. Eine gründliche kommunalpolitische Erfahrung ist für jeden Politiker unverzichtbar und unersetzbar. Ich habe später das Ratsmandat nur sehr ungern aufgegeben und habe mich als Innenminister sehr gefreut, dass ich wieder etwas für Düsseldorf, das meine Heimat geworden war, tun konnte.

Ich hab' das von 1962 bis 1972 gemacht, dann kam ich in den Bundestag. Meine Arbeitgeber hatten übrigens für meine Tätigkeit im Stadtrat volles Verständnis. Sie haben mir freie Hand gegeben. Ich musste meine Arbeit erledigen, aber war in meiner zeitlichen Disposition ziemlich flexibel. Vor allem aber haben sie nicht ein einziges Mal versucht, mich inhaltlich zu beeinflussen. Das galt auch für das Bundestagsmandat. Der damalige Vorstandsvorsitzende von Mannesmann, Egon Overbeck, sagte mir: »Sie können von uns jede Information bekommen, die Sie haben wollen, aber Sie sind als Abgeordneter in all Ihren Entscheidungen völlig frei.« Diese Zusage wurde penibel eingehalten, obwohl ja von der Stahlindustrie gerade im Umweltbereich Probleme ausgingen, um die wir uns in der Politik zu kümmern hatten.

Baum: Hier ergibt sich die erste Parallele in unserem politischen Leben: Mein erstes Mandat hatte ich ebenfalls in der Kommunalpolitik. Ich war zehn Jahre Kreisvorsitzender der FDP in Köln – auf einer Insel der Reformliberalität in einem uns gegenüber eher feindselig gestimmten Landesverband. Die FDP war eine Zeitlang nicht im Rat vertreten, und meine Aufgabe war es, sie wieder hineinzubringen, was 1969 auch gelang. Wir haben uns massiv eingemischt, sozusagen als außerparlamentarische Opposition. So haben wir bei jeder öffentlichen Sitzung auf der

Tribüne gesessen und danach öffentlich unsere Kommentare abgegeben. Die Kommunalpolitik hat mich sehr erfüllt, weil sie so lebensnah ist. Die Fehler, die man macht, erkennt man schnell.

Beruflich war ich in dieser Zeit bei der Bundesvereinigung der Deutschen Arbeitgeberverbände, zehn Jahre lang. Konflikte lagen eigentlich nahe. Die Arbeitgeber waren ja nicht gerade Anhänger einer sozialliberalen Koalition, auf die wir hinarbeiteten. Ich war Vertreter der Arbeitgeber in Brüssel. Damit hatte ich eine gewisse Distanz. Ich wurde toleriert. Ich gehörte ja nicht zu denen, die den Kapitalismus abschaffen wollten. Früh um sieben fuhr ich mit dem ersten Zug nach Brüssel, kam nachmittags um fünf wieder in Köln an und musste dann zu den Sitzungen. Ich lief also mit meinen Aktentaschen quer durch den Dom am Hochaltar vorbei, vom Hauptbahnhof ins Rathaus. Das konnte man damals noch. Wären wir beide Anwälte geworden, hätten wir ziemlichen Stress gehabt. Aber es wäre auch gegangen. Ich kann jungen Leuten, die sich politisch engagieren wollen, nur raten, in der Kommunalpolitik anzufangen.

Hirsch: Ich hätte noch einen Rat: Man soll nur dann in die Politik gehen, wenn man sich Unabhängigkeit leisten kann.

Baum: Unabhängigkeit des Denkens, und einen Beruf.

Hirsch: Ja. Sie müssen in der Lage sein zu sagen: Ich folge meiner Überzeugung. Oder: Ich höre auf und trete zurück. Wenn Sie sich das nicht leisten können oder nicht zutrauen, gehören Sie nicht in ein Parlament und werden kreuzunglücklich. Ich habe 1975, als ich nordrhein-westfälischer Innenminister wurde, sowohl mein Bundestagsmandat als auch meine berufliche Stellung aufgeben müssen. Als wir 1980 aus dem Landtag flogen, stand ich frei in der Sonne. Mit mir die Mitarbeiter und Abgeordneten der Fraktion, das machte mir mehr zu schaffen als meine eigene Situation. Der Einzige, der mir da wirklich geholfen hat, war Johannes Rau. Ich habe ihm das nie vergessen.

Baum: Ich war ab 1972 Berufspolitiker. Habe mit vierzig meinen Job aufgegeben, war dann zehn Jahre in der Bundesregierung – Parlamentarischer Staatssekretär und Bundesminister. Das bedeutete Berufsverbot. Aber meine Zulassung als Anwalt habe ich nie aufgegeben.

Die Spiegel-Affäre, die 68er und der lange Weg zum Freiburger Programm

1962 wurden auf Geheiß von Verteidigungsminister Franz Josef Strauß die Spiegel-Redaktionsräume gestürmt, Rudolf Augstein wurde verhaftet. Der Vorwurf lautete: Landesverrat. Es ging um eine Geschichte, in der die Wehrfähigkeit der Bundeswehr in Frage gestellt wurde. Wie erinnern Sie sich an die Spiegel-Affäre?

Baum: Die Meinungsfreiheit war 1962 wirklich bedroht. Die FDP hat sich dabei richtig verhalten und Profil gezeigt. Die fünf FDP-Minister aus der Adenauer-Regierung traten aus Protest zurück. Wolfgang Döring, stellvertretender Bundesvorsitzender der Partei, hielt eine beeindruckende Rede im Bundestag. Dadurch wuchs der Druck auf die Regierung, Strauß zu entlassen.

Was hat Döring gesagt?

Hirsch: Dörings Rede war die erste, in der Adenauer wirklich offen angegriffen wurde. Adenauer hatte im Bundestag eine Rede gehalten, in der er erklärte: »Wir stehen vor einem Abgrund von Landesverrat.« Döring entgegnete ihm, es sei für Demokraten unerträglich, wenn jemand öffentlich als Verräter diffamiert wird, bevor er vor einem Gericht gestanden hat. Er warf ihm Vorverurteilung, Hetze und Diffamierung vor. Dann hat Strauß noch das Parlament belogen. Conrad Ahlers, stellvertretender Chefredakteur des Spiegel, wurde in Spanien verhaftet, ebenfalls wegen angeblichen Landesverrats. Die Redaktionsräume des Spiegel wurden durchsucht. Strauß stellte sich hin und sagte, er habe damit nichts zu tun. Er hatte in Wirklichkeit alles veranlasst. Dann erzwangen die FDP-Minister den Rücktritt von Strauß.

Baum: Die entscheidende politische Nachwirkung war der Sieg der Pressefreiheit, des Informantenschutzes. Es gab ja bis in die jüngste Zeit solche Auseinandersetzungen. Das Cicero-Urteil des Bundesverfassungsgerichts von 2007 mit erweitertem Schutz für Journalisten und ihre Quellen ist ein Schritt nach vorn, aber keineswegs befriedigend.

Cicero-Chefredakteur Wolfram Weimer und einem Journalisten, der aus vertraulichen Akten des Bundeskriminalamts zitiert hatte, war 2005 Beihilfe zum Geheimnisverrat vorgeworfen worden.

Baum: Als Liberale treten wir dafür ein, dass die Presse noch stärker geschützt wird und Staatsinteressen zurückzutreten haben. Die Spiegel-Affäre war ein Schock für die Republik. Seitdem ist die Pressefreiheit erweitert worden.

Herr Hirsch und ich betreiben gerade in Karlsruhe ein Verfahren, in dem es auch um Pressefreiheit geht. Wir streiten für die Berufsgeheimnisträger: Ärzte, Journalisten, Anwälte. Das BKA-Gesetz schützt sie unserer Meinung nach nicht hinreichend. Die jüngsten Versuche des Verfassungsschutzes, Journalisten mit dem Landesverratsvorwurf mundtot zu machen, zeigen, wie dünn das Eis immer noch ist.

Hirsch: Sabine Leutheusser hat als Justizministerin erreicht, dass Rechtsanwälte nach der Strafprozessordnung dasselbe Zeugnisverweigerungsrecht haben wie Strafverteidiger. Für die Berufsfreiheit von Anwälten ist das von erheblicher Bedeutung. Die CDU hat diese Regelung aber für das BKA-Gesetz verweigert. Absoluter Schwachsinn, einer von fünfzehn Punkten …

Baum: … in denen die Staatsüberwachung zu weit geht.

In deutschen Großstädten gab es nach der Spiegel-*Affäre Protestkundgebungen gegen den Angriff auf die Pressefreiheit. Überhaupt gingen die Menschen damals öfter auf die Straße. Haben Sie an Demonstrationen teilgenommen?*

Baum: Wir haben uns über die Parteigrenzen hinweg mit Gleichgesinnten ausgetauscht, unter anderem in den Republikanischen Clubs in Köln und Berlin. Nur nach der Ermordung von John F. Kennedy 1963 habe ich demonstriert, aber das hatte ja einen ganz anderen Charakter.

Hirsch: Ich habe in den fünfziger Jahren an einer Demonstration gegen die Wiederbewaffnung teilgenommen und, viel später, 1992, an einer Demonstration in Berlin zur Erhaltung des Asylrechts. Sie endete mit körperlichen Auseinandersetzungen, als politische Gegner den damaligen Bundespräsidenten Richard von Weizsäcker bei seiner Abschlussrede im Lustgarten mit Eiern und Tomaten bewarfen. Wir haben sie zurückgedrängt.

Die sechziger Jahre waren eine turbulente Zeit, auch in Musik, Kunst, Literatur. Wofür haben Sie sich damals jenseits der Politik interessiert?

Baum: Ich habe mich immer sehr für die Kunst interessiert. Augenöffnende Documenta-Ausstellungen in Kassel. Aufbruchstimmung in Köln mit den legendären Kunstmärkten und Fluxus-Aktionen der sechziger Jahre. Und ich war auch früh an der zeitgenössischen Musik interessiert. Dieses Interesse hat sich heute unter dem Einfluss meiner musikkundigen Ehefrau noch verstärkt. Wo ich kann, unterstütze ich die Kunst – jetzt zum Beispiel als Vorsitzender des Kulturrates NRW.

Hirsch: In Marburg gab es das Café Haydn, da stand eine Riesen-Musikbox, bestückt mit den Jazz-Platten der amerikanischen Soldaten, und so hörten wir ständig Jazz.

Baum: Stimmt: Benny Goodman war auch für mich ein Highlight, vor allem mit seinem legendären Carnegie-Hall-Konzert von 1938, das ich als Schallplatte besaß.

Hirsch: Wir haben nächtelang gepokert und Jazz gehört. In Düsseldorf bin ich oft in die Oper gegangen, aber mein Lebensgefühl ist der Jazz geblieben.

Baum: Ich würde sogar so weit gehen: Wir waren die 68er in der FDP!

Hirsch: Ich habe zu den 68ern eine andere Einstellung als Sie. Aber es ist richtig, dass die 68er der westdeutschen Bevölkerung den Spiegel vorgehalten haben.

Baum: Es kommt darauf an, wie wir »68er« definieren. Sie, Herr Hirsch, haben doch die Reformpolitik damals mitgemacht! Wir haben auf den Parteitagen für dieselben Ziele gestritten. Das ist für mich '68.

Hirsch: Sie nennen etwas anderes »68« als ich. Ich sehe bei den 68ern die Prügeleien, ich sehe Herrn Fischer sich in Frankfurt mit Polizeibeamten herumprügeln, als wir schon viel weiter waren. Wir wollten unsere Gesellschaft politisch und nicht durch Herumprügeln modernisieren.

Baum: Immerhin war unsere freiheitliche Gesellschaft stark genug, um solche Menschen zu integrieren. Wir waren nicht an Krawallen auf den Straßen beteiligt. Wir haben die Mühsal der Parteitage auf uns genommen. Von da aus haben wir eine Reformpolitik durchgesetzt. Jemand hat mal mit Blick auf die sozialliberale Regierung Brandt/Scheel von 1969 gesagt: Die Republik wurde neu gegründet. Wir wollten das Grundgesetz leben, daher haben wir nahezu alle Rechtsbereiche reformiert, das Zivilrecht verändert, das Strafrecht, die Stellung der Frau dem Verfassungsauftrag angepasst, das Bildungssystem reformiert, Stichwort »Bildung für alle«. Mit einem Wort: Die Zivilgesellschaft war aufgewacht.

Hirsch: Die 68er, das sind in den Köpfen der Leute nicht wir beim Marsch durch die Institutionen. Das sind diejenigen, die in den Universitäten Krawall geschlagen und die Vorlesungen gestürmt haben. Das waren die 68er – Rudi Dutschke, diese Phraseologie, dieses »Ho Ho Ho Chi Minh«. Wie kamen die Leute dazu, den Menschheitsverbrecher Pol Pot als Idol zu feiern?

Baum: Das waren Verirrungen. Der Vietnamkrieg hat eine große Rolle gespielt. Die Amerikaner führten einen verbrecherischen Krieg, zu dem sie hinterher selbst kritisch Stellung nahmen. Dass man da für Ho Chi Minh Partei ergriffen hat, lag nicht fern.

Hirsch: Für denkende Menschen wie Sie und mich schon.

Herr Baum, Sie haben die Krawalle doch damals auch nicht gutgeheißen. Ist Ihre Sympathie nicht eher rückblickend?

Baum: Sicher, auch ich habe Gewalt nicht gutgeheißen. Aber es ging ein Wind durch die Gesellschaft. Ein Wind der Veränderung. Ohne den wäre die ganze sozialliberale Reformzeit nicht möglich gewesen. Wir haben dem Wind eine Richtung gegeben, sozusagen.

Hirsch: Lieber Herr Baum, die Gesellschaft begriff, dass sie sich vom Grundgesetz entfernt hatte. Dass unsere Lebensweise mit dem Geist des Grundgesetzes nicht mehr übereinstimmte.

Baum: Woran machen Sie das fest?

Hirsch: Da war die Präsidialdemokratie Adenauer'scher Prägung, die Lust am Konsum, am Verbrauch anstatt an der Freiheit. Der traditionelle Herrschaftsanspruch der überkommenen Hierarchien: »Unter den Talaren – Muff von tausend Jahren!« Und denken Sie mal an die Gleichberechtigung. Bis 1956 gab es die sogenannte Zölibatsklausel: Eine Frau, die heiratete, konnte entlassen werden. Weil sie heiratete! Bis 1956 verwaltete der Mann die »ehelichen Güter«, konnte also über das verfügen, was seine Frau in den ehelichen Haushalt eingebracht hatte. Der Mann entschied in allen Familienangelegenheiten – über die Behandlung der Kinder, über das Geld. Bis 1976 konnte eine verheiratete Frau ein Arbeitsverhältnis nur eingehen, wenn ihr Mann einverstanden war. Und in Nordrhein-Westfalen wurde in manchen ländlichen Kirchen gepredigt, dass ein Christ, der nicht CDU wählt, eine Sünde begeht, die gebeichtet werden müsse. Toll!

Baum: Ich stimme Ihnen voll zu. Die liberalen Intellektuellen wie Ralf Dahrendorf waren Teil der Reformbewegung, die mit dem Jahr '68 verbunden ist und viele Facetten hatte. Der frische Wind blies von Kalifornien über Paris bis nach Berlin. Einer wie Dutschke war ja kein Dummkopf.

Hirsch: Das, was er predigte, war verworren. Die, die ich »68er« nenne, diese herumrennenden Rabauken, die hielten zwar der Gesellschaft den Spiegel vor – was für eine verstockte, verlogene Gesellschaft das war! Sie wollten Veränderung. Aber sie sagten nicht, wo es hingehen sollte. Sie hatten keine Ahnung.

Baum: Die Richtung war falsch. Sie wollten die Abschaffung des Kapitalismus. Ich habe Dutschke zu dem berühmten Freiburger Parteitag 1968 eingeladen, als Redner. Weil ich dachte, unsere Partei muss den mal kennenlernen. Aber er trat nicht auf. Das wurde von der Mehrheit des Parteitags abgelehnt.

Hirsch: Doch! Auf dem Parteitag von 1968 trat Dutschke auf und diskutierte vor einem VW-Bus mit Ralf Dahrendorf. Das habe ich mir zu einem Teil angehört.

Baum: Herr Hirsch, es war so: Wir hatten ihn eingeladen. Ich war Bundesvorsitzender der Jungdemokraten. Wir haben gesagt, wir wollen der Partei mal einen der führenden Köpfe der Protestbewegung präsentieren. Er war ja ein hochinteressanter Mann, ich habe gerade eine Biographie über ihn gelesen. Ein faszinierender Geist, mit einer zuweilen verworrenen Rhetorik vielleicht, aber voller Elan und Kampfgeist. Unser Antrag, Dutschke einzuladen, wurde abgelehnt. Wir hatten aber vorsorglich eine Lautsprecheranlage gemietet – ich habe die Rechnung dieser Tage noch gefunden. Und Dahrendorf, unser Hero – der auch Parteitagsdelegierter war und kein lebensferner Soziologe, er hat wichtige Bücher über den Zustand der Nachkriegsgesellschaft geschrieben –, hat dann mit Dutschke draußen vor dem Parteitagsgebäude diskutiert. Und damit ein Signal gesetzt: Diese Partei ist offen für den Dialog. Und dieser Dahrendorf, den zitiere ich jetzt gegen Sie, Herr Hirsch. Er hat in seinem letzten, 2006 erschienenen Buch »Versuchungen der Unfreiheit« geschrieben: »1968 ist im Rückspiegel ein Modernitätsschub, zu dem Frauenemanzipation und Wissensgesellschaft, Bürgerinitiativen, Umweltbewusstsein, Toleranz gegenüber anderen und Interesse am Entfernten gehören. Es war allerdings auch der Einbruch des Relativismus und als dessen anderes Janusgesicht des Fundamentalismus in die aufgeklärte Welt der offenen Gesellschaft.« So sehe ich es auch. Dass es in Berlin nicht nur eine Axel-Springer-Straße, sondern auch eine Rudi-Dutschke-Straße gibt, nah beieinander, ist nur zu verständlich.

Hirsch: Dahrendorf war immer wortreich und beeindruckend. Dutschke war wortreich. Was ich an ihm vermisst habe: Dass ein Mann seiner Intelligenz, der gewusst haben muss, dass man diese Gesellschaft nur auf dem mühsamen Weg durch die Institutionen verändern kann, lieber durch die Straßen lief und »Ho Ho Ho Chi Minh« skandierte, dass er glaubte, er tue etwas für die Pressefreiheit, wenn er einen Verlag blockiert, oder für die Redefreiheit, wenn Vorlesungen niedergebrüllt wurden. Wir haben viel Arbeit und Mühe auf uns genommen, um unsere Gesellschaft zu modernisieren und liberaler zu machen. Wir waren politisch weiter als Dutschke und seine Freunde. Die konterkarierten im Grunde genommen durch ihre extremen

Positionen die Liberalisierung, die wir wollten. Dazu rechne ich auch Herrn Fischer, der sich noch Jahre später in Frankfurt mit Polizisten herumprügelte, aber schließlich begriff, dass das nicht sinnvoll war. Sie stärkten in der sogenannten bürgerlichen Gesellschaft nicht den Fortschritt, sondern die konservative Reaktion. Es waren in der Sache Vorläufer der RAF.

Baum: Nein, nicht einmal in der Sache. Reformen, auch aggressive Reformbemühungen müssen nicht zwangsläufig in Gewalt münden. Die RAF hat uns sehr zu schaffen gemacht, das stimmt. Das ist bis heute eine offene Wunde in der Gesellschaft. Aber das waren 35 oder 40 aktive Leute, mit einem ziemlichen Anhang an Sympathisanten, und sie wurden als Herausforderung und Gefahr für den Bestand unserer Demokratie stilisiert. Das war doch maßlos übertrieben. Aber dass die Jugend auf ihrer Seite war, das kann man nicht sagen. Wir haben ja versucht, die Sympathisanten zurückzuholen, indem wir sagten: Man muss diese Gesellschaft reformieren, und sie ist reformfähig – aber ohne Gewalt. Mit den Mitteln der Demokratie. Und Dutschke hat nicht nur »Ho Chi Minh« gerufen, er hat die größte Demonstration initiiert, die es in Deutschland je gegen den Vietnamkrieg gegeben hat. Ich glaube, es waren 40 000 Leute. Er hat damit ein Signal gesendet gegen diesen Krieg, ein Signal, das von den jungen Menschen im Lande ausging. Die Älteren haben nicht gespürt, dass der Krieg falsch war. Sie haben gesagt, die Amerikaner sind unsere Verbündeten, die werden schon recht haben. Sie hatten nicht den Mut, die Amerikaner zu kritisieren. Diese wiederum haben sich später schonungslos selbst kritisiert. Es gibt diesen eindrucksvollen Film »The Fog of War«, in dem der damalige US-Verteidigungsminister Robert McNamara bekennt, dass sie sich geirrt und die Fakten manipuliert hatten, was ja dann durch die Veröffentlichung der »Pentagon Papers« 1971 bestätigt wurde. Die Regierung hatte den Kongress gezielt belogen.

In Berlin kam die Gewalt auch von Seiten der Polizei. Die haben schwer geknüppelt. Was da für eine Stimmung war, bis zum Tod von Benno Ohnesorg! Das hat denjenigen in die Hände gespielt, die gesagt haben: Wenn wir rebellieren, werden wir erschossen. Sie haben sich dann radikalisiert. Wir haben versucht, Kurs zu halten, da gebe ich Ihnen voll und ganz recht, Herr Hirsch. Unser Weg war nicht spektakulär – es war ein zäher Kampf in Partei und Gesellschaft, bis in unsere Ortsverbände hinein. So haben wir zum Beispiel jahrelang immer wieder auf den Parteitagen den Antrag gestellt, die Oder-Neiße-Linie anzuerkennen. Das war der Schlüssel für eine neue Ostpolitik, für die Glaubwürdigkeit Deutschlands in der Welt. Sonst hätten wir die Wiedervereinigung nie bekommen. Auf dem Parteitag 1967 in Hannover war es dann so weit: Die innerparteilichen Fronten prallten aufeinander, es gab einen Tumult, der die Partei fast gesprengt hätte. Nur durch eine Kompromissformel von Genscher kam man wieder zusammen. Noch im Zehn-Punkte-Plan von Helmut Kohl, mit dem er 1989 auf den Mauerfall reagiert hat, war die Anerkennung der Oder-Neiße-Grenze kein Thema.

Hirsch: Ihrer Einschätzung der RAF muss ich entschieden

widersprechen. Einig sind wir uns in der Bewertung des Vietnamkrieges der Vereinigten Staaten. Die Empörung der Studenten richtete sich gegen das Vorgehen der Amerikaner. Die Selbstbestimmung des vietnamesischen Volkes spielte keine Rolle. Es war ja durchaus fraglich, ob es unter dem Regime von Ho Chi Minh leben wollte. Ich habe später Vietnam bereist, von Saigon bis Hanoi – ein eindrucksvolles Land, aber nicht so, dass man da leben möchte.

Welche Rolle spielten Sie beim Wechsel zur sozialliberalen Koalition 1969? Und wann fingen Sie an, enger zusammenzuarbeiten?

Baum: Wir sind uns immer wieder begegnet.

Hirsch: Uns war früh klar, dass wir auf einer Linie waren. Aber es gab die Kölner Kommunalpolitik und die Düsseldorfer Kommunalpolitik.

Baum: Wir waren politisch nicht einverstanden mit dem, was die FDP in Nordrhein-Westfalen gemacht hat. Wichtig war dagegen, dass Scheel, Genscher und die Bundes-FDP um der Sache willen die neue Ostpolitik durchgesetzt haben. Wir wollten die DDR anerkennen – ist dann ja auch geschehen. Wir wollten eine Normalisierung der Beziehungen und auf diese Weise Veränderungen herbeiführen. Es gab heftige Konflikte darüber, und daran wäre die FDP 1969 beinahe zerbrochen. Sie hat mit dieser Frage ihre Existenz aufs Spiel gesetzt. Das soll uns mal einer nachmachen: Aus Überzeugung mit einem Wahlergebnis von

5,8 Prozent in eine Koalition gehen, die für einen großen Teil unserer Wählerschaft absolut unvorstellbar war. Deutschland war ein CDU-Staat. Als wir Ministerien übernommen haben, wurden wir als Usurpatoren angesehen. Wir haben mit der überbetrieblichen Mitbestimmung maßgeblich zur sozialen Befriedung beigetragen, das war Teil der Politik, die Hirsch und ich betrieben haben. Wir wollten Reformen, wir wollten eine andere Republik. Uns war klar: Das geht nur mit den Sozialdemokraten. Erst nach 1969 hat sich die FDP langsam verändert. Viele sind ausgetreten, neue hinzugekommen. Dass wir beide an dieser Veränderung mitgewirkt haben, darauf können wir stolz sein.

Hirsch: Diese Entwicklung kulminierte im konstruktiven Misstrauensvotum von Rainer Barzel 1972 gegen Willy Brandt. Wir dachten alle, die gewinnen das. Da hat Scheel im Bundestag eine knallharte, mutige Rede gehalten, die unsere neue Deutschlandpolitik zementierte. Das Misstrauensvotum scheiterte dann an einer einzigen Stimme.

Baum: Als das Ergebnis mittags bekanntgegeben wurde, war ich auf dem Rathausplatz in Köln. Die Menschen haben sich umarmt.

Hirsch: Unsere engere Zusammenarbeit begann 1972. Wir kamen beide zum selben Zeitpunkt in den Bundestag. Sie, Herr Baum, wurden Parlamentarischer Staatssekretär bei Genscher, der damals noch Innenminister war. Ich war Abgeordneter. Dann fing das an mit der Umweltpolitik – das

Bundesimmissionsschutzgesetz und das Wasserhaushaltsgesetz. Wir waren die ersten Grünen. Die Gegenseite in unserer Fraktion: Graf Lambsdorff, Vorsitzender des Arbeitskreises für Wirtschaftspolitik. Da kam die Wunderwelt der Interessengruppen mit massiver Kraft auf uns zu. Auch der Bundesverband der Deutschen Industrie. Die Energieunternehmen forderten, dass wir die Atomkraft nicht zu sehr belasten sollten. Baum war im Ministerium derjenige, der standgehalten hat. Und ich habe versucht, das in der Fraktion zu tun.

Baum: Das habe ich in deutlicher Erinnerung. Und meine Wut kocht noch heute hoch, wenn ich sehe, wie die Partei dieses Thema verschenkt hat. Die Innenminister Genscher, Maihofer und Baum waren Umweltminister! Wir hatten eine starke Umwelt-Truppe in der Fraktion. Alles vergessen! Es gab keine grüne Partei damals, es gab auch noch keine Umweltbewegung. 1971 haben wir im Freiburger Programm beschlossen: »Umweltschutz hat Vorrang vor Gewinnstreben und vor persönlichem Nutzen.« Wir wollten eine Marktwirtschaft, die sich an ökologischen Zielen orientierte. Das ist heute Programm der Grünen. Damals haben wir unsere Ziele umgesetzt. Immer wieder gab es Widerstand des Wirtschaftsflügels. Auf Parteitagen haben wir uns dann zusammengerauft. Wir waren in einer Lage, die mich an die heutige IT-Problematik erinnert. Wir haben argumentiert und gesagt: Wenn ihr vernünftig Umweltschutz macht, ist das keine Belastung, sondern eine Effizienzsteigerung und ein Wettbewerbsvorteil. Die gleiche Diskussion wie jetzt. Damals ging es um den Schutz der natürlichen Lebensgrundlagen, heute um den Schutz der Freiheit durch Datenschutz. Nehmen wir nur das Auto, zunehmend ein fahrender Computer. Es muss datensicher sein. Das werden die Automobilhersteller schon merken. Datenschutz als Verkaufsargument.

Hirsch: Wir haben versucht, den Unternehmen klarzumachen, dass die Zukunft der Wirtschaft und der Arbeitsplätze nicht gegen Umweltschutz zu erreichen ist, sondern nur mit Umweltschutz. Wenn die Leute sich entscheiden müssen, ob sie Luft oder Dreck einatmen, dann entscheiden sie sich für die Luft. Sie entscheiden sich, auch gegen wirtschaftliche Interessen, für Lebensqualität. Ich bin damals als Abgeordneter im Zusammenhang mit Umweltfragen nach Thailand geflogen. Dort habe ich gesehen, wie deutsche Unternehmen Abwässer in die Kanäle geleitet haben, an denen Tausende von Menschen lebten. Abwässer, die hier verboten waren. Mir wurde klar, wenn man Umweltschutz betreiben möchte, kann man das nicht nur auf nationaler Ebene machen, man muss es auf internationaler Ebene betreiben. Aber die Politik war damals weit entfernt davon, das zu begreifen.

Baum: Hans-Dietrich Genscher war der erste tatkräftige Umweltminister der Republik. Er hat alle wichtigen Gesetze auf den Weg gebracht. Das Innenministerium war ein sehr rechtskundiges Haus. Es hatte eine Verfassungsabteilung, und die Juristen haben diese Rechtswerke zusammengebaut. Mit dem Lambsdorff-Papier von 1982 wurde der Kampf für den Umweltschutz zweitrangig. In der dann folgenden neuen Phase der FDP ging es nicht mehr um das Freiburger Programm, sondern um das Lambsdorff-Papier und eine zunehmend wirtschaftsnahe Politik.

Sie kommen immer wieder auf das Freiburger Programm zurück. Was bedeutet es Ihnen?

Baum: Die Partei brauchte ein neues Programm für die veränderte politische Situation. Der Schriftsteller Rolf Schroers, Direktor der Theodor-Heuss-Akademie, Werner Maihofer, aber auch Ralf Dahrendorf und andere Intellektuelle bestimmten den Gang der Diskussion. Es gab einen langen, heftigen Diskussionsprozess innerhalb der FDP, aber auch mit gesellschaftlichen Gruppen außerhalb der Partei. Heftig umstritten war zum Beispiel die Ausformung der überbetrieblichen Mitbestimmung. Der Wirtschaftsflügel hatte erhebliche Bedenken, aber sie wurde beschlossen. Das Programm wurde als Rowohlt-Taschenbuch einige Hunderttausend Mal verkauft – einer der seltenen Fälle, dass ein Parteiprogramm die Gesellschaft erreicht.

Hirsch: Es war ein Prozess, an dem viele beteiligt waren, auch wir beide. Er begann Mitte der sechziger Jahre und mündete 1971 in ebenjenes Freiburger Programm, auch »Freiburger Thesen« genannt.

Baum: Die »Thesen« wurden von vielen als programmatische Unterfütterung der neuen sozialliberalen Koalition gesehen. Das war eine Zeitlang ihre Funktion. Die Versöhnung von Arbeit und Kapital. Der soziale Liberalismus. Aber sie waren mehr – und nicht koalitionsgebunden.

Hirsch: Vor allem beim Umweltschutz geht das Freiburger Programm weit über das hinaus, was wir später verwirklichen konnten – bis hin zum Recht des Staates, in die Produktionsabläufe einzugreifen. Also nicht nur hinterher zu sagen, ihr müsst das und das einführen oder bezahlen. Und wir wollten Chancengleichheit. Eine Vermögensabgabe. Wir fragten uns, was ist mit den Leuten, die ein enormes Vermögen ansammeln durch den Anstieg der Grund- und Bodenwerte? Durch öffentliche Bebauungspläne? Sollen die das alles selber einstecken, obwohl es auf einer Leistung der Gesellschaft beruht? Müssen diese Mittel nicht verwendet werden, um eine weitgehende Chancengleichheit der Bürger dieses Landes zu ermöglichen? Das waren weitgehende Positionen, die auf diesem Parteitag in Freiburg beschlossen wurden. Übrigens haben weder Dahrendorf noch Karl-Hermann Flach an dem Text mitgearbeitet. Geschrieben hat ihn Maihofer.

Baum: Aber sie haben das Klima bestimmt, in dem das möglich war.

Hirsch: Stimmt. Flach hat eine flammende Rede gehalten. Er hat zur Durchsetzung dieses Programms unglaublich viel beigetragen. Ohne ihn wäre das unmöglich gewesen.

Baum: Der konzeptionelle Kopf war aber Werner Maihofer. Es gab eine Vielzahl von Arbeitskreisen, an denen wir mitgearbeitet haben. Vieles ist heute überholt. Man würde zum Beispiel eine Erbschaftsabgabe heute so nicht mehr machen können, und auch bei der Vermögensabgabe, da haben wir uns hinterher in Tabellen und Einzelheiten verloren. Maihofer wurde Sonderminister, um das umzusetzen. Helmut Schmidt und unser Wirtschaftsflügel haben ihn dann am langen Arm verhungern lassen mit dieser Vermögensabgabe. Aber das Wichtige war, dass Maihofer in der Einleitung des Programms Grundsätzliches gesagt hat, das bis heute gilt.

Hirsch: Maihofer schließt an den großen Liberalen Friedrich Naumann an, der aus einem Industrieuntertan einen Industriebürger machen wollte.

Baum: Und er schließt an Kant an. Die Freiburger Thesen sind im Grunde ein Stück Kant'sche Aufklärung. Maihofer hat immer den Finger erhoben und gesagt: »Gerhart, Kant kommt wieder.«

Hirsch: Maihofer hat von einer historischen Koalition gesprochen und damit die Rückbesinnung des Liberalismus auf seine soziale Verantwortung gemeint, wie es schon die Liberalen vor 1848 gefordert hatten. Wobei unsere politischen Vorfahren der Nachkriegszeit diese Linie leider vernachlässigt haben.

Baum: Das Freiburger Programm war einer der wenigen ernsthaften Versuche der Politik, mit den Problemen fertig zu werden, die ja bis heute da sind. Was macht man denn, um die ungleiche Vermögensverteilung zu ändern? Gut, Christian Lindner kämpft für gleiche Bildungschancen. Man kann über das Steuerrecht nachdenken, über die Erbschaftsteuer. Die Vermögensteuer ist wohl nicht das richtige Instrument. Wir haben damals eine Vermögensabgabe auf Gewinne gefordert, die den Leuten durch Wertsteigerung zugeflossen sind. Wir wollten eine Demokratisierung des Staates, wir wollten eine Demokratisierung der Gesellschaft aus dem Gedanken der Freiheit, Gleichheit und Brüderlichkeit. Für Maihofer war das Wort Brüderlichkeit wichtig. In einer Gesellschaft muss Gerechtigkeit eine Rolle spielen. Der Staat darf nicht alles, darf sich nicht einmischen in die Freiheit des Einzelnen – eine klare liberale Position, wie sie schon Wilhelm von Humboldt vertrat. Der zweite zentrale Gedanke von Maihofer war: Der Staat sind wir alle. Dieser Solidaritätsgedanke. Es war ein Programm zur überfälligen Reform des Kapitalismus.

Hirsch: Was bedeuten heute Freiheit, Gleichheit, Brüderlichkeit? Eine liberale Gesellschaft ohne soziale Verantwortung führt zu katastrophalen Verhältnissen der absoluten Ungleichheit. Wenn man nur den Egoismus des Einzelnen entfesselt, dann landet man beim Manchester-Kapitalismus und nicht in einer freien Gesellschaft. Dann werden wir zu einer Horde von Robinsons, obwohl wir in einer Gesellschaft leben, in der jeder von den erbrachten Leistungen der anderen abhängig ist. Die Industrie schafft im Wege der Globalisierung Arbeitsplätze dort, wo sie am billigsten sind. Aber muss sie sich dann nicht an der beruflichen Weiterbildung der Arbeitnehmer beteiligen, die hierbleiben und nur noch Arbeitsplätze vorfinden, die höhere berufliche Qualifikationen voraussetzen? Zur Vollbeschäftigung im Zeitalter der Globalisierung gehört eine drastische Verbesserung der Berufs- und Erwachsenenbildung. Haben wir das heute im Programm?

Baum: Das ist ein Schlüssel, der ungleichen Vermögensverteilung Kontra zu bieten. Maihofer sagte bereits 1971, dass unsere Freiheit und unsere Rechte bedroht seien durch die Tendenz zur Akkumulation von Besitz und Geld. Das hat sich seitdem weiter gesteigert, unter anderem durch die Hedgefonds, die jetzt Unternehmer spielen und gar keinen Gemeinsinn mehr entfalten. Der Markt schafft nicht das, was eine Gesellschaft braucht. Das, was mit dem Markt erzielt wird, dient nicht automatisch dem Gemeinwohl.

Hirsch: Karl-Hermann Flach war der Überzeugung, die FDP habe nur eine Chance, wenn sie den Liberalismus nicht mit den Interessen einer bestimmten Schicht verbindet, sondern wenn sie größtmögliche soziale Gerechtigkeit mit größtmöglicher Freiheit und wirtschaftlicher Leistungskraft verbindet. »Sozialer Ausgleich bei ständigem Wirtschaftswachstum heißt die Preisaufgabe«, schreibt er in seiner Streitschrift »Noch eine Chance für die Liberalen«.

Baum: Freiburg ist noch aktuell, habe ich kürzlich in einem Artikel in den »Frankfurter Heften« geschrieben. Es wird für mich sehr darauf ankommen, ob die FDP diese Grundgedanken von Freiburg wiederbelebt oder nicht. Es ist

·lich richtig, wenn die FDP sagt, wir sind marktwirtschaftlich orientiert, wir wollen, dass die Menschen nicht durch Bürokratie belastet werden wie jetzt bei der Umsetzung des Mindestlohns. Wir wollen ihnen die Freiheit geben, ihr Leben selbst zu gestalten. Aber alles das muss von einem Sinn für das Gemeinwohl begleitet werden. In der heutigen FDP gibt es die Tendenz, den Staat generell abzulehnen, auch die notwendigen staatlichen Rahmenbedingungen, die wir brauchen, um uns entfalten zu können. Zum Beispiel Anlegerschutz. Ich bin Anwalt für Anlegerschutz gegenüber den Banken und den Kapitalinteressen. Erst langsam werden die Anleger durch Gesetze und die Rechtsprechung besser geschützt. Für die FDP war das kein Thema.

Hirsch: Im Verhältnis zwischen dem Starken und dem Schwachen schaffen die Gesetze nicht Unfreiheit, sondern Freiheit – schrieb schon Rousseau.

Baum: Ja, so ist es.

Hirsch: Was ist der Staat anderes als die Rechtsordnung, die sich die Gesellschaft gegeben hat!

Baum: Freiburg war kein Programm von linken Träumern. Es war ein wichtiger Beitrag zur Erneuerung und Rettung der FDP damals. Die Reden von Walter Scheel, Werner Maihofer oder Karl-Hermann Flach müsste man eigentlich ausdrucken und heute in der FDP verteilen. Das ist hochaktuell!

Die sozialliberale Koalition von 1969 – ein politischer Aufbruch

1969 wurde Willy Brandt Bundeskanzler. Welche Rolle spielten Sie beim Zustandekommen der ersten sozialliberalen Koalition?

Baum: Wir haben versucht, jeder an seiner Stelle, ich als Kreisverbandsvorsitzender und Parteitagsdelegierter, die Partei in diese Richtung zu bringen. Das stieß auf heftige Widerstände, was uns nicht von unserem Ziel abgehalten hat. Durch den Abgang des FDP-Vorsitzenden Erich Mende 1968 war der Weg frei geworden für die sozialliberale Koalition, für innere Reformen und eine neue Außenpolitik. Unsere Rolle beim Zustandekommen dieser Koalition und bei der Umsetzung ihrer Reformpolitik wurde später nicht gesehen. Da gab es ein Buch von Arnulf Baring mit dem Titel »Machtwechsel«, da werden wir Jungdemokraten weitgehend ausgespart.

Hirsch: Ist das nicht ein bisschen wehleidig?

Baum: Es ist Geschichtsklitterung! Und es kommt etwas hinzu, was mich ärgert bei all den Rückblicken derzeit –

Willy Brandt, Helmut Schmidt, Ostpolitik. Es wird vollkommen vergessen, dass beide nicht Bundeskanzler geworden wären ohne uns. Und ich meine das »ohne uns« ganz wörtlich, ohne die sogenannten Linken in der FDP. Wenn Sie Helmut Schmidt reden hörten, hätte man meinen können, er hätte allein regiert. Dabei hatte er seine Mehrheit zweimal uns zu verdanken, zumal nach der eigentlich verlorenen Wahl von 1976. Und das gilt für Willy Brandt natürlich auch. Dass Brandt ein historischer Bundeskanzler war, in meinen Augen viel bewunderungswürdiger als Adenauer, dass der Kniefall in Polen das ausgedrückt hat, was der Mann politisch wollte, dass er eine Überzeugungskraft besaß, die zur Vertrauensbildung in Europa beigetragen hat, alles keine Frage. Aber ohne uns hätte er diese Möglichkeiten nicht gehabt.

Wäre Brandts Ostpolitik nicht auch in einer großen Koalition möglich gewesen?

Baum: Ob mit dem Ergebnis der Wiedervereinigung, ist schwer zu sagen. Es hätte sich auch etwas bewegt, aber es wäre schwieriger geworden.

Hirsch: Die Frage wäre gewesen, wer in der großen Koalition die Mehrheit gehabt hätte. Die CDU/CSU hat formell bis zur tatsächlichen Wiedervereinigung weder einen europäischen Gewaltverzicht noch die Oder-Neiße-Grenze akzeptiert. »Deutschland in den Grenzen von 1937« war ihre unhaltbare Utopie.

Baum: Es hätte wohl alles länger gedauert. Man kann ja nur eine Koalition bilden, wenn man Gemeinsamkeiten hat und bereit ist, sich zu bewegen. Ich weiß noch, wie es hier in Nordrhein-Westfalen im Landesvorstand gebrodelt hat nach der Wahl 1969. Es war ja keineswegs sicher, dass die Partei Scheel und Genscher folgen würde. Scheel hat das durchgekämpft, hat gesagt, dann geht halt, wenn ihr das nicht wollt. Aber viele meinungsbildende Intellektuelle, Journalisten, sogar die Kirchen haben uns unterstützt.

Es war eine politisch sehr intensive Zeit. Gab es für Sie überhaupt ein Privatleben?

Baum: Wir waren ja immer unterwegs. Kreisparteitag. Bezirksparteitag. Landesparteitag. Bundesparteitag. Wahlkämpfe. Fast an jedem Wochenende war irgendwas los. Im Grunde habe ich ein deformiertes Familienleben gehabt. Irgendwann war man dann auch der Droge Politik verfallen.

Hirsch: Ich habe 1969 geheiratet. Ich bin erst 1971 in den Landesvorstand gekommen und 1973 in den Bundesvorstand. Davor war es die Kommunalpolitik, die mich total gefesselt hat, neben meinen beruflichen Aufgaben in der Wirtschaftsvereinigung Eisen und Stahl und danach in einem Unternehmen. Natürlich leidet die Familie darunter. Meine Frau hat sich und unsere Kinder mit großer Konsequenz aus jeder öffentlichen Beteiligung an politischen Dingen herausgehalten, kein Interview, keine Bilder, ganz selten war sie mit bei öffentlichen Einladungen. Sie wollte nicht »die Frau an seiner Seite« sein, sondern ihr eigenes Leben führen. Sie hat mir den Rücken freigehalten und mir mit ihrem sicheren Urteil und ihrer sensiblen Beobachtungsgabe gute Ratschläge gegeben. Wir sind viel gemeinsam gereist, vor allem ins Ausland, auch in den Ostblock. Wenn einen niemand kennt, kann man sich frei bewegen. Meine Frau hatte eine berufliche Vertrauensstellung in einer kleinen Firma, die hat sie nach unserer Heirat aufgegeben. Sie bekam von mir alle Vollmachten, seitdem beziehe ich ein Taschengeld.

Baum: Wenn man heute jung wäre, Herr Hirsch, würde man wenige Frauen finden, die auf eine eigene Berufskarriere verzichten möchten. Da gehen Väter in Väterzeit. Oder holen nachmittags die Kinder von der Kita. Wir kommen aus einer anderen Zeit, auch wenn es alle möglichen reformerischen Erziehungsmodelle gab. Meine Kinder waren auf der Montessori-Schule, meine damalige Frau hat sich, wie Ihre Frau, um den Haushalt und die Kinder gekümmert – und wir haben uns zunehmend entfremdet. Die Last des täglichen Lebens lag bei meiner Frau. Ich war freundlich und nachsichtig den Kindern gegenüber, der »gute Onkel« kommt nach Hause. Da ist vieles schiefgelaufen bei mir, und das hatte natürlich auch mit meinem extremen Engagement in der Politik zu tun.

Hirsch: Zwei Dinge: Diese ständige Erreichbarkeit von heute gab es nicht. Das habe ich genutzt und mich zurückgezogen, auch nach Hause.

Baum: Als Innenminister waren Sie immer erreichbar. Ich auch.

Hirsch: Aber die Hemmschwelle war größer als heute. Ich war als Innenminister mal bei der Datenverarbeitung im Landeskriminalamt, und da zeigten sie mir mein Tagesprogramm. Wann ich wo hinfahre und mit wem. Ich wusste nicht, dass sie das aufzeichnen. Ich war wütend und habe es geäußert. Zweiter Punkt: Die Sicherheitsfrage. Es ist für die Familie belastend, wenn man morgens von Bodyguards mit Maschinenpistolen abgeholt wird. Man will Tennis spielen, und da steht einer mit Maschinenpistole am Tennisplatz. Da findet man nicht immer einen Partner. Man war ja dauernd begleitet von Sicherheitsbeamten.

Baum: Bei mir waren es drei Mercedes und zwei Motorräder, zu meiner Sicherheit.

Sie haben Willy Brandt aus der Nähe erlebt. Wie war er?

Baum: Wie viele im Lande haben wir ihn bewundert – schon zu seiner Zeit als Regierender Bürgermeister von Berlin.

Hirsch: Mich hat Willy Brandt wirklich sehr beeindruckt. Ich höre noch die berühmten Worte »mehr Demokratie wagen«. Und: »Die Schule der Nation ist die Schule.« Das war neu. Er war von den Konservativen wegen seiner unehelichen Herkunft diskriminiert worden als »Brandt alias Frahm«. Man warf ihm vor, in einer norwegischen Uniform aus dem Exil nach Deutschland zurückgekehrt zu sein. Das alles hat er verkraftet. Er war nicht nur ein Charismatiker, sondern eine der ganz wenigen großen politischen Erscheinungen in Deutschland. Sein Sturz hat mich überrascht. Ich hatte die Auseinandersetzungen zwischen Brandt, Schmidt und Wehner als nicht so fundamental wahrgenommen, wie sie offenbar waren. Aber ich habe ihn auch als resigniert erlebt, unbeweglicher, nicht mehr so emotional wie zu Beginn seiner Kanzlerschaft. Die Sache mit Guillaume wäre sonst kein Rücktrittsgrund gewesen.

Baum: Als Parlamentarischer Staatssekretär habe ich in Vertretung von Genscher und Maihofer Brandt mitunter am Kabinettstisch erlebt. Die Endphase seiner Kanzlerschaft war so, wie Sie das angedeutet haben, Herr Hirsch. Das politische Tagesgeschäft machte ihm Mühe, dieses Abarbeiten von schwierigen Sachverhalten, noch dazu in einer Wirtschaftskrise. Ich habe erlebt, wie in einer Kabinettssitzung jemand etwas vorgetragen hat und dann Stille herrschte. In dieser Situation hätte der Kanzler seine Meinung sagen oder einen Beschluss fassen lassen müssen. Es kam nichts. Schmidt war da ganz anders, der hat geführt. In der Außenpolitik war Brandt drin, das hat ihn interessiert, da blühte er auf. Aber Fragen des Kartellrechts, Umweltgesetze, Beamtenbesoldung, dieses Klein-klein des Regierungsalltags hat ihm keinen großen Spaß gemacht.

Hirsch: Brandt war ein hervorragender Redner. Er überzeugte mit neuen Formeln. Und wir wussten, dass Brandt und Scheel – auch Egon Bahr muss man hier nennen – die

Einzigen waren, mit denen man eine neue Deutschlandpolitik machen konnte. Die Koalition Brandt-Scheel ruhte auf beiden gleichermaßen und wurde von der Opposition wütend begleitet und kommentiert. Nur die beiden konnten sich eine Deutschlandpolitik vorstellen, die die Grenzen zwischen den beiden Staaten zwar nicht aufhob, aber bedeutungsloser machte: Wandel durch Annäherung, das war die Formel.

Baum: Und die Annäherung erfolgte beiderseits. Auch wir mussten uns verändern, also zum Beispiel die Grenzen anerkennen.

Hirsch: Brandt war für mich ein Garant dafür, dass die Restauration der alten großbürgerlichen Gesellschaft durchbrochen wurde, die in Westdeutschland unter Adenauer und Erhard stattgefunden hatte. Das fiel mir auf, als ich aus der Sowjetischen Besatzungszone in diese für mich sehr andere Gesellschaft kam.

Ich habe mit Brandt mehrfach verhandelt, in Koalitionsgesprächen. Mein Partner in der SPD war Karl Liedtke, ihr innenpolitischer Sprecher. Es gab gelegentlich Dinge, über die wir uns nicht verständigen konnten, im Beamtenrecht zum Beispiel, und dann habe ich mit Brandt verhandelt. Er war sehr offen, zugänglich, hörte zu, verstand, was man wollte, fand Kompromisslösungen. Aber mit zunehmender Dauer seiner Kanzlerschaft wurde er unruhiger, spröder. Ich glaube, weil er sich zunehmend mit Dingen konfrontiert sah, die nichts mit der Politik zu tun hatten, die er eigentlich machen wollte. Damals wurden, im großen Unterschied zu heute, private Dinge in der Politik überhaupt nicht erörtert. Und im Guillaume-Fall tauchte die Frage auf, ob es wirklich der Grund für seinen Rücktritt war, dass er Guillaume nicht als Spion erkannt hatte. Oder ob es in Wirklichkeit um andere Dinge ging.

Trug Genscher Verantwortung für die Guillaume-Affäre?

Hirsch: Nein. Ich war Mitglied im Guillaume-Untersuchungsausschuss und in der Parlamentarischen Kontrollkommission der Nachrichtendienste. Wir haben den Lebenslauf von Günter Guillaume im Detail nachvollzogen. Er war ein Perspektiv-Agent, der nicht auf Willy Brandt angesetzt war, sondern mit einer bestimmten Legende in Frankfurt in die SPD eingeschleust worden war nach dem Motto: Sieh mal zu, wie weit du kommst. Er gewann das Vertrauen von Verteidigungsminister Georg Leber und galt als lupenreiner Sozialdemokrat. Dann kam er auf Empfehlung Lebers ins Bundeskanzleramt und rückte so immer näher an den Bundeskanzler heran. Keiner konnte sich damals vorstellen, dass die DDR so blöd war, einen Spion auf den Kanzler anzusetzen, an dessen Erhalt sie eigentlich interessiert sein musste. Denn wenn Brandt fiel, war die Gefahr groß, dass die gesamte Politik sich ändern würde, gerade auch die Ostpolitik. Heute traut man Nachrichtendiensten mit Recht jede politische Dummheit zu, das war damals noch anders. Der Verfassungsschutz war sich seiner Sache nicht sicher. Sein Präsident, Günther Nollau, hatte intensiven Kontakt zum SPD-Fraktionsvorsitzenden Herbert Wehner. Nollau informierte Genscher und verband das mit der Auflage, dass noch nichts unternommen werden dürfte, weil man nicht wusste, ob man Guillaume überführen konnte.

Baum: Genscher wird immer kritisiert, weil er zugelassen hat, dass Guillaume noch mit Brandt auf Reisen ging. Man hätte ihn doch einfach versetzen können. Aber wir hatten keine Beweise, dass er Spion war. Wir konnten ihn erst wirklich fassen, als er bei der Verhaftung selbst sagte, er sei Hauptmann des Ministeriums der Staatssicherheit. Die Zeithistoriker sehen für Brandts Rücktritt ganz andere Gründe: Amtsmüdigkeit, verlorene Wahlen. Die SPD wollte einen Macher: Helmut Schmidt.

Aber was war nun Genschers Rolle?

Hirsch: Der Untersuchungsausschuss hat nicht den Hauch eines Beweises dafür erbracht, dass Genscher sich falsch verhalten hätte. Nichts, gar nichts. Man muss begreifen, dass damals Untersuchungsausschüsse – wie übrigens heute auch noch – die Fortsetzung des politischen Kampfes mit anderen Mitteln waren. Dass Brandt stürzte, war ja für die Opposition ein gefundenes Fressen. Und dass man alles Mögliche anstellte, um sagen zu können, Genscher müsse gleich mitgehen, ist klar. Die Rede, in der der Ausschussvorsitzende Walter Wallmann von der CDU Genscher im Bundestag verdächtigte, hat mich nach dem Verlauf der Beratungen im Ausschuss überrascht. Ich habe sie als unfair empfunden.

Baum: Und es war eben nicht so, dass die Aufdeckung möglicher Frauengeschichten bei Brandt zu seinem Sturz geführt hat.

Wie sehr hat Wehner Brandts Rücktritt beeinflusst?

Hirsch: Wehner hat den Rücktritt Brandts betrieben – und zugleich als notwendig bedauert. Er nutzte seine Macht. Ich habe ihn im Parlament geschätzt, er war knurrig und ohne Umschweife gerade heraus, egal ob es um Kritik oder Lob ging. Er hatte es nicht mehr nötig zu taktieren und genoss das. Er war aber kein Mensch, zu dem ich privaten Kontakt gesucht hätte. Er war eine Respektsperson, zu der man eine natürliche Distanz hatte, eine Art Denkmal aus der Vergangenheit.

Baum: Herbert Wehner hat einen großen Stilbruch begangen, als er Brandt in Moskau mit den Worten angriff: »Der Mann badet gern lau.« Die Art, wie er da mit Brandt umgegangen ist, war nicht gut. Aber er sah, dass die SPD in den Ländern eine Wahl nach der anderen verlor, und er registrierte, dass sie mit Brandt nicht weiterkam. Sein Instinkt hat ihm recht gegeben. Mit Brandt wären wir nicht weitergekommen.

Hirsch: Es war nicht falsch. Nur die Art und Weise, wie er ihn gestürzt hat, war unschön.

Baum: Wehner hatte Narben. Das können Sie in jeder Bundestagsdebatte ablesen. Wenn er das Gefühl hatte, seine demokratische Zuverlässigkeit wurde bestritten, rief er: »Wir gehören doch zu diesem Staat! Ihr könnt uns nicht ausgrenzen, ihr Konservativen. Was habt ihr denn in der Nazi-Zeit gemacht?« Er konnte sehr wütend werden.

Hirsch: Die Konservativen wollten Wehner ausgrenzen. Man wusste, dass er ein überzeugter, engagierter Kommunist gewesen war. Aber ich hatte immer den Eindruck, dass er ein ebenso überzeugter Demokrat geworden war. Von seiner Zeit in Moskau hatte er tiefe Narben davongetragen, da stimme ich zu.

Baum: Sie wollten ihn aus dem demokratischen Konsens herausdrängen. Die Wahrheit ist: Ohne Wehner hätte es kein Godesberger Programm gegeben, mit dem sich die SPD marktwirtschaftlichen Positionen geöffnet hatte. Ohne Godesberger Programm hätte es keine sozialliberale Koalition gegeben, gegen die sich Wehner und Schmidt zunächst gewehrt hatten. Die Sozialdemokraten wären nicht regierungsfähig gewesen damals. Er war ein Zuchtmeister seiner Fraktion, die nicht einfach war – bis heute nicht einfach ist. Ich habe ihn regelmäßig unter vier Augen über die Sicherheitslage unterrichtet. Das waren lange Gespräche. Er hörte zu – und kritisierte auch seine eigenen Leute. In seinen Augen gab es linke Vögel, die alles Mögliche taten, nur die Regierung nicht unterstützten. Er ging schonungslos mit den eigenen Leuten um, das hat er nach außen nicht verborgen. Und ich sage auch: Er war ein überzeugter Parlamentarier. Ich habe in meinem Leben einige Hundert Anfragen als Parlamentarischer Staatssekretär im Plenum beantwortet. In fast jeder Fragestunde saß Herbert Wehner in der ersten Reihe.

Hirsch: Er war einer der wenigen Parlamentarier, die wirklich immer im Plenum saßen. Er hörte zu und reagierte mit sarkastischen, oft sehr bösen Zwischenrufen.

Baum: Bei der Formulierung der Antworten habe ich mir mitunter vorgestellt, was Wehner dazu sagen würde. Denn der saß ja da, und ich musste darauf vorbereitet sein, dass er einen Zwischenruf macht. Einmal rief er mir zu: »Herr Baum, wer hat Ihnen denn das aufgeschrieben?« Ich war fassungslos. Es war so, wie er sagte: Das, was ich vorlas, hatte jemand anderes aufgeschrieben. Wehner war Dresdner. Ich gehe jedes Mal mit Freude in Dresden über den Wehner-Platz. Und, Herr Hirsch, die Durchsetzung der Ost- und Deutschlandpolitik wäre ohne Wehner nicht möglich gewesen.

Hirsch: Einverstanden. Was ich nicht mochte, war seine Verballhornung von Namen, etwa »Düffeldoffel« für Helmut Kohl. Er saß im Plenum und verteilte seine Namen – Hodentöter für Todenhöfer oder Übelkrähe für Wohlrabe. Ich weiß nicht mehr, bei welcher Gelegenheit, da zog die CDU/CSU-Fraktion geschlossen aus, und Wehner rief sarkastisch hinterher: »Wer rausgeht, muss auch wieder reinkommen.«

Baum: Er hielt eine Rede in einer Terrorismusdebatte, ich glaube 1975. Mittendrin sagte er in seinem abgehackten

Rednerstil: »Und Sie, Herr Strauß, Sie sind ein Terrorist.« Da zog die CDU/CSU-Fraktion aus, und Wehner rief ihr hinterher: »Und Sie werden zurückkommen müssen.« Das war in einer Situation, in der wir über die Terroristen der RAF debattierten, eine ungeheure Provokation. Aber die CDU/CSU wollte uns zu Sympathisanten der Terroristen machen, die nicht fähig seien, diese wirksam zu bekämpfen.

Genscher hat mir mal erzählt, wie er in bestimmten Situationen Wehner zu Hilfe gerufen hat, auch gegen Schmidt. Und gegen Egon Bahr. In der Ost- und Deutschlandpolitik waren wir Liberalen ein Element der verfassungsrechtlichen Solidität. Ich möchte nicht wissen, wie ohne die Kautelen, die wir eingebaut haben, etwa den Brief zur deutschen Einheit, das Verfassungsgericht später überzeugt worden wäre. Wehner war ein zuverlässiger Partner bei der Durchsetzung dieser Politik gegen Kräfte bei den Sozialdemokraten, die das Ziel der deutschen Einheit in den Hintergrund geschoben hatten. Bis zum Schluss. Noch bis kurz vor Ende der DDR hat die SPD Strategiegespräche mit der SED geführt und die Freiheitsbewegungen, zum Beispiel in Polen, vernachlässigt. Auch die Rolle Egon Bahrs während der Zwei-plus-Vier-Verhandlungen bedarf noch einer genaueren Analyse.

Hirsch: An Bahr habe ich nichts zu tadeln. Im Übrigen war eine prägende Figur damals Walter Scheel, Bundesvorsitzender der FDP, Außenminister, Vizekanzler und schließlich Bundespräsident. Atemberaubend. Scheel war kurze Zeit Düsseldorfer Kreisvorsitzender, er wohnte dort. Er hat immer gesagt, er habe alle Parlamente in der richtigen

Reihenfolge absolviert. Er war Ratsmitglied in Solingen, Abgeordneter für Remscheid im Landtag und dann im Bundestag, Mitglied des Europäischen Parlaments und Vizepräsident des Bundestags. Ich erinnere mich an eine Landtagswahl, wir hatten schwere finanzielle Probleme, weil wir uns übernommen hatten, um den Wahlkampf zu finanzieren, und mussten das mit Scheel besprechen. Er ließ uns nicht vor, hätte was Dringendes zu erledigen, es hieß, wir müssten warten. Nach einer halben Stunde ist mir der Kragen geplatzt und ich bin reingegangen. Da saß er und signierte in aller Seelenruhe seine Bücher. »Aber Herr Scheel«, hab' ich gesagt, »wir müssen doch miteinander reden.« »Ach«, hat er erwidert, »das muss man nicht so ernst nehmen. Wenn wir die Wahl verlieren, können wir es sowieso nicht mehr ändern. Wenn wir gewinnen, werden wir es schon in Ordnung bringen.« Wir haben die Wahl gewonnen und alles in Ordnung gebracht. Eine rheinische Frohnatur war er, sang »Hoch auf dem gelben Wagen« mit dem Düsseldorfer Männergesangverein.

Baum: Mit einem harten Kern. Einem sehr harten Kern. Die Rolle von Walter Scheel ist heute völlig unterbewertet. Nach der entscheidenden Wahlnacht 1969 hat er das Heft in die Hand genommen. Er hat gesagt, ich mache jetzt diese Koalition mit den Sozialdemokraten, und wer nicht mitgeht, möge gehen. Scheel war überhaupt ein sehr entschiedener Parteivorsitzender. Wenn er etwas nicht wollte, hat er es nicht gemacht. Dann sagte er: Ich weiß, hier wollen einige das und das. Ich mache das auf keinen Fall, ganz gleich, was ihr diskutiert. Diese Entschiedenheit in einer

Partei, die mit Mühe über die Fünf-Prozent-Hürde gekommen ist, war wichtig. Vergessen wir nicht: Wir waren 1969 in einer Situation, in der die NPD die Fünf-Prozent-Klausel nur knapp verfehlt hatte. Wäre sie in den Bundestag gekommen, hätte es keine Mehrheit für SPD und FDP gegeben. Die Entschlossenheit damals, einen politischen Neuanfang zu wagen, war nur möglich durch das Miteinander der beiden starken Figuren Brandt und Scheel. Willy Brandt war ein großer Bundeskanzler und hat dem Land gutgetan. Die heftigen Kontroversen damals, vor allem das Ringen um die Ostpolitik, haben dazu geführt, dass sich die Demokratie in unserem Land gefestigt hat. Wir haben darum gekämpft, das Grundgesetz zu leben. Mehr Demokratie wagen heißt, unser Grundgesetz leben. Und noch eine für mich ganz wichtige Bemerkung: Ohne den Wandel der FDP, der von uns Jungdemokraten durch jahrelangen zähen innerparteilichen Kampf maßgeblich herbeigeführt wurde, hätte es diese Koalition nicht gegeben.

Hirsch: Ihre Bemerkung über Scheel teile ich völlig. Ich halte ihn neben Genscher für den bedeutendsten noch lebenden deutschen Politiker der Nachkriegszeit. Er konnte seine Positionen kompromisslos vertreten. Walter Scheel war der erste Entwicklungshilfeminister. Dass es einen solchen überhaupt geben muss, war seine Idee. Die Dritte Welt werde es auf Dauer nicht hinnehmen, nur Rohstofflieferant der westlichen Industrienationen zu sein, so sein Argument. Wir müssten sie zu vollwertigen Partnern machen – ein Gedanke, der mir völlig neu war damals. Und ohne Scheel hätte es eben keine neue Ost- und Deutschlandpolitik gegeben, die uns schließlich zur Wiedervereinigung geführt hat. Er war übrigens der einzige Politiker, den ich beobachtet habe, der mit offenen Augen schlafen konnte. Seine Augen wurden gläsern, stumpf, doch wenn ein Wort fiel, das ihn interessierte, war er sofort hellwach, und man merkte, dass alles, was gesagt worden war, sein Hirn dennoch erreicht hatte. Ein sehr kontaktfreudiger, lockerer, selbstbewusster Mann. Wenn man ihn wirklich verstehen will, dann muss man sich die Rede anhören, die er 1972 zum gescheiterten Misstrauensvotum von Rainer Barzel gehalten hat. In der Erwartung, dass Barzel das Misstrauensvotum gewinnen würde, hat er sein Selbstverständnis als liberaler Politiker eindrucksvoll dargestellt. Diese Rede von Scheel und die Rede, die Wolfgang Döring 1962 zur Spiegel-Affäre gehalten hat, sind in meinen Augen die wichtigsten Reden, die in dieser Zeit von FDP-Politikern im Bundestag gehalten worden sind.

Baum: Scheel war 1968 Parteivorsitzender geworden nach dem Abgang von Erich Mende, den wir wirklich mit allen Mitteln bekämpft haben. Das letzte Mal, dass ich Mende gesehen habe, rief er mir zu: »Herr Baum, wir sehen uns vor Gericht wieder!« Dazu kam es nie. Es war eine Provokation für ihn, dass wir Jungdemokraten auf Parteitagen der sechziger Jahre Parteitagsdienste herausgaben. Frühmorgens der erste, mittags einer, abends einer. Der Chefredakteur hieß Günter Verheugen. Es waren Bewertungen des Parteitags, auch der dort gehaltenen Reden.

Scheel wurde dann der Sprecher der Opposition im Bundestag gegenüber der Großen Koalition. Die Partei veränderte sich. Er hielt zum Beispiel eine ganz wichtige Rede gegen die Notstandsgesetze. Er entwickelte ein Gespür für Themen, die die FDP in die Nähe der jungen Leute rückten, die sich damals in Reform- und Aufbruchstimmung befanden. Er lud Leute zu sich nach Hinterthal zum Brainstorming-Wochenende ein. Er hatte dort, in der Nähe von Salzburg, ein Haus. Da mischten sich die ernsthaft politische Diskussion und seine lebensfrohe Natur. Wir hatten immer ein Fass Bier. Es ging mitunter zünftig zu. Manchmal wurden Bierbänke in den Swimmingpool geworfen. Wir haben über die Oder-Neiße-Grenze diskutiert. Scheel versuchte, das mit seinem ausgeprägten politischen Instinkt aufzunehmen. Und er hat sich die richtigen Leute ausgesucht. Karl-Hermann Flach war dabei. Er hatte die Rede geschrieben, von der Sie eben gesprochen haben, Herr Hirsch.

Scheel hat dann neben Genscher eine ganz entscheidende Rolle bei der Wahl Gustav Heinemanns zum Bundespräsidenten gespielt. Die ging ja der Bildung der sozialliberalen Koalition voraus. Am Vortag der Wahl saßen wir in einem Hotel am Messegelände in Berlin, niemand durfte hoch, alles war abgeschirmt. Wir saßen da in Klausur, stundenlang, um uns vorzubereiten auf die Bundespräsidentenwahl am nächsten Tag. Wir Sozialliberalen wollten Heinemann unbedingt haben. Er war das Signal für die dann folgende politische Wende. Aber so schnell ging es ja nicht. In der letzten Woche vor der Bundestagswahl 1969 dümpelte die FDP um fünf Prozent. Scheel hatte bis dahin nicht zu erkennen gegeben, dass er eine sozialliberale Koalition wollte. Am Dienstag vor der Wahl haben wir ihn in

Bonn besucht und ihn gedrängt, sich klar zu äußern. In der letzten großen Fernsehrunde am Donnerstag vor der Wahl bekannte er dann endlich Farbe.

Hirsch: Und wir kriegten 5,8 Prozent. Ich war übrigens bei allen diesen Vorgängen nicht dabei.

Baum: Ja, bis dahin waren wir unter fünf Prozent gewesen. Scheel hat dann bis zur Erschöpfung gekämpft für die Ostverträge. Er wurde krank. Die Diskussionsatmosphäre im Bundestag war vergiftet. Es gab heftigste Szenen, da fehlten nur noch körperliche Attacken.

Eine andere Geschichte: Vor der Wahl des Bundespräsidenten 1974 lag es in der Luft, dass Scheel kandidieren würde. Er war schon seit der Wahl Heinemanns fest dazu entschlossen. Er stand kurz vor einer Operation und hat seine Stellvertreter ins Krankenzimmer eines Bonner Krankenhauses bestellt. Hans-Dietrich Genscher, Wolfgang Mischnick, Hildegard Hamm-Brücher. Er sagte: Liebe Freunde, ich habe mich entschlossen, für das Amt des Bundespräsidenten zu kandidieren. Mein Entschluss ist unumstößlich. Alle wünschten ihm gute Genesung und gingen. Im gleich darauf tagenden Bundesvorstand gab es Rückfragen, man wollte noch mal mit Scheel Kontakt aufnehmen und versuchte, ihn zu erreichen. Doch er hatte es so eingerichtet, dass er nicht mehr zu sprechen war. Er lag bereits in der Narkose. Seine damalige Frau war übrigens Ärztin, eine imponierende Frau, Mildred Scheel, eine große Hilfe in dieser Zeit. Die Gründerin der Krebshilfe, die dann selbst an Krebs gestorben ist.

Helmut Schmidt und der Deutsche Herbst – Bewährungsprobe der Republik

In den frühen siebziger Jahren haben Sie erstmals aktiv Politik gestaltet. Was waren Ihre wichtigsten Projekte damals?

Hirsch: Ab 1972 saßen wir im Bundestag und haben an Gesetzen mitgewirkt: Immissionsschutz, Datenschutz. Kaum einer wusste damals, was »Daten« überhaupt sind. Für uns ging es um den Kampf für Privatheit, für die »informationelle Selbstbestimmung« und gegen den »gläsernen Bürger«, gegen die Herrschaft der Verwaltungseffizienz. Wir wollten den Staat nicht dumm machen, aber wir wollten, dass er nicht allwissend wird.

Baum: Wir haben 1977 das erste Datenschutzgesetz des Bundes konzipiert und durch das Parlament gebracht – diese liberale Tradition ist heute leider vergessen.

Hirsch: Der Datenschutz im öffentlich-rechtlichen Bereich war leichter durchzusetzen als im privatwirtschaftlichen Bereich. Und der Jurist Spiros Simitis in Hessen war ein fabelhaftes Vorbild für uns: der Vater des modernen Datenschutzes in Deutschland. Er hatte das hessische Datenschutzgesetz verfasst, das 1970 in Kraft trat, das erste Datenschutzgesetz der Welt!

Sie waren während der Kanzlerschaft Helmut Schmidts an der Bekämpfung des Terrorismus maßgeblich beteiligt: Herr Baum als Bundesinnenminister, Herr Hirsch als Innenminister von Nordrhein-Westfalen. Wie haben Sie diese Zeit erlebt?

Baum: Zunächst ein Wort zu Helmut Schmidt. Ich habe ihn im Kabinett näher kennengelernt. Er war ein starker Finanzminister. Der Weltökonom, der Krisenmanager, der Mann des nüchternen Pragmatismus. Als Innenminister saß ich dann ab 1978 jeden Mittwoch mit ihm am Kabinettstisch. Ich hatte immer das Gefühl: In seinen Augen war ich nicht die richtige Wahl. Das hat er auch irgendeinem Gesprächspartner gesagt, der es mir kolportiert hat: Der Baum sei viel zu liberal. Schmidt kam dann zu meiner Amtseinführung. Das war ungewöhnlich. Offenbar wollte er wissen, wie ich mich dort präsentierte. Er legte Wert darauf, dass ich eng mit Hans-Jochen Vogel zusammenarbeitete, dem damaligen Justizminister. Vogel und ich trafen uns regelmäßig zum Frühstück. Wir hatten ein vertrauensvolles Verhältnis.

Schmidt konnte nicht vorbei an meiner Stärke in der FDP und an den Leuten in der SPD, die mich unterstützten. Ich hatte mit ihm regelmäßig lange Gespräche unter vier Augen. Er ließ sich ausgiebig informieren, nahm sich viel Zeit. Da hat niemand gestört, kein Telefon. Die Kabinettssitzungen hat er sehr stark geprägt. Das waren Diskussionsrunden. Später, unter Kohl, wurden die Punkte abgehakt. Schmidt war diskussionsfreudig. Er diskutierte zum Beispiel stundenlang über den Beitritt Griechenlands zur Europäischen Union, und zwar mit ziemlicher Zurückhaltung gegenüber Griechenland. Wir diskutierten über den Rhein-Main-Donau-Kanal und viele andere Dinge. Ich habe das als sehr angenehm empfunden. Die Staatssekretäre hatten die Meinungsbildung vorbereitet, aber er war interessiert daran, die Meinung seiner Kollegen zu hören, und wollte sich durch die Diskussion seine eigene Meinung bilden.

Ich musste mich als Innenminister immer sehr intensiv vorbereiten, denn die meisten Tagesordnungspunkte betrafen in der Regel mein Ministerium. Ich galt bei meiner Ernennung auch bei einigen politischen Beobachtern als zweite Wahl. Das kann ein Vorteil sein, wenn man im Amt das Gegenteil zu beweisen sucht. Das ist mir wohl auch gelungen. Schmidt hat das Land gut regiert, er hat große Herausforderungen bestanden: die Weltwirtschaftskrise, den RAF-Terror. Meinen Einsatz für den Umweltschutz – ich war ja auch Umweltminister – hielt er für übertrieben. Bei seiner Außenpolitik spielten die Menschenrechte eine untergeordnete Rolle. Überhaupt hatte er keine Sensibilität für das, was die junge Generation umtrieb. Er hat allerdings meine Reparaturarbeiten am Rechtsstaat unterstützt, so die Aufhebung des sogenannten Radikalenerlasses.

Hirsch: Der Kampf gegen die RAF und den Terrorismus hat einen wesentlichen Teil meiner Amtszeit als nordrhein-westfälischer Innenminister von 1975 bis 1980 beherrscht.

Ich hatte mich nur sehr schwer dazu entschlossen, das Amt als Nachfolger Willi Weyers zu übernehmen. Ich wurde nicht Mitglied des Landtags und musste sowohl mein Bundestagsmandat als auch meine berufliche Stellung als Syndikus-Anwalt in einem Unternehmen der Stahlindustrie aufgeben. Entscheidend war für mich nicht nur die Aufforderung meines Landesverbandes, sondern die phantastische Aufgabe selbst, die Gelassenheit des Staatssekretärs Karl Friedrich Brodeßer und ein langes Gespräch unter vier Augen mit dem Ministerpräsidenten Heinz Kühn. Es begründete unser gegenseitiges Vertrauen, das über seine Amtszeit hinweg bis zu seinem Tod fortdauerte.

Weyer übergab mir ein Haus mit hervorragenden Mitarbeitern. Außer dem Staatssekretär war keiner ein »politischer« Beamter. Auch die Abteilungsleiter waren – im Gegensatz zum Bund – vom politischen Vertrauen unabhängig, also auch in der länderübergreifenden Innenministerkonferenz, deren Vorsitzender ich zwei Jahre lang war, von erheblicher Bedeutung. Weyer hinterließ mir die Reste der tiefgreifenden kommunalen Gebietsreform, die gesamte darauf aufbauende Verwaltungsreform, das größte Wohnungsbauprogramm der Republik, die ungelösten, sich immer weiter steigernden Fragen der Kernenergie, den Verfassungsschutz als einen Teil des Hauses, den Radikalenerlass und alle alsbald folgenden polizeilichen Aufgaben. Dabei habe ich sehr schnell gemerkt, dass es die meisten Bundespolitiker kaum berührte, wie sich ihre Entscheidungen auf Landes- und kommunaler Ebene auswirkten – oder dass es sie nicht wirklich interessierte.

Für die Polizei war mir wichtig, sie nach Personalstärke,

Ausbildung und Ausrüstung so auszustatten, dass sie jeder Aufgabe gerecht werden konnte, dass sie aber auch bei Großeinsätzen eine defensive Taktik akzeptierte. Notfalls knallhart, aber keinen Millimeter Abweichung vom Grundgesetz. Ich habe mir in den USA Ausrüstung und Ausbildung des FBI und der Polizei in den Großstädten angesehen – und bin beruhigt zurückgekommen. Wir waren besser.

Helmut Schmidt habe ich während der Schleyer-Entführung näher kennengelernt. Da war ich nur in den ersten Tagen nicht dabei, bis ich auf meine Forderung hin mit Unterstützung Genschers zu den Lagen hinzugezogen wurde. Ich war schließlich für die exekutiv-polizeilichen Aufgaben zuständig.

Baum: Solange das Bundeskriminalamt nicht die Macht übernommen hatte, in Gestalt von Horst Herold, nicht wahr?

Hirsch: Nein, auch danach. Das BKA hatte eine Sonderkommission im Kölner Polizeipräsidium eingerichtet. Sie hatte die Leitung, konnte die GSG 9 hinzuziehen. Alle anderen Aktionen wurden zwischen BKA und Landeskriminalamt abgestimmt und lagen in der Durchführung bei der nordrhein-westfälischen Polizei. Das BKA hätte gar nicht das Personal für die exekutiven Aufgaben gehabt.

Baum: Jedenfalls hatte Horst Herold die Gesamtleitung.

Hirsch: Ja. Ich halte ihn unverändert für den besten BKA-Präsidenten, den wir je hatten.

Baum: Er war ein herausragender Kopf in der deutschen Polizei. Ich habe ihn angeblich in Unfrieden entlassen, aber dazu kommen wir noch.

Hirsch: Bundeskanzler Schmidt und Herold haben die Beratungen in den Schleyer-Lagen, in der sogenannten Großen und der Kleinen Lage, wirklich beherrscht. Es war für uns alle eine Situation, wie wir sie noch nie zu bewältigen hatten. Es ging um das Leben eines Menschen, den wir kannten, Arbeitgeberpräsident Hanns Martin Schleyer, um die Bekämpfung terroristischer Kriminalität und um das Ansehen des demokratischen Rechtsstaates. Schmidt hat diese Sitzungen mit eiserner Konsequenz und großer Kühle geleitet, so dass keine wirklichen Emotionen aufkommen konnten. In der Großen Lage waren die führenden Oppositionspolitiker dabei, Helmut Kohl, Friedrich Zimmermann, Franz Josef Strauß, die zwar mitreden wollten, aber stets betonten, dass die Verantwortung allein bei der Regierung liege. Das war rechtlich korrekt, hat mich aber ziemlich genervt. Helmut Schmidt habe ich in dieser Zeit bewundern gelernt, seine Nervenkraft, obwohl es um viel mehr als die politische Existenz ging. Wir haben alles getan, um Schleyer zu retten, ohne die Forderung erfüllen zu müssen, bereits festgesetzte Terroristen freizulassen – wie das 1975 im Fall Peter Lorenz mit der Folge geschehen war, dass sich die freigepressten Terroristen alsbald wieder an terroristischen Straftaten beteiligten. Und noch etwas: Wir haben niemals versucht, dabei das Grundgesetz zu verletzen, und haben entsprechende Vorschläge sofort und definitiv zurückgewiesen.

Baum: Als Krisenmanager war Schmidt gut. Er hat sogar den zuständigen Bundesinnenminister aus dem Spiel gekickt: Werner Maihofer. Sie sagen ja selbst, wer die Großen Lagen beherrscht hat: Schmidt und Herold, also nicht der zuständige Minister. Der hat sich das gefallen lassen. Genscher hätte sich das nie gefallen lassen, Sie und ich auch nicht. Beispiel Mogadischu: Das haben Hans-Jürgen Wischnewski, Helmut Schmidt und Horst Herold gemanagt, Maihofer stand ohne großen Einfluss an der Bande. Dann die sogenannte Schleyer-Panne, hier passiert, in Köln. Der Hinweis auf den möglichen Aufenthaltsort von Schleyer in Erftstadt, der richtig war, ging zweimal verloren. Der Polizist, der das alles herausgefunden hatte, schickte seinen Hinweis extra noch mal mit einem Polizeimotorrad nach Köln. Nichts passierte. Eines Sonntagnachmittags ging dieser Polizist selbst in das Haus und klingelte an der Wohnung, in der Schleyer war. Der Terrorist Peter-Jürgen Boock erzählte später, dass er in diesem Moment zu Schleyer gesagt hat, wenn du einen Mucks sagst, knall ich dich ab. Das heißt, wir waren ganz nah dran, Schleyer da rauszuholen. Das Jahr 1977 hätte einen anderen Verlauf genommen. Einer der Rücktrittsgründe für Maihofer war dieser Vorfall. Schleyer hätte gerettet werden können. Die Polizeibehörden des Bundes und des Landes Nordrhein-Westfalen schoben sich die Verantwortung gegenseitig zu.

Hirsch: Nein. Wir haben uns an diesem politischen Spiel nicht beteiligt. Es war unserer Polizei klar, dass Schleyer in einem Umkreis von rund dreißig Kilometern gefangen gehalten wurde. Wir hatten eine Vorstellung von einem Hochhaus mit Tiefgarage …

Baum: Vorauszahlung der Miete in bar …

Hirsch: … Autobahnauffahrt in der Nähe. Dem Leiter des Landeskriminalamts, Hans Werner Hamacher, hatte ich für alle Maßnahmen, die er für notwendig hielt, uneingeschränkte Vollmacht unbeschadet meiner Verantwortlichkeit gegeben und mich ständig auch selbst gekümmert und informiert. Es hat in den Lagen auch Kontroversen gegeben. Aber wir haben nichts versäumt, nichts. Die Geschichte mit dem unbeachteten Fernschreiben habe ich damals nicht erfahren, sondern erst, als Schleyer ermordet worden war und man merkte, welche Bedeutung es gehabt hatte.

Im Landtag ging es natürlich sofort los, ich müsse zurücktreten, ich sei schuld. Da ist Hamacher zu mir gekommen und hat gesagt, wenn ich zurückträte, würde ich damit akzeptieren, dass die nordrhein-westfälische Polizei ein Verschulden habe. Sie habe aber keines. Darauf ging ich zu Genscher und bedrängte ihn, die Bundesregierung solle einen Sonderermittler einsetzen, der den Sachverhalt aufklärt. Ich würde jedem Mitarbeiter, jedem Beamten uneingeschränkte Aussagefreiheit zusichern. Unterlagen, Akten, Vorgänge, alles werde bereitgestellt. Wenn diese Entscheidung nicht bis zum Mittag des folgenden Tages getroffen werde, würde ich einen Untersuchungsausschuss gegen mich im Düsseldorfer Landtag beantragen.

Baum: Es gab die Untersuchung. Hermann Höcherl wurde eingesetzt, der frühere Bundesinnenminister der CSU. Er hat Vorschläge gemacht für die künftige Zusammenarbeit der Polizei von Bund und Ländern. Sie führten zu Beschlüssen der Innenministerkonferenz.

Hirsch: Höcherl stellte fest, dass das Fernschreiben des Polizeibeamten zweimal an die Sonderkommission des BKA gegangen war, die im Polizeipräsidium in Köln arbeitete. Wir wissen bis heute nicht, warum es dort nicht sachgerecht behandelt wurde. Der Bericht von Höcherl ist als Bundesdrucksache veröffentlicht worden.

Baum: Ich kenne ihn ganz genau. Aber wir wollen doch jetzt nicht ...

Hirsch: Doch, das geht mir bis heute an die Nieren. Denn es war noch nicht zu Ende. Maihofer stand nicht nur wegen der Schleyer-Geschichte im Feuer, sondern auch wegen des Falls des abgehörten Atomwissenschaftlers Klaus Traube. Aber er ist zurückgetreten mit einer Formulierung, die mich massiv gestört hat: »Hiermit übernehme ich meinen Teil der Verantwortung und trete zurück.« Mit Betonung auf »meinen Teil«. Das habe ich ihm wirklich übelgenommen, sosehr ich mich auch später bemüht habe, zu ihm Kontakt aufzunehmen, und seine politische Leistung unverändert rühme.

Baum: Der Hauptgrund für seinen Rücktritt war – und das sage ich jetzt mit der unangemessenen Überheblichkeit seines Nachfolgers –, dass er seinem Amt nicht gewachsen war. Er hat das, was er als herausragender Rechtstheoretiker vertreten hat, mit seiner Regierungspraxis nicht in Übereinstimmung bringen können. Seine Sympathisanten haben gesagt, er sei unheimlich glaubwürdig mit dem, was er sagt, aber nicht mit dem, was er tut. Er kam mit dem täglichen Sicherheitsgeschäft nicht klar, ich saß ja daneben. Er war ein Mann, der lange redete und lange brauchte, um zu Entscheidungen zu finden. Er erlitt einen erheblichen Glaubwürdigkeitsverlust bei denen in der FDP, die ihn in ihrem liberalen Bürgerrechtsempfinden vorher unterstützt hatten. Trotzdem war er eine ganz wichtige Leitfigur für uns. Er war einer der Autoren der Großen Strafrechtsreform und ein Hoffnungsträger. Die Freiburger Thesen kamen von ihm. Auch war er mir ein väterlicher Freund. Als ich das Innenministerium von ihm übernahm, wollte und musste ich eine Zäsur sichtbar machen, ohne ihn zu sehr zu verletzen. Das war eine schwierige Gratwanderung.

Hirsch: Ich habe es bedauert, dass Maihofer 1974 Nachfolger von Innenminister Genscher wurde, dass er das gemacht hat. Ich hatte das Gefühl, das ist eine Aufgabe, in der dieser Mann in große Schwierigkeiten kommen wird. Er ließ Klaus Traube, der sich vom Kernenergie-Manager zum Atomkraftgegner gewandelt hatte, in dessen Wohnung abhören, weil er im Verdacht stand, strategische Informationen über den Schnellen Brüter in Kalkar an die RAF zu verraten. Es kam aber nichts dabei herum. Als das publik wurde, verlor Maihofer bei vielen Liberalen sein politisches Ansehen.

Baum: Auch sein Krisenmanagement in dieser Sache war miserabel. Er war eben kein Politprofi. Oft stürzen Verantwortungsträger ja nicht über den Fall selber, sondern über die Art und Weise, wie sie mit ihm umgehen. Ich habe hinterher erfahren, dass die bei Traube eingesetzte Wanze kaputt war und zeitweilig gar nicht funktioniert hat.

Hirsch: Das höre ich jetzt zum ersten Mal.

Baum: Ich habe dann mein Amt angetreten, und Schmidt sagte: Herr Baum, hier ist der Höcherl-Bericht, den müssen Sie jetzt umsetzen. Der Höcherl-Bericht war im Grunde der Versuch, nach der Schleyer-Panne die polizeilichen Zuständigkeiten der Länder und des Bundes sauber abzugrenzen.

Sie, Herr Baum, sind damals bei einem Helikopterabsturz beinahe ums Leben gekommen.

Baum: Die Zeitungen meldeten schon meinen Tod, den meiner Tochter und der beiden Piloten. Ein einziger Mensch hat uns im letzten Moment aus dem brennenden Hubschrauber gerettet. Wir waren schon bewusstlos. Seitdem weiß ich, was Todesangst bedeutet. Unser Beruf machte es erforderlich, ständig Hubschrauber zu benutzen. Ich habe es danach auch sofort wieder getan.

Hirsch: Der Hubschrauber ist ein großartiges Verkehrsmittel, solange er funktioniert.

Baum: Ideal. Nur sehr laut. Genscher hat das übertrieben, er ist sehr oft neben dem Ministerium gestartet. Als die Anwohner protestiert haben, musste er auf eine Wiese bei Bonn-Beuel ausweichen.

Hirsch: Das Problem kenne ich. Als ich mal wegen Atomsilos, auf die ein Waldbrand zukam, nach Mönchengladbach flog, bekam ich danach einen wütenden Anruf meines Nachbarn, ihm seien die Erdbrocken auf den Erdbeerkuchen geflogen.

Baum: Hubschrauber sind sehr bequem, haben aber auch Nachteile, zum Beispiel haben sie keine Toilette. Einmal musste ich von Bonn nach München fliegen. Der Flug dauerte Stunden. Als in München die Tür aufging, lag ein roter Teppich da, die Honoratioren winkten. Da können Sie schlecht fragen: Wo ist denn bitte die nächste Toilette? Ich habe Qualen erlitten und künftig vor Hubschrauberflügen wenig getrunken.

War der deutsche Terrorismus damals ein isoliertes Phänomen oder Ausdruck einer breiteren Bewegung?

Baum: Helmut Schmidt hat in der RAF-Debatte nur die Verbrecher gesehen, nicht das Umfeld, nicht die weltweite Protestbewegung. Er hatte insgesamt kein Gespür für das, was in der jungen Generation vor sich ging. Er hatte ja auch kein Gespür für Gruppen in seiner eigenen Partei, die ihn später gestürzt haben. Er ist zwar in der sogenannten Wende 1982 von unserer Partei verlassen worden in einer Weise, die wir missbilligt haben. Aber in Wahrheit ist er von seiner eigenen Partei verlassen worden – auch deshalb, weil ihm dieses Gespür für gesellschaftliche Entwicklungen fehlte. Wir aber wollten nachspüren, was in der Gesellschaft passierte. Nicht um Straftaten zu rechtfertigen, sondern um aufzunehmen, was wir vielleicht verändern könnten. Maihofer hat Wissenschaftler beauftragt, einen Zustandsbericht der Gesellschaft zu erstellen. Das bekannte Buch von Wolfgang Kraushaar über den Terrorismus nutzte diese Analysen. Es war eine Sache, Polizei und Justiz für die neuen Formen der Kriminalität einzurichten. Die andere war zu begreifen: Terrorismus beginnt in den Köpfen der Leute.

Sie, Herr Baum, haben 1979 ein Interview mit Horst Mahler geführt, das im Spiegel abgedruckt wurde. Was war Ihr Motiv für dieses ungewöhnliche Gespräch?

Baum: Wir mussten uns mit dem Terrorismus auseinandersetzen. Ich habe dieses öffentliche Gespräch mit Horst Mahler geführt, um sichtbar zu machen, was falsch gelaufen ist. Mahler war so alt wie ich, Anwalt, einer der wichtigsten Köpfe der RAF am Anfang. Er hatte seine Strafe beinahe abgesessen und sich vom Terrorismus losgesagt. Ich wollte ihn als Folie benutzen, um der jungen Generation deutlich zu machen, was mit Leuten wie Mahler passiert ist. Ich habe gesagt, diese Gesellschaft kann verändert werden, im Rahmen des Grundgesetzes, wir haben genug Spielraum. Wegen dieses Gesprächs hat mich die Opposition im Bundestagswahlkampf 1980 heftig angegriffen. Es kam zu einem Misstrauensantrag. Danach wollte Strauß mir das Oktoberfest-Attentat in die Schuhe schieben. Dabei war es von einem Täter aus dem Umfeld der neonazistischen »Wehrsportgruppe Hoffmann« begangen worden, die ich gegen den Widerstand aus Bayern verboten hatte. Das alles war von der Perspektive bestimmt, dass der Feind links stand. Kommunismus, der Osten, links, das waren Schimpfwörter. Wir haben schon damals immer wieder darauf hingewiesen, dass erhebliche Gewalt in dieser Gesellschaft von rechts kam. Sogar politisch motivierte Morde. Ein jüdisches Ehepaar wurde im Jahr 1980 umgebracht. Eine Statistik zur politisch motivierten Gewalt in Deutschland zeigte, dass es nicht weniger Gewalttaten von rechts gab als von links. Doch das wurde nicht wahrgenommen. Die Auseinandersetzung fand nur mit links statt. Und die RAF wurde, was mich heute noch wundert, als unglaubliche Herausforderung angesehen. Golo Mann sagte, es herrsche eine Notstandssituation in der Gesellschaft. Die Demokratie sei in Gefahr, hieß es. Die Demokratie war nie in Gefahr. Die Bevölkerung war auch nicht wirklich in Gefahr. Es war eine Hysterie, und mit ihr begann eine sicherheitspolitische Aufrüstung.

Die Sie beide von Anfang an kritisch betrachtet haben …

Baum: Ja, und sie hat sich bis heute fortgesetzt. Wir befinden uns im Dauerzustand der sicherheitspolitischen Aufrüstung. Wir haben damals Leute ins Visier genommen, im Rahmen der sogenannten beobachtenden Fahndung, die überhaupt nicht tatverdächtig waren, sondern zufällig im Zug neben einem Terroristen im Abteil saßen. Eine abgeschwächte Form der Vorratsdatenspeicherung. In dieser Gemengelage spielte Horst Herold eine sehr große Rolle. Ich halte ihn mit Hirsch für einen der fähigsten Polizisten, die die Republik je gehabt hat. Und ja, er war der beste BKA-Präsident. Ein Intellektueller, ein Mann mit Gespür für gesellschaftliche Veränderungen, ein hervorragend geschulter Beamter aus dem Polizeipräsidium Nürnberg. Aber die Schleyer-Affäre hat ihm nicht gutgetan. Er wuchs in eine Rolle hinein, die ihn von der parlamentarischen Kontrolle entfernte.

Als ich Innenminister wurde, stellte ich fest, dass meine Sicherheitsabteilungen, zuständig für Verfassungsschutz und BKA, nicht voll einbezogen waren in all diese Entscheidungen. Wir waren aber verantwortlich. Der Minister war parlamentarisch verantwortlich. Auch der beste Polizist muss sich den Regeln unterwerfen. Maihofer war daran gescheitert, dass er sich dieser Verantwortung nicht gestellt hatte. Darum habe ich gesagt, Herr Herold, wir werden jetzt wieder so vorgehen, wie das in der Verfassung vorgesehen ist. Sie leiten eine nachgeordnete Behörde des Bundesinnenministeriums, mit dem Sie eng zusammenarbeiten müssen. Er hoffte, dass die FDP 1980 nicht mehr in die Regierung gewählt würde. Dann wurde er krank und tat so, als hätte ich ihn entlassen. Ich habe ihn nicht entlassen. Er wollte gehen. Er wollte aber auch gehen, weil er mit mir nicht weiter zusammenarbeiten wollte. Die Vertrauensbasis war nicht mehr gegeben. Herold wurde kritisiert, aber auch verunglimpft, ihm wurde unterstellt, er würde die ganze Gesellschaft durchleuchten wollen, was nicht stimmte. Aber ich habe einige der von ihm etablierten Fahndungsmethoden abgeschafft oder korrigiert, weil sie den Schutz der Privatheit gefährdeten. Ich habe ihn vor einigen Jahren in Rosenheim besucht, wo er lebt. Wir haben ein sehr offenes, freundliches Gespräch geführt. Sein Weggang damals war für beide Seiten nicht einfach. Ich wurde deshalb kritisiert – auch von Ihnen, Herr Hirsch!

Hirsch: Ich sehe sehr vieles, was Sie dargestellt haben, ganz anders.

Baum: Ja, das habe ich mir gedacht.

Hirsch: Wir standen ja auch in unterschiedlichen Verantwortlichkeiten. Was Herold angeht: Als ich noch im Innenausschuss des Bundestages war, hatte ich einige Probleme mit ihm, weil er in einer Weise fasziniert war von den Möglichkeiten des Einsatzes von Computern in der kriminalistischen Arbeit, die mir unheimlich war. Ich stand mehr auf der Seite des Datenschutzes. Später, als ich selber die Datenverarbeitung in der nordrhein-westfälischen Polizei vorangetrieben habe, habe ich gesehen und akzeptiert, dass man heute kriminalpolizeiliche Arbeit nicht mehr erfolgreich ohne massiven Einsatz von Datenverarbeitung betreiben kann. Die entscheidende Frage ist, wo man die Grenzen setzt. Vor der Schleyer-Entführung hatte ich manchmal den Eindruck, Herold gehe zu weit. Der Staat sollte nicht allwissend werden. Seit damals stehe ich in ständigem Kontakt mit Herold, wir schreiben uns regelmäßig, haben uns mehrfach gesehen. Ich stimme Ihrer Bewertung dahingehend zu, Herr Baum, dass er versuchte, die Gräben, die es zweifellos in dieser Frage gibt, zu beseitigen und die notwendigen Grenzen der Datenverarbeitung eher zu akzeptieren, als das andere tun. Und in der Schleyer-Sache war er einfach fabelhaft, weil er es verstand, mit dem Kopf des Gegners zu denken. Er sagte, wenn wir wissen wollen, was auf uns zukommt, müssen wir wie der Gegner denken.

Baum: Er hat einen beachtlichen Artikel geschrieben über den gesellschaftlichen Hintergrund des Terrorismus. Er hat sich hineingedacht in diese Menschen und in ihre persönliche Situation.

Hirsch: Und das hat er in der Schleyer-Krise auf eindrucksvolle Weise vorgeführt.

Eines noch: Wir haben bei allem, was wir damals gemacht haben, eisern am Grundgesetz festgehalten. Die Vorstellung, man müsste um der Sache willen mal fünfe gerade sein lassen, davon war keine Rede, auch bei der Kontaktsperre für die inhaftierten Terroristen nicht. Wir haben nur auf gesetzlicher Grundlage gehandelt. Das Kontaktsperregesetz war eine notwendige Maßnahme, wenn wir Schleyer retten wollten. Dabei ging es nicht darum, die Terroristen zu foltern, sondern Zeit zu gewinnen und herauszubekommen, wo Schleyer sich befand.

Wurde in Stammheim stets am Grundgesetz festgehalten?

Baum: In Stammheim wurden Gespräche zwischen Anwälten und Angeklagten abgehört, und der zuständige Justizminister aus Baden-Württemberg trat daraufhin zurück. Es gibt keinen Beweis dafür, dass dies noch einmal geschehen ist. Übrigens gibt es auch keinen Beweis, dass die Justiz über die Selbsttötungsabsicht der Häftlinge Bescheid wusste und nicht eingeschritten ist. Aber ich rege mich über Folgendes auf: Ich habe vor kurzem ein Interview mit Herrn Schily gelesen. Da wird er gefragt, wie er eigentlich damals dazu gekommen ist, die Selbstmordthese zu bezweifeln. Seine Antwort: Er hätte sich nicht vorstellen können, dass man in die Zellen Waffen hineinschmuggeln konnte. Meine Empörung entzündet sich daran, dass er sich offenbar hat vorstellen können, dass wir die Häftlinge umbringen. Damit hat er uns in einige Schwierigkeiten gebracht.

Hirsch: Lieber Herr Baum, er weiß doch selber, dass eine Pistole von einem der Verteidiger eingeschmuggelt wurde, den wir kennen. Das hat er auch nicht erst heute oder vor ein paar Tagen erfahren. Als wir die Nachricht von den Selbstmorden in Stammheim bekamen, sagte Hans-Jochen Vogel, damals Justizminister, wir müssten sofort das Internationale Rote Kreuz einschalten, weil uns der Vorwurf gemacht werden würde, die Terroristen wären umgebracht worden. Ich war der Meinung, auf so eine Idee könne doch gar keiner kommen. Dann haben wir es aber gemacht, und es war richtig.

Baum: Vollkommen richtig!

Hirsch: Aber dass Schily bis heute nicht den Nerv hat zu sagen, dass er damals falsch lag und uns solche Schwierigkeiten beschert hat! Na gut. Zur RAF noch eine abschließende Bemerkung, ein Zitat von Heinz Kühn, ehemaliger Ministerpräsident von Nordrhein-Westfalen: Die Terroristen sind die apokalyptischen Reiter der Konservativen.

Baum: Sie spielen den Konservativen in die Hände, auf gut Deutsch.

Hirsch: Wir waren auf dem Wege, über Jahre, im Bundestag und darüber hinaus, die Gesellschaft zu verändern. In den Institutionen, in den Parteien wollten wir Mehrheiten finden für liberale Lösungen. Ich habe mir die veröffentlichten Schriften der RAF-Leute sehr sorgfältig durchgelesen. Es ist nicht nur die absolute Wirrheit der Gedanken, die mich empört. Ich empöre mich auch heute noch über die kalte, miese, menschenverachtende Art des sogenannten Mescalero-Briefes, in dem der von der RAF ermordete Generalbundesanwalt Siegfried Buback noch nach seinem Tod in erbärmlicher, zynischer, schäbigster Weise verhöhnt und geschmäht wurde. Ich würde mit keinem dieser Täter auch nur ein Wort wechseln, solange er sich nicht von dieser Schweinerei glaubhaft distanziert. Mich macht wütend, dass sie unser demokratisches System zerstören wollten, das »Schweinesystem«, wie sie es nannten.

Baum: Zustimmung. Ich habe mit Tätern, die sich später distanziert haben, gesprochen.

Hirsch: Mit dieser Art der angeblich politischen Auseinandersetzung zerstörten sie alles, was wir mühsam über Jahre aufgebaut hatten. Unser Staat ist kein Kinderspielplatz, auf dem man den anderen verprügelt, wenn er einem nicht passt. Bei keinem dieser Mörder packt mich auch nur ein Hauch von Rührung. Natürlich will ich wissen und muss man wissen, wie sie zu ihrer Denkungsart gekommen sind. Warum sie nicht erkannt haben, dass sie nicht mehr Freiheit bewirken, sondern im Gegenteil eine beispiellose innenpolitische Aufrüstung – in der Wortwahl, in der politischen Auseinandersetzung, in den Überwachungsmechanismen. Das Resultat: eine Sicherheitsarchitektur, keine Freiheitsarchitektur. Die Stärke unserer Verfassung ist ihre Offenheit, in der jeder für seine Ideen offen werben und eintreten kann, solange er die elementaren Grundsätze dieser Verfassung achtet: die Würde des Menschen und die Freiheit der Gedanken. Deswegen habe ich die RAF und ihren Weg in die Illegalität nicht als eine Art der Notwehr gesehen, wie es propagiert wurde, sondern als den schieren Willen, diesen Staat zu zerstören.

Meine Aufgabe als Innenminister war das Gegenteil: dafür zu sorgen, dass der Staat nicht in einem Chaos von Gewalt und Gegengewalt versinkt. Und dass die Polizei nicht nur eine Ausbildung erhält, die den Herausforderungen standhalten kann, sondern eine Ausbildung, in der sie die demokratischen Grenzen ihrer Tätigkeit erkennt und akzeptiert. Für mich war die RAF eine Truppe von Mördern. Wenn Sie einen toten Polizisten zu Grabe tragen, sehen Sie das anders als Herr Böll. Der »Deutsche Herbst« ist eine unpassende, romantisierende Formel, mit der nachträglich die Brutalität der Verbrechen übertüncht wurde. Und jemand wie Heinrich Böll, mit seinem Einfluss in der Öffentlichkeit, hätte diesen Agitatoren den Schleier vom Gesicht reißen sollen – und müssen. Das habe ich ihm auch gesagt.

Baum: Böll hat sich niemals die RAF-Rabulistik oder deren Ziele und Methoden zu eigen gemacht. Ihm ging es um die hysterische, an Hetze grenzende Reaktion der Öffentlichkeit, etwa der Bild-Zeitung, die geeignet war, die gesamte junge Generation zu diskreditieren. Der Bild-Chefredakteur Peter Boenisch hat sich später entschuldigt. Ihre Befürchtung, Herr Hirsch, dass die Gesellschaft in Gefahr war, ihren Kompass zu verlieren, hatte ich nicht. Ich empfand unsere Demokratie als so stark, dass ich überzeugt war, diese Mörder würden uns nicht aus dem Gleichgewicht bringen. Sie haben uns herausgefordert, und wir mussten reagieren, wie Sie das eben geschildert haben.

Ich war ja immerhin Bundesinnenminister, zuständig für die Sicherheit, für die Fahndung, mit dem Bundesamt für Verfassungsschutz und dem Bundeskriminalamt. Ich hätte mich nicht einen Tag im Amt halten können, wenn ich das nicht ordentlich gemacht, wenn ich den Gegner nicht klar als solchen bezeichnet hätte. Mir ging es aber darum, zusammen mit anderen – und da gehörten auch Heinrich Böll und Max Frisch und Kardinal Ratzinger dazu – zu verstehen, was da vor sich ging. Nicht zu rechtfertigen, das hat Böll auch nicht getan. Er hat sich klar distanziert. Ich war Förderer einer RAF-Ausstellung in Berlin, die sich im Jahre 2005 damit beschäftigte, wie die bildende Kunst mit dem Phänomen umgegangen ist. Zahlreiche der wichtigsten zeitgenössischen Künstler haben sich beteiligt.

Es gab zwei umfangreiche Katalogbände, heute noch eine Fundgrube. Ich nenne nur den RAF-Zyklus von Gerhard Richter mit dem Bild der toten Ulrike Meinhof, der inzwischen dem Moma in New York gehört.

Hirsch: Herr Baum, es war wichtig zu untersuchen, was sich damals in der Gesellschaft ereignet hat. Wo kommen die Terroristen her, was motiviert sie? Weil man akzeptieren muss: Wenn irgendwo in der Gesellschaft Gewalt ausgeübt wird, ist das ein sicheres Zeichen dafür, dass Fehler gemacht wurden. Das zu analysieren, ist richtig und wichtig. Das darf aber nichts daran ändern, dass es in der Verfolgung solcher Straftaten und bei ihrer Verhinderung kein Pardon geben darf. Sosehr ich Ihren Entschluss geachtet und gewürdigt habe, mit Mahler zu sprechen: Ich muss Ihnen offen sagen, dass ich es nicht gemacht hätte. Ich habe mich darum gekümmert, dass eine Terroristin, die einen Polizeibeamten erschossen hatte und dann selbst angeschossen wurde, im Krankenhaus ordentlich behandelt worden ist. Aber mit ihr zu sprechen, dazu sah ich mich nicht veranlasst.

Baum: Das Gespräch hatte eine positive Wirkung auf die Sympathisantenszene und trug – nicht zuletzt durch die maßlosen Angriffe der Opposition – zum Profil der FDP im Wahljahr bei. Im Übrigen: Der Staat hat bei der Verfolgung der RAF durchaus auch Fehler gemacht. Und er hat denen, die uns übel wollten, so die Argumente geliefert. Die Tatsache, dass Frau Meinhof in einem geschlossenen Trakt in Köln monatelang isoliert festgehalten wurde, war überflüssig und hat die Gegner motiviert. Ebenso die Tötung von Benno Ohnesorg 1967, die ganz am Anfang stand. Das haben wir nicht zu verantworten, aber es war Zündstoff: Wenn wir erschossen werden, dann schießen wir zurück.

Hirsch: Da fangen wir an, uns auseinanderzureden. Zunächst zur Isolation von Ulrike Meinhof. Das Problem der Gefängnisleitungen war, dass sie nicht wussten, ob und wie sie die RAF-Häftlinge mit normalen, »gutbürgerlichen« Kriminellen zusammenschließen sollten. Aber natürlich hatten die Häftlinge zahlreiche Besuche ihrer Verteidiger und Verwandten, in Nordrhein-Westfalen selbstverständlich unbewacht, und auch die Möglichkeit, mehrere Zeitungen zu beziehen. Wie lange das gedauert hat, kann ich aus eigenem Wissen nicht sagen. Ich hätte dazu gern den damaligen NRW-Justizminister Diether Posser gefragt, der später bei der Kontaktsperre durchgesetzt hat, dass diese Maßnahme nur auf der Grundlage eines Bundesgesetzes durchgeführt werden durfte. Und da ging es wirklich nur um Tage zur Rettung des Lebens von Schleyer. Ich habe nicht vor, die Ermordung von Benno Ohnesorg in irgendeiner Weise zu rechtfertigen. Nur ist das wiederum keine Rechtfertigung dafür, dass Menschen zu Waffen greifen und anfangen, ihre Gegner zu erschießen.

Baum: Natürlich nicht. Aber wir müssen sehen, wie stark dieses Ereignis in einer aufgeheizten Atmosphäre der Verunglimpfung der Protestierenden durch die Bild-Zeitung und durch konservative Kräfte gewirkt hat.

Hirsch: Da muss der Polizeibeamte vor Gericht gestellt werden, der ihn erschossen hat.

Baum: Das geschah ja auch. Der Schütze bekam eine lächerlich geringe Strafe. Die Tötung von Ohnesorg gibt niemandem im Geringsten das Recht, andere Menschen zu ermorden, aber sie wirkte wie ein Brandbeschleuniger. Und sie gab vielen Leuten Anlass, scharfe Kritik am Staat zu üben.

Hirsch: Haben wir keine Kritik am Staat geübt? Das ist ja der große Reiz an unserer Verfassung: dass sie offen ist für Veränderung. Dass eine unabänderliche Verfassung zu Kampf und Revolution führt, verstehe ich. Aber unsere doch nicht. Man kann sie modernisieren, aber nicht mit Waffen. Ich habe das Dritte Reich erlebt und ich habe die Sowjetische Besatzungszone erlebt. Die Vorstellung, dass der Staat kein Unrecht tun könnte, hatte ich nie. Aber die RAF wollte den Staat, den wir mühsam aufgebaut hatten, diese Demokratie mit ebendieser offenen Verfassung, kaputtschlagen.

Baum: Dazu wäre sie nie in der Lage gewesen. Vor mir liegt ein Band der RAF-Untersuchungen, »Lebenslaufanalysen von Terroristen«. Was ist passiert, dass eine anerkannte, hervorragende Journalistin mit viel Sensibilität für soziale Situationen, Ulrike Meinhof, zur Täterin wurde? Was ist passiert, dass eine Pfarrerstochter, Gudrun Ensslin, deren Schwester ich übrigens gut kenne und die heute als Sozialarbeiterin in Köln lebt, zur Täterin wurde? Das war wichtig zu erfahren, um daraus Schlussfolgerungen ziehen können, etwa im Hinblick auf Prävention.

Wir beide standen vor einer besonderen Herausforderung: Wir waren beide Innenminister. Gleichzeitig waren wir ausgewiesene Bürgerrechtsliberale, von Anfang an in unserer politischen Tätigkeit datenschutzorientiert. Wir hatten mit dem Konflikt zu kämpfen: Datenschutz gegen innere Sicherheit. In meinem Ministerium war ich für beides zuständig. Und Strauß sagte: Datenschutz ist Täterschutz. Ich erinnere mich an Tagungen des Bundeskriminalamts, wo ich als Minister bei meinen Vorträgen von der Elite der Polizei skeptisch beäugt wurde. Ich referierte eben auch über Datenschutz, und viele empfanden so etwas als Behinderung ihrer Fahndung. Das tun sie bis heute, und seit den Terrorakten der islamistischen Terroristen noch in verstärktem Maße. Datenschutz gegen innere Sicherheit – das, Herr Hirsch, ist ja unser beider Lebensthema.

Hirsch: Die Frage ist nicht, das eine oder das andere, sondern wo verläuft die Grenze zwischen beiden. Das Problem behandeln wir erneut in der Frage der Vorratsdatenspeicherung. Den Leuten wird eingeredet, dass sie für die Bekämpfung des Terrorismus unerlässlich sei. Dabei gibt es nicht die Spur eines Nachweises dafür, dass sie in irgendeinem Staat, der sie eingeführt hat, zu einer Senkung der Kriminalität oder zu einer höheren Aufklärungsrate geführt hätte. Wir reden immer von Sicherheitsarchitektur anstatt von Freiheitsarchitektur. Sicherheit ist kein Selbstzweck, sondern sie soll und muss der Freiheit dienen.

Das Ende der sozialliberalen Koalition und der Beginn der Ära Kohl

1982 endete die Koalition aus SPD und FDP mit dem konstruktiven Misstrauensvotum von CDU/CSU und großen Teilen der FDP gegen Kanzler Schmidt. Es war auch das Ende der sozialliberalen Ära, ihres Lebensprojekts. Wie erinnern Sie sich an diese dramatischen Tage?

Baum: Es war ganz klar eine Zäsur. Sie fiel nicht vom Himmel. Von Seiten der FDP wurde gesagt, dass die Schnittmenge an Gemeinsamkeiten mit der SPD geschmolzen sei. Es gab zunehmende Differenzen in der Wirtschaftspolitik, aber auch die heftige Debatte um den Nato-Doppelbeschluss, weshalb Schmidt im Bundestag die Vertrauensfrage stellte, was schon ein gewisses Zeichen von Schwäche war. Wer seiner Sache sicher ist, braucht kein Vertrauensvotum. Es kriselte in der SPD und zwischen den Koalitionspartnern. Ursache waren die wirtschafts- und sozialpolitischen Vorstellungen der Sozialdemokraten, zum Beispiel neue Investitionsprogramme, die vom Lambsdorff-Flügel der FDP nicht akzeptiert wurden. Auch für mich und Burkhard Hirsch gingen sie zu weit, aber sie wären für uns kein Grund für einen Bruch gewesen. Man hätte noch zueinander kommen können. Es gab auch Bemühungen, im Bundeshaushalt einen Crash zu vermeiden. Mit großer Mühe gelang eine Einigung über den Haushalt 1983.

Der zweite Knackpunkt, der zunächst gar nicht sichtbar war, war der Nato-Doppelbeschluss, den die SPD in ihrer Mehrheit nicht mehr mitgetragen hat. Ein maßgebender Teil der SPD, darunter Gerhard Schröder, Oskar Lafontaine und andere, wollte die Koalition beenden. Sie vertraten radikale Positionen wie den Austritt aus der Nato. Wir hatten nach einem für uns erfolgreichen Bundestagswahlkampf mit Helmut Schmidt weiter regiert. Wir hatten dem Wähler gesagt: Schmidt statt Strauß. Mit diesem Vertrauensvorschuss fanden wir Zustimmung. Das Vertrauen haben wir leider mit der Wende in der Partei und dem Wechsel der Koalition aufs Spiel gesetzt. Was die innerparteilichen Abläufe damals angeht, so sind wir eigentlich zu keinem Zeitpunkt in irgendwelche Überlegungen einbezogen worden, nicht wahr, Herr Hirsch? Der Koalitionsbruch wurde vom Wirtschaftsflügel herbeigeführt, ohne dass wir als führende Repräsentanten der Partei Gelegenheit gehabt hätten, an einer vorausschauenden Meinungsbildung teilzunehmen.

Hirsch: So war es. Eine Einschränkung: Die große Zäsur war schon vorher mit dem Kieler Parteitag und den Kieler Thesen eingeläutet worden: Otto Graf Lambsdorff gegen uns, gegen die Sozialliberalen. Das war 1977. Von da an war Lambsdorff entschlossen, die Koalition zu beenden.

Anfang 1982 hat er mich nach Bonn kommen lassen und gefragt, ob ich nicht mitmachen wolle beim Bruch der Koalition. Ich müsse doch sehen, dass die Sozialdemokraten eine Wahl nach der anderen verlören, aus diesem Sog gelte es sich zu befreien. Ich lehnte ab. Schon bevor Schmidt die Vertrauensfrage im Bundestag stellte, hatte der sogenannte Wendebrief von Genscher die Runde gemacht, an dem Günter Verheugen mitgearbeitet haben soll. Die Sozial- und Wirtschaftspolitik müsse neu formuliert werden, hieß es dort. Die Investitionen wanderten nach Amerika und in seine Hochzinspolitik ab. Die zweite Ölkrise sorgte für Rezessionsängste. Da hat Schmidt einen strategischen Fehler gemacht. Er hat Lambsdorff aufgefordert, in einem wirtschaftspolitischen Papier seine Positionen darzustellen. Der hat das sofort im Wirtschaftsministerium erarbeiten lassen, im Wesentlichen verfasst von seinem Staatssekretär Otto Schlecht. Da standen nun alle Grausamkeiten, die man sich denken kann: Kürzung der Arbeitslosenunterstützung, der Sozialleistungen etc.

Baum: … höhere Selbstbeteiligung bei der Krankenversicherung, weg mit Umweltschutz, Datenschutz, Verbraucherschutz.

Hirsch: … Senkung des Spitzensteuersatzes, um Anreize für Investitionen zu schaffen. Die ganze Wunderwelt der neoliberalen Wirtschaftspolitik. Dieses Papier hat Lambsdorff dem Bundeskanzler vorgelegt als Position der FDP, ohne dass er es zuvor der Fraktion präsentiert hatte.

1 Gerhart Baum als Zehnjähriger mit Vater Werner und Geschwistern, 1943.

2 Baum mit Mutter Wera und Geschwistern am Tegernsee, 1947.

3 Burkhard Hirsch als Schulanfänger, 1936.

Gerhart Baum
Köln-Weidenpesch
Wandsbeckerstr.3

1.1.53

An
Herrn
Thomas Mann

Hochverehrter Herr !

Von der Lektüre Ihres Faustus her schreibe ich an Sie. Der zweite Weltkrieg nahm mir, geboren 1932 als Sohn eines Anwalts in Dresden, Vater, Heim und Habe. Nach 1945 befand ich mich im ausweglosen Dunkel der hereingebrochenen"uralten Verwirrung". Welchen Signalen war zu trauen, wenn alle, die als solche gegolten hatten, verderbenbringende Irrlichter gewesen waren ? Alles, was den deutschen Namen trug, schien meiner Verzweiflung so unter Schande begraben, dass ich damals wünschte, es

war

Thomas Mann

Erlenbach-Zürich
11. I. 1953

Lieber Herr Baum,

Die Promptheit meines Dankes muss für seine Kürze aufkommen. Aus der Unfertigkeit und vorläufigen Unbequemlichkeit meines neu bezogenen Schweizer Heims möchte ich Sie versichern, dass Sie mir mit Ihrem Brief eine wirkliche Freude bereitet haben. Es kommt mir öfters Gutes und Freundwilliges aus Deutschland,aber selten zeugt es von so viel Wärme und ansprechender Form.Sie haben mit Ihren Worten und dem Erleben,das daraus spricht,meine ganze Sympathie gewonnen,und das eben ist es, was ich Ihnen sagen kann und muss.

Mit herzlichen Wünschen

Ihr ergebener

Thomas Mann

4 Brief von Baum an Thomas Mann (Ausriss) und dessen Antwortschreiben, 1953.

5 Baum als Student in Köln, 1954.

6 Hirsch als Student in Marburg, 1952.

7 Thomas Dehler mit Kanzler Konrad Adenauer auf dem CDU-Sommerfest in Bonn, 1962.

8 Öffentliches Gespräch zwischen Rudi Dutschke (links) und Ralf Dahrendorf am Rande des FDP-Parteitags in Freiburg, 1968.

9 FDP-Generalsekretär Karl-Hermann Flach auf dem FDP-Parteitag in Freiburg, auf dem die »Freiburger Thesen« verabschiedet wurden, 1971.

10 Baum mit Bundesaußenminister Walter Scheel, 1974.

11 Hirsch während einer Rede im Bundestag, im Hintergrund Kanzler Willy Brandt, 1974

12 Hirsch mit Bundesinnenminister Werner Maihofer während einer Pressekonferenz zur Schleyer-Entführung, 1977.

13 Baum mit FDP-Generalsekretär Günter Verheugen (links) und Hans-Dietrich Genscher auf dem FDP-Parteitag in Mainz, 1978.

14 Baum als frisch gekürter Bundesinnenminister mit Kanzler Helmut Schmidt, 1978.

15 Baum mit dem Präsidenten des Bundeskriminalamtes, Horst Herold, während einer Pressekonferenz zur Terrorbekämpfung, 1978.

16 *Spiegel*-Streitgespräch zwischen Baum und dem inhaftierten Anwalt und RAF-Mitglied Horst Mahler, 1979.

17 Baum und Hirsch während einer Bundestagsdebatte, 1982.

18 Rücktritt der FDP-Minister aus der Regierung Schmidt am 17. September 1982. Im Beisein von Kanzler Schmidt überreicht Bundespräsident Carl Carstens (2.v.l.) den Ministern Genscher, Baum, Graf Lambsdorff und Ertl die Entlassungsurkunden.

19 Was nun? Baum und Hirsch nach dem Ausscheiden der FDP aus der Bundesregierung, 1982.

20 Streiter für eine sozialliberale FDP: Baum und Hildegard Hamm-Brücher, 1984.

21 Hirsch mit dem Vorsitzenden der Jungliberalen Guido Westerwelle auf dem Dreikönigstreffen der FDP, 1986.

22 »Hü und hot« – Karikatur von Walter Hanel aus dem *Kölner Stadt-Anzeiger*, 1986. Links Kohl und Strauß, rechts Hirsch und Baum.

23 »Hirsch und Baum, das Vermummungsverbot überdenkend …« Karikatur von Klaus Böhle aus der *Welt*, 1987.

„Aufhängen sollte man Euch“

Briefe von Bundesbürgern an die FDP-Abgeordneten Gerhart Baum und Burkhard Hirsch

In zahllosen, oft rüden Anrufen und Briefen werden den beiden FDP-Abgeordneten Gerhart Baum und Burkhard Hirsch, die ein strafbewehrtes Vermummungsverbot auch aus polizeitaktischen Gründen ablehnen, die tödlichen Schüsse an der Frankfurter Startbahn West angelastet. Briefauszüge:

Die Polizisten in Frankfurt hast Du und Dein Freund Hirsch auf dem Gewissen!!! Aufhängen sollte man Euch, Ihr dreckigen Säue!!! Wenn Ihr nur einen Funken Ehrgefühl im Leibe hättet, würdet Ihr auf der Stelle Euren Posten zur Verfügung stellen.

★

Es gab einmal Schreibtischtäter, die durch bewußtes Tun morden ließen. Sie sind ein Schreibtischtäter, der durch bewußtes Unterlassen morden läßt!

★

Ihr Juden, Baum und Hirsch, Beschützer der Verbrecher, müßt aus der deutschen Politik ausgeschlossen werden! Ihre und Herrn Hirschs ans Psychopathische grenzende Nachsicht mit Chaoten und potentiellen Mördern hat Sie in den Augen normaler Bürger und sicherlich der meisten FDP-Wähler endgültig als unbelehrbaren realitätsfremden Phantasten abgestempelt.

★

Imponieren würde es uns, wenn Sie beide sich eine Polizeiuniform anziehen und sich bei einer gewalttätigen Demonstration in die erste Reihe stellen würden. Aber dazu sind Sie nicht kompetent und auch zu feige. Pfui Teufel! Wir verachten Sie!!! Auf Antwort verzichte ich, da ich Ihr dummes Geschwätz zur Genüge kenne.

★

Wir haben Sie zum letzten Mal gewählt. Eine Schande mit der Vermummung! Lassen *Sie* sich doch erschießen!

★

Ich gratuliere den Herren Baum und Hirsch zu ihrem durchschlagenden Erfolg im Kampf um das Vermummungsverbot auf der Startbahn West. Wie viele Polizisten müssen noch erschossen werden, bis Sie endlich wach werden und die Bremserrolle in der Koalition zu Lasten der Sicherheit unserer Bürger aufgeben. Zwischen Liberalität und Selbstaufgabe unserer Demokratie ist ein Unterschied, den Sie endlich begreifen sollten.

★

Gehen Sie doch mal mit Ihrem wohlgenährten Körper in einer Hundertschaft gegen Ihre vermummten Schützlinge vor!

★

Was sind dies für Zustände, da werden Mörder mit Urlaub bedacht, und schon sind wieder zwei Polizisten tot! In diesen Staat habe ich kein Vertrauen mehr. Bei Dunkelheit kann man als älterer Mensch nicht mehr auf die Straße. Armes Deutschland! Es war schon mal anders.

★

Hinter allen Morden und Terrorakten lauert die Fratze der FDP, die Urheberin aller Schandtaten, die Schutzpatronin der Verbrecher. Als Beispiel greife man sich nur den blindwütigen Eiferer Herrn Baum und die bigotte, frömmelnde und scheinheilige Frau Hamm-Brücher heraus. Sie und andere haben in der Koalition alle Strafrechtsreformen verhindert und auch nicht zugelassen, daß nach den bestehenden laschen Gesetzen Übeltäter verurteilt werden.

★

Wenn ich Ihre eiskalten blauen Augen sehe, wundere ich mich nicht, daß Sie sich zum Schutzgott aller Vermummten und Terroristen aufwerfen. Hiermit ernenne ich Sie zum Bundeskotzmittel der FDP. Es ist gut, daß Sie kein Innenminister mehr sind.

★

Sie sind das größte Arschloch im Bundestag. Als Stinkjude kann man ja nichts anderes erwarten. Was muß noch alles geschehen, bis eine härtere Strafe gegen Verbrecher, die sich vermummen, zustimmen, Sie Blödmann. Sie und Ihr Genosse Arschloch Hirsch vertreten nicht die Meinung unseres Landes. Deshalb raus aus dem Bundestag!

★

Sie beide sind in der BRD die meistgehaßten Leute. Warum, wissen Sie ja. Es sollte einen nicht wundern, wenn Sie eines Tages selbst auf der Strecke bleiben. Sollte ich Ihnen je begegnen, so können Sie sich auf was gefaßt machen. Aber was kann man von Leuten Ihres Schlages anderes erwarten. Chaot bleibt Chaot, und Sie passen gut in diese Subkultur.

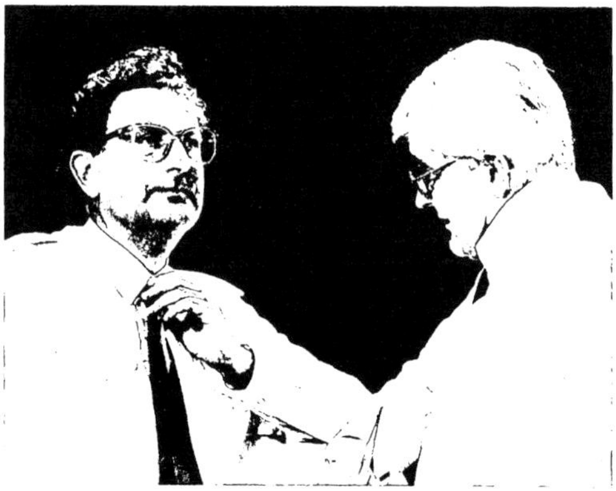

Vermummungsverbot-Gegner Baum, Hirsch: Mordende Schreibtischtäter?

24 Shitstorm im analogen Zeitalter: im *Spiegel* abgedruckte Leserbriefe zu Baum und Hirsch anlässlich der Debatte um das »Vermummungsverbot«, das die beiden ablehnten, 1987.

25 Auf ihrer heftig umstrittenen Südafrikareise 1987 trafen Baum und Hirsch mit Gegnern des Apartheidregimes zusammen, hier mit Winnie Mandela.

26 Treffen mit schwarzen Jugendlichen in Südafrika, 1987.

27 Hirsch mit Hans-Dietrich Genscher während ihrer letzten Sitzung im Bundestag, für den beide nicht mehr kandidierten, 1998.

28 Hirsch und Baum mit dem Grundgesetz bei einer Anhörung vor dem Bundesverfassungsgericht in Karlsruhe, 2005.

29 Hirsch und Baum mit Ex-Justizministerin Sabine Leutheusser-Schnarrenberger im Bundesverfassungsgericht, 2007.

30 Baum mit dem damaligen FDP-Landesvorsitzenden von Nordrhein-Westfalen und heutigen FDP-Chef Christian Lindner, 2012.

31 Baum und Hirsch auf der Zuschauertribüne des Bundestages im Berliner Reichstag, 2008.

32 Baum und Hirsch während der Gespräche für dieses Buch in Baums Kölner Wohnung, 2015.

Baum: Auch nicht dem Bundesvorstand.

Glauben Sie, das Papier wäre nicht durchgekommen?

Hirsch: Es wäre sehr strittig gewesen. Also wohl kaum. Selbst als es durch war, haben ja vierzehn, fünfzehn Leute in der Fraktion gegen die Wende gestimmt. Es hätte vielleicht die Hälfte der Stimmen bekommen, aber nicht die Mehrheit der FDP. Es war von langer Hand eingefädelt, was ich als Landesvorsitzender von Nordrhein-Westfalen auch am Spendenaufkommen ablesen konnte. Die Masse der Spenden war stets an die Partei gegeben worden, nicht zweckgebunden. In den Jahren zwischen dem Kieler Parteitag und dem Lambsdorff-Papier aber wurden Spenden überwiegend zweckgebunden an bestimmte Abgeordnete gegeben. Die konnten plötzlich Papiere in Hochglanz drucken lassen. Ich als Landesvorsitzender musste schon kämpfen, wenn ich ein Rundschreiben verschicken wollte. Die Spenden, von denen eine Partei ja auch lebt, wurden bewusst auf diejenigen konzentriert, die für die Wende waren. Das mittlere Management der Partei sollte auf die alte, längst überwunden geglaubte wirtschaftsliberale Linie gebracht werden. Und wir sahen das nicht rechtzeitig.

Baum: Sie hatten das Geld, und damit die Macht. Unser damaliger Fraktionsvorsitzender Wolfgang Mischnick hat gesagt, das ist nicht unser Papier, Herr Bundeskanzler.

Hirsch: Wir wussten sofort, das können die Sozialdemokraten nie akzeptieren, und das haben sie auch nicht. Es war eine neoliberale Kampfansage nach dem Vorbild von Margaret Thatcher.

Baum: Und dabei ist es hinterher gar nicht realisiert worden.

Hirsch: Das kommt noch hinzu.

Baum: Es hatte halt eine bestimmte Funktion: Schmidt zu stürzen.

Damit war der Weg frei für Helmut Kohl.

Hirsch: Herr Kohl war mir als Mensch schnurzegal. In der Ära Schmidt saß ich einmal neben Baum im Bundestag, Helmut Kohl war noch Ministerpräsident von Rheinland-Pfalz und erschien mit einer Krawatte, die war schlimm. Ich sagte zu Baum, ein Mann mit so einer Krawatte kann nicht Bundeskanzler werden. Eine fürchterliche Fehleinschätzung. Er war mir zu langweilig, so lehrerhaft, ich hatte keine persönliche Bindung zu ihm. Als Mensch interessierte er mich nicht, als politischer Faktor aber schon. Ich habe mich gefragt: Was will der eigentlich? Da gab es das Gerede von der »geistig-moralischen Wende« – Geimowe-Indula, die geistig-moralische Wende in diesem unserem Lande. Es war nicht erkennbar, was die meinten. In meinen Augen war die Wende ein reines Machtspiel, das wirtschaftspolitisch und mit dem Nato-Doppelbeschluss verbrämt wurde. Wir haben unsere politische Position damals in dem rororo-Band »Das liberale Gewissen« dokumentiert. Lambsdorff sah die Chance, seine Ziele, für die er seit 1977 kämpfte, durchzukriegen – und die Freiburger Thesen, unsere Thesen, damit zu erledigen.

Von Ihnen, Herr Baum, gibt es ein Interview von 1982, kurz vor der Wende, in dem Sie sich felsenfest überzeugt gaben, dass die Koalition hält.

Baum: Ich hatte ja keinen Anlass, in diese explosive Lage noch weitere Unsicherheit hineinzutragen. Letztlich war es ein Akt des Gesundbetens. In Hessen wurde plötzlich die Koalitionsfrage offen gehalten, man wendete sich vom SPD-Ministerpräsidenten Holger Börner ab. Es gab ganz klar einen Stimmungsumschwung. Im Grunde ging die FDP führungslos in diese Situation. Die Wirtschaftsliberalen versuchten, eine Situation herzustellen, in der der Parteivorsitzende Genscher sich ihnen letztlich anschloss.

War es Genscher egal, mit wem er regierte?

Baum: Nein, aber er hatte die Außenpolitik im Blick und sah, dass Schmidt in einer entscheidenden Frage, in der Durchsetzung des Nato-Doppelbeschlusses, nicht mehr die Zustimmung seiner Partei besaß und dass irgendwann der Koalitionswechsel stattfinden musste, wenn die SPD bei ihrer Haltung blieb. Allerdings konnte Genscher nicht sicher sein, dass die Union seine Außenpolitik unterstützen würde. Das tat sie dann schließlich, aber mit Mühen. In der Anerkennung der Grenze zu Polen hatte die Union keine klare Linie, und schließlich hat Kohl 1990 den Vertrag mit

Polen nicht selbst unterschrieben, sondern das Genscher überlassen.

Genscher wollte sicherlich vermeiden, dass der Koalitionswechsel der FDP auf die Füße fiel. Diese Strategie hat Lambsdorff mit seinem Wendepapier durchkreuzt. Damit war der Abschied von der sozialliberalen Koalition besiegelt. Schmidt hat das Lambsdorff-Papier übrigens sehr begrüßt, er hatte es ja eingefordert. Weil damit deutlich wurde: Die Loslösung von der Koalition ist bei Lambsdorff zu suchen. Damit geriet die FDP in die Defensive und wäre beinahe untergegangen. Es war ein schlimmer Vertrauensbruch gegenüber den FDP-Wählern von 1980. Wir haben einen Teil der linksliberalen Mitgliedschaft verloren und wichtige Leute in der Führung der Partei – Helga Schuchardt, Günter Verheugen, Ingrid Matthäus-Maier, Andreas von Schoeler und viele andere. Die FDP hatte sich verändert, und das wirkt bis heute nach. Genscher hat die Wende dann mit Mischnick und anderen durchgezogen. Die Frage stellte sich: Was machen Hirsch und ich?

Warum haben Sie nicht die Partei gewechselt wie viele andere Liberale?

Baum: Wir sahen keine Alternative, weder bei den Sozialdemokraten noch bei der CDU. Die Grünen womöglich, aber die wurden ja erst langsam sichtbar und waren letztlich keine liberale Partei. Wir waren der Meinung: Wir gehen nicht! Eine andere Partei kam für mich nicht in Frage. Ich hätte nur die Alternative gehabt, keine Politik mehr zu machen.

Hirsch: Ich habe lange geschwankt, ob ich zur SPD gehe. Aber dann hätte ich Wahlkampf gegen meine eigene Partei machen müssen. Ich wollte nicht gegen eine Partei antreten, der ich seit 1949 angehörte.

Baum: Es war auch Trotz dabei. Wir wollten unsere liberale Partei nicht einfach den anderen überlassen. Sie war ja unsere politische Heimat. Wir hatten einen großen Teil unseres Lebens da hineingesteckt.

Hirsch: Und ich glaubte, dass wir den Kurs noch verändern könnten.

Baum: Damals ist noch etwas passiert, was bis heute nachwirkt: Die Grünen, das heißt deren Vorläufer, erkannten nach dem FDP-Parteitag in Kiel 1977, dass die Liberalen bestimmte Positionen aufgaben, die sie besetzen konnten, zum Beispiel im Bereich der Bürgerrechte. Ich kann diverse Grüne von damals aufzählen, die wären in einer FDP, wie ich sie mir vorstellte, sehr gut aufgehoben gewesen: Krista Sager, Antje Vollmer.

Hirsch: Peter Schaar, der spätere Datenschutzbeauftragte. Marieluise Beck.

Baum: Die FDP war so arrogant. Sie hat die Grünen und ihre Themen nicht ernst genommen. Die Sozialdemokraten werden als Oppositionspartei die Grünen schon aufsaugen, hieß es. Pustekuchen! Hier in Köln haben die Grünen in einigen Stadtvierteln jetzt dreißig Prozent, die FDP sieben, wenn's hochkommt. Und sie haben Themen besetzt, die ihnen bis heute eine feste Wählerschaft sichern.

Hirsch: Ich erinnere mich noch, wie die reinkamen in die erste Bundestagssitzung, 1983, mit einer Blume in der Hand, zum Teil mit Rauschebärten und dicken Wollpullovern. Man dachte: Donnerwetter, was sind das denn für Gestalten? Wir fragten uns: Ist das jetzt die Schaumkrone auf den Versäumnissen unserer Politik? Umweltschutz wurde ja langsam ein Thema, sogar bei den Konservativen. Als 1975 das Buch »Ein Planet wird geplündert – Die Schreckensbilanz unserer Politik« herauskam, verfasst vom CDU-Abgeordneten Herbert Gruhl, führte das zu großen internen Spannungen bei den Christdemokraten. Das war ein sehr vernünftiger Mann, der in seiner Truppe völlig in die Isolation geriet, weil die Wirtschaft Sturm gegen seine Thesen lief. Umweltschützer galten damals als Wachstumsverhinderer und Investitionsbremsen.

Baum: Wir alle hielten die Grünen anfangs für ein vorübergehendes Phänomen. Man wurde schief angesehen von den eigenen Leuten, wenn man mit einem Grünen auf einem Podium diskutierte.

Hirsch: Es waren interessante Leute bei den Grünen dabei, aber sie machten es einem schon schwer, Zugang zu ihnen zu finden. Sie traten völlig anders auf, dachten anders und waren Anhänger des imperativen Mandats, während wir uns als freie Abgeordnete empfanden, die eigene Entscheidungen zu treffen hatten. Sie wollten zunächst alle zwei

Jahre rotieren und waren strikt basisdemokratisch. Mit anderen Worten: Sie hatten keine Ahnung, wie ein Parlament wirklich funktioniert. Aber sie führten uns vor Augen, dass wir bürgerlichen Parteien dumm genug waren, die Motivation dieser Leute nicht zu begreifen und aufzunehmen. Deshalb blieben sie und haben sich in einer beachtlichen Weise etabliert.

Eines der zentralen Themen der Grünen war der Kampf gegen die Atomkraft.

Hirsch: Ich war immer gegen die verdammte Atomenergie. Nicht erst seit dem Schnellen Brüter, von dem man wusste: Sollte es zum Super-GAU kommen, wären Teile des Ruhrgebiets für zwanzigtausend Jahre unbewohnbar.

Baum: Hier gibt es einen Unterschied: Ich habe die letzten drei großen AKWs als Bundesinnenminister in den siebziger Jahren genehmigt. Das war Regierungslinie und weitgehend allgemeiner Konsens. Es gab nach allen Gutachten keine Sicherheitsprobleme. Sonst hätte man konsequenterweise alle in Betrieb befindlichen Anlagen sofort abschalten müssen. Dass jetzt die Energiewende vollzogen wird, findet meine volle Zustimmung. Sie bringt einen Innovationsschub.

Hirsch: Es geht ja schon los bei der Endlagerungsfrage. Was bin ich umhergefahren, um ein funktionierendes Endlager zu finden! Nirgendwo auf der Welt habe ich ein brauchbares gesehen.

Baum: Die Endlagerfrage haben wir zum Thema gemacht. Wir waren ja als Innenminister auch für die Reaktorsicherheit zuständig. So habe ich die Länder bereits 1979 im Bundestag in einer Generaldebatte dringend aufgefordert, sich über einen Standort zu einigen. Seit diesen Diskussionen sind fast vierzig Jahre vergangen – und nichts ist geschehen. Die verantwortlichen Politiker hatten nicht den Mut – außer Ernst Albrecht, der Ministerpräsident von Niedersachsen, mit der Erkundung von Gorleben.

Hirsch: Das lag aber an der Zonengrenze zur DDR und war schon deshalb problematisch. Zweitens: Der große Energiebedarf der Zukunft entsteht ja nicht in den Industriestaaten, sondern in den Ländern der Dritten Welt mit ihren riesigen Bevölkerungszahlen. Wer soll weltweit dreißigtausend Kernkraftwerke finanzieren, betreiben, sichern und entsorgen? Wollen wir etwa den Plutonium-Kreislauf in Gang setzen? Welche Energiequelle wollen wir diesen Menschen anbieten? Es wäre die Aufgabe der Energieunternehmen gewesen, etwas zu entwickeln, das auch in strukturschwachen Gebieten praktikabel ist. Das haben sie versäumt, weil ihnen die Atomenergie rationeller erschien. Bezahlen mussten wir das mit großen inneren Auseinandersetzungen, in Brokdorf, in Wackersdorf und sonstwo. Ich musste als Innenminister dort Polizei hinschicken und diesen Wahnsinn schützen, obwohl ich Atomgegner war. Ich war eine Minderheit in der FDP, und die Sozialdemokraten hielten das Maul, weil sie mit der Kohlepolitik genug Sonderwünsche hatten.

Zurück ins Jahr 1982. Der Koalitionswechsel betraf ja auch Ihre Parteikarrieren.

Hirsch: Wir haben gemeinsam gegen den Koalitionswechsel gekämpft – und sind untergegangen. Das war 1982, auf dem Parteitag der Tränen in Berlin, wo Baum stellvertretender Bundesvorsitzender wurde.

Baum: Nach Ihrem Zuruf!

Hirsch: Baum zögerte, die Wahl anzunehmen, da rief ich: Machen Sie's! Das war unsere einzige Chance, noch auf den Kurs der Partei einwirken zu können: ihn im Präsidium zu installieren. In einer funktionierenden Diktatur wären wir beide hinterher erschossen worden.

Baum: Das war ein unglaublich emotionaler Tag. Ich habe aus Trotz kandidiert, wurde Stellvertreter von Genscher. Mit einer Stimme Mehrheit! Bevor ich die Wahl annahm, habe ich zwei Leute angeschaut, um zu sehen, wie sie reagieren: Günter Verheugen senkte den Daumen nach unten, Hirsch nach oben. Da bin ich Hirsch gefolgt. Und damit der Linie meiner Kandidatur. Das Schlimme war: Unsere Gegner waren gegen mich, aber auch meine Freunde, die einen anderen Weg gingen. Ich stand zwischen allen Fronten. Das war eine schlimme Situation für mich.

Hirsch: Und ich dachte: Wenn er das nicht macht, sind wir völlig draußen, haben gar keinen Einfluss mehr auf den Lauf der Dinge.

Wieso haben Sie sich nicht als Gegenkandidat zu Genscher aufstellen lassen, Herr Baum?

Baum: Stellen Sie sich vor, ich wäre gewählt worden! Ich wäre plötzlich Vorsitzender der FDP in einer Regierung Kohl gewesen! So weit wollte ich's nicht treiben. Dann hat Mischnick versucht, uns zu besänftigen. Mir bot man den Posten des Justizministers an. Ihnen ja auch, Herr Hirsch.

Hirsch: Ja, und es hätte mich sehr gereizt. Das war eines meiner Lebensziele gewesen. Aber nach dem Koalitionsbruch und unter einem Kanzler Kohl konnte ich mir das nicht vorstellen. Da musste ich nicht lange überlegen.

Baum: Also haben wir beide abgelehnt. Anlässlich des konstruktiven Misstrauensvotums haben Hildegard Hamm-Brücher und ich eine Rede gehalten. Ich habe zum Ausdruck gebracht, dass wir unseren Wählerwillen verraten haben und ich mir nicht sicher sei, dass die Politik, für die ich gewählt wurde, fortgesetzt würde. Es war ja eine Provokation, dass ausgerechnet der CSU-Hardliner Friedrich Zimmermann, der die liberale Bürgerrechtspolitik erbittert bekämpft hatte, zu meinem Nachfolger gewählt wurde. Das war auch eine Missachtung meiner politischen Leistung als Innenminister. Alle FDP-Minister behielten ihr Amt – nur ich nicht. Das war ein innenpolitischer Kurswechsel.

Haben sich Ihre Hoffnungen, die FDP in Ihrem Sinne beeinflussen zu können, erfüllt?

Baum: Nach der Wahl war ich noch hoffnungsvoll, aber Fazit ist: Es ist uns nicht gelungen. Wir konnten den Kurs der Partei nicht entscheidend verändern.

Hirsch: Richtig. Die FDP hat die Wende mit dem Verlust der inneren Liberalität bezahlt. Genscher hat immerhin unsere Deutschlandpolitik durchgesetzt. Kohl war ja, zusammen mit der Kommunistischen Partei Albaniens, der Einzige gewesen, der die Schlussakte von Helsinki – also die Öffnung zum Osten hin, die Anerkennung der Oder-Neiße-Grenze, Gewaltverzicht – abgelehnt hatte. Es war also ungewiss, wohin die deutschlandpolitische Reise mit ihm ging.

Baum: Helsinki war eine der bedeutendsten internationalen Vereinbarungen der Nachkriegszeit. Die Menschenrechte waren ein gleichberechtigtes Thema neben Friedenssicherung und Wirtschaftsbeziehungen. Treibende Kraft im Helsinki-Prozess, der 1990 durch die Charta von Paris bestätigt und fortentwickelt wurde, war Hans-Dietrich Genscher. Ich halte es für dringend geboten, diesen Prozess wieder aufzunehmen.

Hirsch: Kohl hat seine starre Position dann aufgegeben und Genscher machen lassen. Und jetzt steht er als Retter des Vaterlandes da, der die Wiedervereinigung vollbracht hat. Dabei war sein Beitrag gering. Er vertrat eben zum richtigen Zeitpunkt die richtige Position. Die anderen hielten ihn für so bieder, dass sie den Deutschen wieder trauten. In der Wirtschaftspolitik gab es zwischen CDU und FDP keine großen Unterschiede mehr.

Baum: 2012 hat die FDP doch tatsächlich eine Feier zum 30. Jubiläum des Lambsdorff-Papiers gemacht. Das sagt viel aus über den Zustand der Partei damals.

Hirsch: Wir waren mit unserer liberalen, an Bürger- und Menschenrechten orientierten Innenpolitik plötzlich Opposition in der Koalition geworden. Wir wollten das Notwendigste noch retten. Wir waren fast wieder da, wo wir in den sechziger Jahren angefangen hatten. Es war der Kampf gegen einen Mainstream, den wir für falsch hielten.

Ihr Verhältnis zu Hans-Dietrich Genscher blieb auch nach der Wende von 1982 intakt. Haben Sie ihm den Koalitionsbruch nicht nachgetragen?

Baum: Es gab eine zeitweise Entfremdung. Mich verbindet ein über Jahrzehnte bestehendes Vertrauensverhältnis zu Genscher. Wir haben bis heute jede Woche mindestens einmal Kontakt. Das Lambsdorff-Papier war nicht nur ein Affront gegen uns, sondern auch gegen Genscher, denn er hatte an dem Papier keinen Anteil. Selbst wenn er ein Papier gewollt hätte, hätte er sich nicht für den Abbau des Umweltschutzes, für den Abbau des Datenschutzes und für eine marktradikale Wirtschaftspolitik ausgesprochen. Aber er konnte es nicht verhindern. Lambsdorff war eigenmächtig vorgeprescht. Das Vertrauen zu Genscher hat sich schnell wiederhergestellt. Auch in der Kontroverse haben wir uns fair behandelt.

Hirsch: Auch mein Vertrauen hatte er damals, bis auf die Frage des Nato-Doppelbeschlusses. Ich hielt das Wettrüsten für eine Sackgasse, für eine besondere Art der Kriegführung, weil es zwangsläufig dazu führt, dass eine Seite gezwungen wird, sich zu unterwerfen oder rechtzeitig mit einem Krieg zu beginnen. Ich fürchtete, dass die Mittelstreckenraketen, um die es damals ging, dem Ziel dienten, den atomaren Krieg auf Mitteleuropa zu begrenzen – und das würden wir mit Sicherheit nicht überleben.

Aber haben Sie Genscher nicht verübelt, dass er die Entwicklung so tatenlos hinnahm?

Hirsch: Mehr als ihn stürzen wollen, konnten wir ja nicht. Auf dem Berliner Parteitag wollten wir ihn abwählen. Das gelang nicht.

Baum: Nach der Wende entwickelte sich unsere Beziehung zu Genscher in eine andere Richtung. Er unterstützte uns, als wir uns nolens volens in der innerparteilichen Opposition wiederfanden, sowohl hinsichtlich der Menschenrechte als auch hinsichtlich der Bürgerrechte. Er wollte natürlich nicht, dass der ganze linke Flügel wegbrach. Lambsdorff war das egal. Wir waren der sozialliberale Rest. Den versuchte Genscher zu revitalisieren.

Hirsch: Er hat uns in jeder Weise geschützt. Aus den Reihen des rechten Flügels wurde versucht, die Presse gegen uns zu mobilisieren nach dem Motto: Mit diesen »lame ducks« brauche man doch gar nicht mehr zu reden. Dem hat Genscher entgegengewirkt. Er hat sich zum Beispiel für unsere Südafrika- und Nahostreisen engagiert, die auch ihn interessierten, und uns damit reichlich Gelegenheit gegeben, politisch und publizistisch im Sinne der Menschenrechte tätig zu werden.

Baum: Er war auch mit der Obstruktionspolitik einverstanden, die wir gegen Zimmermann betrieben haben. Strauß schrieb in seinen Memoiren, dass wir, Hirsch und ich, Zimmermann daran gehindert hätten, seine Politik durchzusetzen. Ich werde nie vergessen, wie Sie, Herr Hirsch, in den Koalitionsverhandlungen unsere Gegenüber zum Wahnsinn getrieben haben. Jeder Halbsatz in Zimmermanns Gesetzentwürfen wurde verhandelt, bohrende Fragen gestellt. Es hat unendlich lang gedauert. Ich habe oft nur assistierend dabeigesessen. Eine Politik des Verhinderns ist zwar auf Dauer nicht befriedigend, aber in der Situation war sie angebracht.

Hirsch: Da ging es um die ständige Verschärfung des Straf- und Strafprozessrechts, die Ausdehnung polizeilicher Zuständigkeiten und immer wieder um das Ausländer- und Asylrecht. Einmal, schon nach der Wiedervereinigung, wurde ich ins Kabinett bestellt, da wollte der bayerische Ministerpräsident Stoiber den Lauschangriff durchsetzen. Kohl war drauf und dran, das mitzumachen, und ich sollte für die FDP dagegenhalten. Das blieb dann pari, und Kohl fragte einen Minister aus der ehemaligen DDR, Günther Krause, was er denn davon halte. Der meinte nur, dass er mit Lauschangriffen in der DDR einschlägige Erfahrungen gesammelt und die Nase davon voll hätte. Das reichte aus, um das Projekt abzublasen.

Baum: Was Genscher damals tatsächlich gewollt hat, wussten auch seine engsten Vertrauten nicht. Diese Feststellung stammt von seinem Generalsekretär Verheugen. Das Thema der damaligen Wende beschäftigt uns beide deshalb so stark, weil wir immer wieder Leute treffen, die uns sagen: Seit 1982 ist die FDP nicht mehr wählbar. Diese Niederlage hat mich lange traumatisiert.

Hätte Genscher die Wende überhaupt verhindern können?

Baum: Von einem gewissen Zeitpunkt an nicht mehr. Da war der Zug abgefahren. Im Grunde hat er die Wende wohl auch gewollt, aber sicherlich auf andere Weise, als es dann geschehen ist. Er hat das Heft eben nicht in die Hand genommen, er hat das Feld Lambsdorff überlassen. Ich glaube, dass er Lambsdorff sein Verhalten immer nachgetragen hat, auch wenn er das so nie gesagt hat. Genscher hatte ja starken Einfluss. Wir hätten ihn unterstützt und andere auch. Es gab eine relativ neutrale Gruppe in der Partei, die Genscher vertraute. Dann kam noch die Flick-Affäre hinzu mit dem Untersuchungsausschuss. Es wurde eine Generalamnestie für die an der Affäre Beteiligten gefordert. Es gab sogar Stimmen, die behaupteten, die neue Koalition sei aus dem einzigen Grund geschlossen worden, um eine Mehrheit für diese Amnestie zu bekommen. Erinnern Sie sich noch an die Fraktionssitzung, Herr Hirsch, als uns ein Steuerpapier vorgelegt wurde. Irgendwas Langweiliges …

Hirsch: Alle waren schon im Aufbruch …

Baum: … da entdeckten wir plötzlich ganz am Ende eine Klausel, die eine Amnestie für Empfänger von Parteispenden vorsah. Wir haben sofort protestiert. Diese Absicht einer Amnestie für das Fehlverhalten von Politikern löste einen Sturm der Entrüstung in der deutschen Öffentlichkeit aus. Die FDP lehnte das mehrheitlich ab, die Landesverbände waren dagegen, aber es blieb ein Häuflein übrig, das für die Amnestie war. Am Ende sprachen für die FDP zwei Personen im Bundestag: Genscher für die Amnestie und einer gegen sie, das war ich. »Zur Strafe« wurde ich in den Flick-Untersuchungsausschuss geschickt, wo ich feststellen musste, dass auch die uns heftig kritisierenden Sozialdemokraten in unerlaubte Parteispendentransaktionen verwickelt waren. Lambsdorff wurde verurteilt und musste 1984 sein Ministeramt aufgeben.

Hirsch: Vor dieser Fraktionssitzung hat uns Genscher ins Auswärtige Amt bestellt. Da waren Sie, Herr Baum, nicht dabei. Lange wurde beraten, wie man diese Klausel unterbringen könnte. Einige wenige, darunter Klaus Kinkel und ich, waren dagegen, die Mehrheit war geneigt mitzumachen. Beschlossen wurde nichts, aber damit war die Katze aus dem Sack. Diese vertrauliche Sitzung machte natürlich die Runde, und damit flog den Befürwortern ihr Vorhaben um die Ohren.

Wie viel Loyalität, wie viel Freundschaft ist eigentlich möglich unter Parteifreunden?

Baum: Man hat in der Politik eigentlich wenig wirkliche Freunde. Man arbeitet mit vielen Menschen zusammen und begegnet vielen. Aber Leute, denen man sich wirklich anvertrauen kann, gibt es wenige. Dennoch braucht man sie dringend. Ich hatte solche Menschen auch im Ministerium. Für mich war Günter Verheugen immer ein Freund und ist es bis heute. Ralf Dahrendorf gehörte dazu, Hildegard Hamm-Brücher, Burkhard Hirsch natürlich und Sabine Leutheusser-Schnarrenberger. Freundschaften zu anderen Menschen kommen zu kurz. Man möchte ja wissen, was der andere macht, an seinem Leben teilnehmen. Aber als Politiker hat man einfach keine Zeit, privaten Einladungen zu folgen. Das geht alles den Bach runter. Das ging bei mir erst wieder los, als ich keine aktive Politik mehr gemacht habe.

Hirsch: Bei Freundschaften geht es ja darum, sich auf den anderen verlassen zu können. Das ist in der Politik schwierig, auch in der eigenen Partei. Sie, Herr Baum, sind eine Ausnahme, nicht meine einzige, aber der älteste Freund.

Baum: Wir sind ja auch sturmerprobt, Herr Hirsch, zusammengewachsen durch unsere Gegner. Und durch unsere vielen Reisen. Uns verbindet vieles. Die soziale Orientierung des Liberalismus. Unser Lebensthema: die Verteidigung der Bürgerrechte. Wir haben uns immer für Menschenrechtsfragen engagiert. Eines unserer Hauptaktionsfelder nach der 1982er Wende war Südafrika, als dort noch die Apartheid herrschte, und Namibia. Wir fühlten uns herausgefordert durch die Bundesregierung: Strauß vor allem, aber auch Kohl stand auf der Seite derer, die die Rassentrennung und den südafrikanischen Polizeistaat verteidigten.

Hirsch: Das ist vielleicht zu viel gesagt. Jedenfalls tolerierten sie die Apartheid. Es war nicht ihr Problem. Es war ihnen egal.

Botschafter für Menschenrechte, Fall der Mauer und Wiedervereinigung

Sie sind in den achtziger Jahren im Auftrag des Außenministeriums gemeinsam in Länder gereist, in denen Unterdrückung und Willkür herrschten. Wie liefen diese Reisen ab?

Baum: Bevor wir das erste Mal nach Südafrika fuhren, haben wir mit vielen Leuten gesprochen, um uns sachkundig zu machen, auch mit Lambsdorff. Er hat uns zu verstehen gegeben, dass er für das allgemeine Wahlrecht in Südafrika keine Grundlage sieht. Die Leute wären doch gar nicht politikfähig. Das haben wir den Oppositionellen in Südafrika vorgetragen.

Hirsch: Wir erzählten unseren Gesprächspartnern, dass Graf Lambsdorff die Meinung vertreten würde, die Zukunft Schwarzafrikas hänge davon ab, welche Rechte die Schwarzen den Weißen geben werden, welche Rechte die weiße Minderheit behalten wird. Ein Geistlicher, Father Makatschwa, meinte nur: Sagen Sie Ihrem Grafen, dass die schwarze Mehrheit der weißen Minderheit mindestens die gleichen Rechte geben wird wie heute die weiße Minderheit der schwarzen Mehrheit. Dieser schwarze Geistliche war gerade aus der Haft entlassen worden, in der er nicht nur übel gefoltert, sondern furchtbar gedemütigt worden war.

Baum: Er sagte auch: Soll nur der wählen dürfen, der einen Swimmingpool besitzt? One swimmingpool, one vote? Die Apartheid war in den achtziger Jahren ein weltweites Thema. Es gab auch in Deutschland eine starke Bewegung gegen die Apartheid, aber das war nicht offizielle Regierungspolitik. Genscher opponierte dagegen. Er hat sich ja auch für die Unabhängigkeit Namibias eingesetzt. Deshalb gibt es übrigens in Windhuk eine Genscherstraße. Er gab uns auf unseren Reisen immer Rückendeckung. Wir waren ja auch nicht allein. Gräfin Dönhoff beispielsweise war auf unserer Seite. Wir trafen sie in Südafrika. Teile der CDU waren auf unserer Seite – und natürlich Teile der FDP. Als wir zurückkamen, berichteten wir regelmäßig dem Bundespräsidenten Richard von Weizsäcker.

Hirsch: Wir sind in alle Frontstaaten, also die Staaten rings um die Südafrikanische Republik und Namibia, gereist – Angola, Botswana, Sambia, Zimbabwe, Malawi und Mosambik. Wir haben wichtige Persönlichkeiten des schwarzen Widerstands aufgesucht. Die haben mit uns natürlich ganz anders, offener geredet als mit einem amtierenden Außenminister. Beispiel Südafrika: Der African National Congress Nelson Mandelas war ja verboten. Mandela saß auf Robben Island in Haft. Seine Kollegen saßen in Sambia, in Lusaka, im Exil. Die gingen davon aus, dass sie in ein paar Jahren das Land regieren würden. Keiner kannte sie. Wir wollten sie kennenlernen und merkten, dass sie sich innerlich schon auf den Ostblock eingestellt hatten, weil sie vom Westen keine Unterstützung bekamen.

Baum: Einmal begegneten wir Kollegen aus dem Bundestag, die von der südafrikanischen Regierung auf eine Safari eingeladen worden waren. Sie genossen ihre Reise und stellten keine Fragen. So was gab es damals auch.

Hirsch: Ich erinnere mich, wie Sie, Herr Baum, ein Gespräch mit Spielern von Winnie Mandelas Fußballclub mit der höflichen Frage einleiteten: Wer von Ihnen war denn schon mal im Gefängnis? Die brüllten vor Lachen und sagten: Sie wollen wohl wissen, wie oft?

Baum: Wir haben mit deutschen Touristen geredet und sie darauf hingewiesen, dass sie in einem schrecklichen Unrechtsstaat herumreisten. Die schüttelten nur den Kopf. Davon wollte niemand etwas wissen.

Was versprachen sich afrikanische Oppositionelle von Gesprächen mit Ihnen?

Baum: Einflussnahme, denke ich. Sie wussten, dass wir von einer Regierungspartei kamen, die den deutschen Außenminister stellte.

Hirsch: Wir wollten ja nicht nur mit ihnen reden, sondern auch sehen, wie wir ihnen helfen können. Und sie hatten, ebenso wie wir, ein Interesse daran, dass die internationale Öffentlichkeit und die deutsche Politik erfahren, was sich in diesem Teil Afrikas abspielt, positiv und negativ, nicht gefiltert durch die üblichen diplomatischen oder sonstigen medialen Interessen, sondern ungeschminkt und vertrauenswürdig. Das geht nicht mit einer Stippvisite. Für uns sind diese Begegnungen eine große Bereicherung gewesen. Auf jeden Fall haben wir ein Bild der Zustände dort bekommen. Wir erfuhren, dass weiße Polizeibeamte sich ihre Haut schwarz färbten, um politische Gegner umzubringen. Uns wurde glaubwürdig von Folterungen berichtet. Nicht nur von Wichtigtuern oder politisch Interessierten, sondern von vertrauenswürdigen Quellen. Das haben wir dann unserer Fraktion berichtet.

Baum: Und der Öffentlichkeit. In Interviews. Nach diesem Muster haben wir dann auch andere Orte besucht. Zum Beispiel das kommunistische Prag, erinnern Sie sich, Herr Hirsch?

Hirsch: Da waren wir beim greisen Kardinal Tomásek in der erzbischöflichen Residenz gegenüber dem Hradschin und wunderten uns, dass auf dem Tisch vor uns ein Radio stand, das Musik spielte. Ich fragte: Fürchten Sie, abgehört zu werden, Eure Exzellenz? Da nickte er heftig mit dem Kopf und antwortete mit extra lauter Stimme: Nein! Wo denken Sie hin? Doch nicht in diesem Staat! Und dann drehte er das Radio laut, damit wir uns unbelauscht unterhalten konnten.

Baum: Ich habe dann für neun Jahre Aufgaben in den Vereinten Nationen wahrgenommen. Genscher berief mich 1992 zum Leiter der deutschen Delegation der Menschenrechtskommission in Genf, dem zentralen UN-Forum für Menschenrechte. Dort werden die Menschenrechtssituationen weltweit bewertet, nach Ländern und nach Themen, zum Beispiel Folter. Es gab zahlreiche Kontroversen, Resolutionen waren heftig umstritten. Ich musste lernen, dass viele ehemalige Kolonialstaaten die Frage der Menschenrechte als eine neue Dominanz des Westens ansahen. 1993 war ich der deutsche Delegationsleiter bei der sehr erfolgreichen Weltmenschenrechtskonferenz in Wien, wo die Universalität und Unteilbarkeit der Menschenrechte kraftvoll bestätigt wurden. Das wäre heute schon schwieriger. Später war ich im Auftrag der UNO drei Jahre lang Berichterstatter für Menschenrechte im Sudan. Als ich die Lage dort immer deutlicher kritisierte, wurde ich nicht wiedergewählt. Diese ganze Zeit hat mich stark geprägt. Große Unterstützung erhielt ich von dem Diplomaten Michael Schaefer.

Hirsch: Ich bin, abgesehen von den erwähnten Reisen mit Baum, ab Mitte der fünfziger Jahre regelmäßig nach Israel gefahren.

Baum: Sie waren Vizepräsident der deutsch-israelischen Gesellschaft.

Hirsch: Ich wollte Kontakt zu den Politikern dort halten, wollte sehen, wie sich dieses Land entwickelt. Ich hatte mich mit Ignatz Bubis angefreundet, dem Vorsitzenden des Zentralrats der Juden, war mit ihm in Auschwitz gewesen. Ich war auch häufiger in der Türkei und habe mich um die Interessen der deutschen Frauen gekümmert, die dort mit ihren türkischen Ehegatten lebten, aber wenig Rechte hatten.

Konnten Sie auf Ihren Reisen politisch etwas bewegen?

Baum: Ehrlicherweise muss man sagen, dass erst der Zusammenbruch der Sowjetunion zum Ende der Apartheid beigetragen hat, weil das Argument hinfällig wurde, das Apartheid-Regime verhindere die Ausbreitung des Kommunismus im südlichen Afrika. Aber was wir tun konnten, haben wir getan, wir waren Vorposten einer neuen Menschenrechtspolitik. Zum Beispiel forderten wir von deutschen Firmen in Afrika, in ihrer Arbeitswelt Apartheid nicht länger zu dulden.

Hirsch: Volkswagen hat das zuerst begriffen. Sie boten ihren südafrikanischen Lehrlingen eine einfache Schulausbildung an, um sie später in ihrem Unternehmen besser einsetzen zu können. Später, als ich mal in Namibia war, traf ich auf einen Deutschen, der sich über die »Bantu-Schulen« lustig machte. Da habe ich ihm gesagt, wir könnten diese Frage gerne draußen nach Ruhrgebietsart erledigen. Auf Deutsch gesagt: die Fresse polieren. Er wollte aber nicht. Eigentlich waren meine Ziele bescheiden. Man kann als einfacher Abgeordneter nicht die Welt verändern, aber man kann lernen, sie besser zu verstehen. Es ging eher darum, Gesprächspartner zu ermutigen, in Einzelfällen humanitäre Hilfe zu vermitteln und zu versuchen, die Eindrücke, die man gewonnen hatte, in unserer Politik nutzbar zu machen. Ich wollte etwas vom täglichen Leben in diesen Ländern verstehen – welche Probleme haben sie, wie gehen sie damit um, wie sehen sie uns, was können wir politisch leisten? Dafür sind solche Reisen außerordentlich wichtig.

Baum: Wir haben uns nicht bei allen beliebt gemacht, das muss man sagen.

Hirsch: Deutsche Botschafter mussten oft die Konsequenzen austragen, die unsere Besuche und Gespräche auslösten. Da mussten wir auch Rücksicht nehmen. Die Botschafter stöhnten gelegentlich: Denken Sie bitte daran, dass wir hierbleiben müssen, während Sie wieder heimfahren.

Zu jener Zeit überschlugen sich in Deutschland die Ereignisse. 1989 fiel die Mauer. Wie haben Sie diese Tage in Erinnerung?

Hirsch: Kohl hat bis einschließlich der Schlussakte von Helsinki gegen alles gestimmt, was für eine realistische Deutschlandpolitik unverzichtbar war. Und jetzt kam er plötzlich mit seinem Zehn-Punkte-Programm zur deutschen Wiedervereinigung daher, eine ganz merkwürdige Geschichte. Er verbreitete, dass er dieses Programm seiner Frau zu Hause in Oggersheim in die Olympia-Schreibmaschine diktiert habe. Das ist nicht einmal die halbe Wahrheit.

Baum: Sie wissen, woher der Plan kommt? Aus Moskau. Von einer Anti-Gorbatschow-Gruppe.

Hirsch: Walentin Falin, damals Leiter der Internationalen Abteilung des Zentralkomitees der KPdSU, hatte angesichts der Krise im Ostblock den Plan, die beiden deutschen Staaten sollten eine Konföderation bilden. Er hat diesen Plan über Nikolai Portugalow, deutschlandpolitischer Berater Gorbatschows, Horst Teltschik zugespielt, einem engen Vertrauten Kohls. Teltschik hat ihn an Kohl weitergegeben und ihm dringend empfohlen, ihn weder im Kabinett noch in der Partei bekanntzugeben, sondern allein einzubringen. Als Kohl dann am 21. November 1989 seinen Zehn-Punkte-Plan im Bundestag vortrug, bin ich vor Schreck fast umgefallen. Ich dachte, hat der denn keine Ahnung, was sich in der DDR wirklich abspielt? Eine Konföderation? Der nächste Redner war Karsten Voigt von der SPD. Der begrüßte Kohls Plan.

Baum: Die gingen weiter davon aus, dass zwei deutsche Staaten wünschenswert seien. Das war doch damals der große Plan: die Zwei-Staaten-Theorie.

Hirsch: Es hieß, man wolle die Bevölkerung der DDR nicht bevormunden, sondern ihren eigenen Weg finden lassen. Ich habe mich immer gefragt, wie Falin auf diese Idee gekommen ist. Es ging dabei nicht zuletzt um die Frage, ob das vereinigte Deutschland oder nur die alte Bundesrepublik Nato-Mitglied sein könnte. Gorbatschow wusste, dass diese Frage für die deutsche Wiedervereinigung von entscheidender Bedeutung sein würde. Deswegen glaube ich nicht, dass sich der Plan gegen Gorbatschow richtete. Er hat ja erst ein halbes Jahr später in Camp David den Amerikanern zugestanden, dass Gesamtdeutschland nach eigener Entscheidung Nato-Mitglied werden könne – gegen die Zusicherung, dass die Nato-Truppen nicht auf das Gebiet der DDR vorrücken, in den Teil Deutschlands also, der bis dahin zum Warschauer Pakt gehörte.

Ich glaube, dass diesem Konföderationsplan ursprünglich die Idee zugrunde lag, dass beide Teile eines deutschen Staatenbundes unterschiedliche Pakte eingehen könnten. Dass der eine Teil in der Nato, der andere draußen bleibt, so ähnlich, wie schon Stalin an eine neutrale Zone gedacht hatte.

Baum: Wenn Sie Gorbatschow nachlesen, werden Sie sehen, dass er schon sehr früh gesagt hat, an der Wiedervereinigung Deutschlands führe kein Weg vorbei. Man könne die Deutschen nicht daran hindern, sich wiederzuvereinigen. Und dann hat er gedacht, wir brauchen dafür Partner, wer könnten die sein? Er hat in der DDR niemanden gefunden, der mit ihm den Weg hätte gehen können, und hat sich im Westen Partner gesucht: Genscher und Kohl. Genscher wie auch der Historiker Heinrich August Winkler in seinen neuesten Publikationen legen dar, dass es nie Thema gewesen sei, etwa in den Zwei-plus-Vier-Verhandlungen, darüber zu entscheiden, welchem Bündnissystem beispielsweise Polen angehören würde. Das konnten nur die Polen selbst entscheiden. Die einzige Zusage war: Die Nato hat keine Truppen in der früheren DDR. Schluss!

Hirsch: Herr Baum, das bestreite ich nicht. Aber bis zu der Erklärung von Gorbatschow in Camp David Ende Mai 1990 war es unklar, streitig und ungelöst, ob und wie eine Wiedervereinigung der beiden Teile Deutschlands mit ihrer Zugehörigkeit zu unterschiedlichen Bündnissen – Nato und Warschauer Pakt – vereinbart werden könnte. Ich gehe im Interesse Kohls davon aus, dass er Falins Konföderationsidee als Ursprung des Zehn-Punkte-Planes nicht kannte.

Baum: Es gab Kräfte, die gegen die Wiedervereinigung waren. Sie wollten zwei deutsche Staaten behalten.

Hirsch: Wer für eine Konföderation, also gegen die Bildung eines gesamtdeutschen Staates war, konnte auf diese Weise das Bündnisproblem lösen.

Baum: Mitterrand ist nach Ost-Berlin und Leipzig gefahren und hat die Ostdeutschen umschmeichelt. Die wollten alle, dass Deutschland geteilt blieb. Ein vereintes Deutschland war ihnen zu mächtig. Margaret Thatcher genauso.

Hirsch: Frau Thatcher hatte die Sorge, dass Gesamtdeutschland nicht Mitglied der Nato wird.

Baum: Das hat aber nicht die entscheidende Rolle gespielt. Für US-Präsident Bush senior, so hat es Genscher erzählt, kam eine geteilte Bündniszugehörigkeit nicht in Frage. Und wenn auch die Russen damals auf zwei deutschen

Staaten bestanden hätten, weiß ich nicht, was passiert wäre. Haben sie aber nicht. Und noch etwas ist wichtig: Die Deutschen hatten Vertrauen aufgebaut. Erst durch unsere vertrauensbildende Rolle haben wir es Gorbatschow ermöglicht, sich in Moskau durchzusetzen.

Der Fall der Mauer muss Sie beide auch persönlich bewegt haben, schließlich war es die Befreiung ihrer alten Heimat.

Baum: Und wir knüpften Hoffnungen daran, auch für die FDP. Denn für eine ganz kurze Zeit schien es möglich, in unserer alten Heimat eine wirklich liberale Partei aufzubauen, wie wir sie uns vorstellten. Zur Zeit des Mauerfalls dachte ich: Hirsch, wunderbar, jetzt kommen Leute, die von einem Unrechtsregime befreit wurden, die werden uns bei unserer Bürgerrechtspolitik helfen. Pustekuchen! Die liberal gesinnten Leute drüben sind überwiegend in die CDU gegangen, nicht zu uns. Das war eine schlimme Erfahrung.

Hirsch: Ich erinnere mich, als plötzlich während einer Plenarsitzung im Bonner Wasserwerk die Nachricht kam, dass die Mauer gefallen war. Kollegen der CSU standen als Erste auf und begannen, die Nationalhymne zu singen. Ich habe die Sitzung verlassen und bin an den Rhein gegangen, um mich zu fassen. Ich sah mich plötzlich wieder an einer Straßenbahnhaltestelle am Roten Turm und in der Marktkirche in Halle. Und am Lorenzweg in Magdeburg. Und dann habe ich die nächste Gelegenheit ergriffen, in Berlin durch das Brandenburger Tor zu gehen, mit meinem Sohn.

Unser Leben würde sich ändern, dachte ich. Aber ich hatte keine Ahnung wie.

Baum: Die Ostdeutschen hatten sich selbst befreit. Es war die einzige Freiheitsrevolution, die wirklich gelungen ist in Deutschland. In der Regel haben die Deutschen die Restaurationen anderer Völker mitgemacht, nicht die Revolutionen. In seinem Buch »Gesellschaft und Demokratie in Deutschland« hat Ralf Dahrendorf 1965 das schwierige Verhältnis der Deutschen zur Freiheit nachgezeichnet. Dieses Buch hat mich sehr beeindruckt.

Hirsch: Wir beide waren damals in Rostock, wo wir Pfarrer Joachim Gauck kennenlernten, und in der Nikolaikirche in Leipzig und haben zahlreiche Gespräche geführt, um zu verstehen, was die Oppositionellen dachten. Eines dieser Gespräche, ausgerechnet eines mit offiziellen Vertretern der evangelischen Kirche, habe ich später in einer Stasi-Akte wiedergefunden.

Baum: Wir haben versucht, Leute an uns zu binden. Ich war mit Genscher in Leipzig, beim Gründungsparteitag des »Demokratischen Aufbruchs«. Frau Merkel war auch anwesend, sie wurde ja dann Pressesprecherin des DA. Da versammelten sich Leute, die nach einem neuen Weg suchten. Aber wir boten ihnen keinen wirklich liberalen Anknüpfungspunkt. Die Chance ist vertan worden damals.

Hirsch: Die FDP hatte damals eine Zeitlang über 200 000 Mitglieder. Aber wir haben sie leider nicht halten können.

Baum: Wenn ich mir das vorstelle: In Dresden gäbe es heute eine wirklich liberale Partei. Die AfD kann man nicht und darf man nicht nachahmen. Die CDU ist weit weg von den Leuten dort, die SPD sowieso, die Linke auch. Aber gerade jetzt, in Dresden, eine starke liberale Partei – das wäre wunderbar. Herr Hirsch, wenn wir dreißig Jahre jünger wären, würden wir das machen!

Hirsch: Ja, das wäre was! Ich erinnere mich, dass wir in einem schicken Seehotel in einer Kleinstadt Brandenburgs im Frühjahr 1998 mit den Jungliberalen eine Versammlung über das Ausländerrecht machen wollten. Die Leute waren schon da, als die Eigentümerin uns plötzlich den Raum kündigte. Wir wären nach der Veranstaltung wieder weg, aber sie müsse dort bleiben, und ihr Hotel würde dauerhaft darunter leiden, wenn sie eine derartige Veranstaltung dulde. Sie hatte ernsthaft Angst vor rechten Übergriffen. Wir sind dann in einen Gemeinderaum ausgewichen, und einer der örtlichen Kommunalpolitiker sagte mir: »Ach, das müssen Sie nicht so ernst nehmen. Wir kennen die ja alle. Die meinen das nicht so!« Als ob er von seinem Hund sagen würde, der will doch nur spielen. Mir ging das nicht mehr aus dem Kopf, dass wir das hingenommen haben, dass die Leute sich nicht gewehrt haben, weil sie Angst hatten. Ich habe danach einen Antrag im Bundesvorstand eingebracht, ein großzügig finanziertes Bundesprogramm für kommunale Jugendarbeit zur Bekämpfung des Rechtsradikalismus zu entwickeln. Es wurde kein Erfolg. Unsere ost- beziehungsweise mitteldeutschen Kollegen empfanden es als ungehörigen Versuch eines »Wessis«, die neuen Bundesländer als Herd neofaschistischer Umtriebe zu diskreditieren.

Baum: Ich bin so wütend auf diese Pegida, weil ich diese Mentalität kenne. Die steckt in manchen Leuten tief drin, diese dumpfe Freiheitsfeindlichkeit, diese Ausländerfeindlichkeit, diese Neidgefühle und Politikverachtung. Da gibt es für mich kein Pardon. Wer da mitläuft, ist für mich mitverantwortlich. Die Teilnahme an einer Pegida-Demonstration ist ein Bekenntnis zu dem, was auf dem Podium gebrüllt wird. Jetzt sagte mir ein Dresdner, sie hätten als Einzige in der DDR kein Westfernsehen gehabt. Die Demokratieprozesse, die politischen Kontroversen, aber auch die Verständigung auf gemeinsame Positionen nach dem Streit – das hatten sie nicht vor Augen. Die Glotze fehlte …

Wie würden Sie die Mentalität der Dresdner beschreiben?

Baum: Eigenwillig, auch darin, wie sie eine besondere, mitunter wehleidige Erinnerungskultur entwickelt haben nach der Zerstörung der Stadt. Eigenwillig, wie das auch im Streit um die scheußliche Elbtal-Brücke zum Ausdruck kam, nach dem Motto: »Wir lassen uns nicht reinreden. Dann verzichten wir eben auf den Kulturerbe-Status des Elbtals.« Da fehlt die Weltläufigkeit. Dennoch: Es verbindet mich mehr mit meiner Heimat, als mich trennt.

Hirsch: Natürlich! Ich habe mich immer gefragt, wie weit es eine Rolle spielt, dass die DDR vierzig Jahre lang existiert hat, nicht zwölf Jahre wie das Dritte Reich. Ich glaube, die Menschen sind in vierzig Jahren DDR in ihrem Blickwinkel so eingeengt worden, dass das ihre Mentalität über Jahrzehnte hinaus prägt. Sie hatten kaum Umgang mit Fremden, mit Ausländern, waren nur auf sich bezogen und hatten große wirtschaftliche Probleme. Und nun kommen Leute von außen und sind Wettbewerber.

Baum: Herr Gauck hat mir mal gesagt: Uns hat eines gefehlt, die Erfahrung von '68. Das war ja eine Erfahrung, die die West-Gesellschaft modernisiert und demokratisiert, ja umgestülpt hat. Da kamen Reformideen, Emanzipationsprozesse über uns, und wir haben angefangen, unsere Verfassung zu leben. Gauck sagte, er hätte das mit Neid beobachtet.

Zu Beginn der Regierung Kohl wurde Ihnen beiden das Justizministerium angetragen, Sie haben beide abgelehnt. Warum haben Sie, Herr Hirsch, 1992 noch einmal versucht, Justizminister zu werden, wo doch Kohl immer noch Kanzler war?

Hirsch: Das ist richtig: Ich habe mich später um das Justizministerium bemüht, zweimal sogar. Einmal 1991, als dann Klaus Kinkel Justizminister wurde, das zweite Mal wurde Sabine Leutheusser Justizministerin. Kohl war für mich unverändert ein Problem. Aber ich konnte ihn ja nicht wegdenken, und man kann sich nur selten die Leute aussuchen, mit denen man auskommen muss. Die Aufgabe war reizvoll, und wenn man das Vertrauen der eigenen Fraktion und der anderen liberalen Minister hat, sollte es gehen. Es war eine Illusion. Helmut Kohl behauptet in seinen Memoiren, er hätte mich beide Male als Justizminister verhindert. Das ist falsch. Das war nicht Kohl, das war der Wirtschafts- und Finanzflügel meiner Fraktion, die mich nicht haben wollten, weil ich in ihren Augen der Linke war.

Baum: Sie wollten Hirsch ums Verrecken nicht haben. Dann haben sie Frau Leutheusser gewählt, und das war ein Pyrrhussieg. Kurz darauf erschien sie in dem von mir geführten linksliberalen Freiburger Kreis – zum Entsetzen derjenigen, die sie mit anderen Erwartungen gewählt hatten. Ihren Überzeugungen ist sie bei heute treu geblieben, wie sie das auch durch ihren Rücktritt 1996 deutlich gemacht hat, nachdem sich die Partei mehrheitlich für den Großen Lauschangriff ausgesprochen hatte.

Hirsch: Bei Sabine Leutheusser hat tatsächlich niemand in der Fraktion geahnt, dass sie in ihrer politischen Grundeinstellung weitgehend mit dem übereinstimmte, was ich mir für dieses Amt vorgestellt hätte. Eine Frau als Justizministerin, die sich auf alle Seiten der Fraktion stützen konnte! Einfach gut. Das war eben die bessere Wahl.

Hat es Sie verletzt, dass die eigene Fraktion Sie nicht gewollt hat?

Hirsch: Nein. Ich habe es bedauert. Aber das Gute ist, dass man dann eben ein unabhängiger Abgeordneter bleibt.

Man behält das Recht, sich seine Feinde selbst auszusuchen.

Baum: In der Politik muss man sich an Niederlagen gewöhnen. Der Weg eines Politikers ist gepflastert mit Niederlagen. Sie müssen Niederlagen ertragen. Man gewinnt dadurch eine gewisse Härte, eine Standfestigkeit. Wenn man Niederlagen nicht ertragen kann, sollte man keine Politik machen.

Hirsch: Mich hat die Niederlage beim Mitgliederentscheid über den Lauschangriff mehr geschmerzt. Sie war ein Grund dafür, dass ich nicht mehr für den Bundestag kandidierte. Ich war fest entschlossen, gegen das Gesetz zum Lauschangriff Verfassungsbeschwerde zu erheben. Und das wollte ich nicht machen, solange ich Abgeordneter im Bundestag war und die Verfassungsbeschwerde auch gegen die Fraktion hätte erheben müssen, der ich selbst angehörte. Man muss aufhören können.

Baum: Apropos Niederlagen. Bevor ich in den Bundestag kam, habe ich mehrfach innerparteilich kandidiert, um einen Listenplatz zu bekommen. Niederlagen! Ich habe für den Landtag und den Stadtrat auf Plätzen, die nicht sicher waren, kandidiert, einfach um mein Gesicht zu zeigen und für die Partei zu stehen. Niederlagen! Ich habe eine Niederlage erlitten nach dem Ausscheiden aus dem Bundestag, denn ich habe noch mal in meinem Bezirksverband kandidiert. Die Partei hat im Grunde damit zum Ausdruck gebracht, dass sie Leute wie mich, also meiner politischen

Prägung, nicht will. Mit dieser Niederlage bin ich aus der aktiven Politik ausgeschieden. Was sich rückblickend als Glücksfall erwiesen hat, denn ich war jung genug, um wieder eine anwaltliche Tätigkeit aufzunehmen. Meine Mutter hat nach Niederlagen immer gesagt: Wer weiß, wozu es gut ist.

Kampf gegen den Asylkompromiss. Rückzug aus der aktiven Politik. Der neoliberale Irrweg der FDP

Kann man sagen, dass Sie beide in den neunziger Jahren von Ihrer eigenen Partei kaltgestellt wurden?

Hirsch: Es war etwas komplizierter. Unsere erste schwere Niederlage war der Asylkompromiss vom Nikolaustag 1992. Zwar wurde die Forderung der CSU, das Asylgrundrecht aufzuheben und durch eine »Garantie« zu ersetzen, abgelehnt, aber die neue Formulierung eines Artikels 16a des Grundgesetzes mit der Konstruktion sogenannter sicherer Herkunftsstaaten hat das Asylrecht ausgehöhlt. Der Fluchtweg des Flüchtlings war auf einmal wichtiger als der Fluchtgrund. Es kam noch schlimmer, als das Bundesverfassungsgericht 1996 das Asylrecht aus der Menschenwürdegarantie des Artikels 1 des Grundgesetzes herausnahm und die Vereinbarung gebrochen wurde, den Asylkompromiss durch ein Einwanderungsgesetz zu ergänzen. Das Asylrecht war einmal die Freiheitsstatue im sicheren Hafen unserer Verfassung – und nun war ihr die Fackel weggenommen worden. Ich blieb zwar noch im Innenausschuss, erklärte der Fraktion aber formell, dass ich mich an den

Beratungen zum Asylrecht nicht beteiligen und im Plenum nicht zustimmen werde.

Der von CDU/CSU und SPD 1992 vereinbarte Asylkompromiss hat das Asylrecht neu geregelt. Was hätten Sie sich gewünscht?

Hirsch: Wir wollten schon damals die Asylverfahren drastisch beschleunigen und die Integration der politischen Flüchtlinge verbessern. Dazu musste ein Einwanderungsgesetz gemacht werden, das es bis heute nicht gibt. Asyl ist der Schutz vor politischer Verfolgung, ein humanitäres Freiheitsrecht. Einwanderung ist die Gewährung dauerhafter Integration, auch aus eigenen ökonomischen Interessen. Wenn man das miteinander vermischt, geht beides schief. Wir wollten das Asylrecht für politisch Verfolgte erhalten. Und wir wollten ein Einwanderungsgesetz, weil es überfällig war. Deutschland war und ist aus demographischen Gründen ein Einwanderungsland. Dabei muss man beachten, dass die Integrationslasten nicht gleichmäßig auf alle verteilt sind. Da werden Einwanderer leicht zu höchst unwillkommenen Wettbewerbern um Arbeitsplätze, Wohnungen und Frauen. Mit dieser leicht mobilisierbaren Angst vor »Überfremdung« und vor der Gefährdung der angeblich »jüdisch-christlichen Tradition« und der »deutschen Leitkultur« durch fremdländische Moslems hat unser Koalitionspartner immer wieder Wahlkämpfe bestritten. Arbeitskräfte anwerben? Das ging ja noch. Aber Aufnahme dieser Fremden mit ihren Familien auf Dauer? Das war gewöhnungsbedürftig – und ist es leider immer noch.

Baum: Ich habe als Innenminister immer wieder den Vorwurf gehört, dass zu wenig geschieht bei diesem Thema. Wir hatten damals jährliche Asylbewerberzahlen von weit mehr als 100 000, wobei immer vernachlässigt wurde, dass viele das Land auch wieder verlassen haben. Die Zahlen wurden politisch instrumentalisiert. Es war eine aufgeheizte Stimmung, und unsere Partei knickte dann auch weg. Überhaupt eine Diskussion zu führen war unendlich mühsam. Alle redeten von Überfremdung. Schauerlich war das. Schließlich hat man das Asylrecht in einer Weise verhunzt, die scheinheilig war. Man hat nämlich den Hauptsatz »politisch Verfolgte genießen Asyl« stehen gelassen, aber alles andere ausgehöhlt. Der Clou war die Benennung der »sicheren Herkunftsländer«. Plötzlich war es Teil der Abwehrstrategie, dass wir von vorbildlichen Demokratien umgeben waren. Dieser Teil der Verfassung ist inzwischen durch die Lebenswirklichkeit weggeputzt worden. Wir erleben jetzt eine Völkerwanderung bisher unbekannten Ausmaßes.

Hirsch: Der gegenwärtige Zustrom von Flüchtlingen hat eine Dimension erreicht, gegen die sich die Debatten der neunziger Jahre wie ein ahnungsvolles Vorspiel ausnehmen. Das Dubliner Abkommen nährte die Illusion, dass Flüchtlinge dort bleiben würden, wo sie zuerst anlanden. Das zum Asylkompromiss gehörende Einwanderungsgesetz wurde von der CDU im Bundesrat verhindert. In den Wahlkämpfen wurde die Tatsache geleugnet, dass Deutschland ein Einwanderungsland ist. Das erschwerte die Integration der Zuwanderer erheblich. Sie ist nur unzureichend gelungen, wie die Zusammenrottungen junger Männer aus Nordafrika und deren Kriminalität gerade erst wieder gezeigt haben. Und nun sollen wir aus Angst Grundwerte unserer Verfassung über Bord werfen? Allerdings müssen sich die Parteien viel mehr um die Zustimmung der Bürger zu ihrer Politik bemühen, insbesondere da, wo es um die dauerhafte Aufnahme sogenannter Migranten geht.

Baum: Das Dubliner Abkommen hat um die Bundesrepublik einen Schutzwall gelegt. Wir waren plötzlich von sicheren Herkunftsländern umzingelt, und wer hier Asyl bekommen wollte, der musste entweder mit dem Flugzeug kommen oder in Helgoland anlanden. Aber diese Konstruktion ist zusammengebrochen, weil man die Flüchtlinge eben nicht in Griechenland, Italien oder Spanien lassen kann. Das hat keinen Bestand. Ich weiß noch, wie ich 1980 einmal zu Helmut Schmidt am Kabinettstisch gesagt habe, Deutschland sei ein Einwanderungsland. Was! rief er, wie können Sie das behaupten! Es hat sehr lange gedauert, bis die Deutschen die Realität angenommen haben.

Hirsch: Nun sind einige Lebenslügen zusammengebrochen. Die »Festung Europa« ist eine Illusion. Selbst wenn wir das Asylrecht abschaffen würden, blieben die Genfer Konvention und zahlreiche internationale Verpflichtungen bestehen. Wollen wir wirklich unser Selbstverständnis und unser Ansehen in der Welt aufgeben, anstatt endlich ein gemeinsames europäisches Asyl- und Zuwanderungsrecht zu schaffen?

Die nächste Illusion war, dass nur derjenige ein Flüchtling ist, der von seinem Staat individuell aus politischen, ethnischen oder religiösen Gründen verfolgt wird. Es genügt längst ein massiver, das Leben bedrohender Bürgerkrieg als Grund für einen Anspruch auf subsidiären Schutz, also die Aufnahme auf Zeit für die Dauer der Bedrohung. Oder wollen wir etwa Familien in einen Krieg zurückschicken? Über die Lebenslüge, dass Deutschland kein Einwanderungsland sei, haben wir schon gesprochen. Wir brauchen eine erhebliche Zuwanderung aus demographischen Gründen. Aber leider haben wir bis heute die dringenden Probleme der Integration nicht gelöst, haben die Akzeptanz der Einwanderung durch die hier bereits wohnende Bevölkerung nicht erhöht. Auch die vielfältigen Fragen des Nachzugs von Familienangehörigen und die Bereitschaft der Zuwanderer, unsere Lebensart anzunehmen, sind immer noch problematisch, ebenso wie die Vermischung des Asyl- und Einwandererrechts. Es ist eine Katastrophe, dass die Bewältigung dieser latenten Situation durch die gegenwärtigen außerordentlichen Flüchtlingsströme, die alle bisherigen Vorstellungen übersteigen, fast unmöglich wird.

Baum: Das Thema des Bleiberechts nach langjährigem Aufenthalt entsteht selbst dann, wenn man als Asylbewerber nicht anerkannt wurde, aber als »Geduldeter« in der Bundesrepublik geblieben ist, weil eine Abschiebung in das Herkunftsland aus tatsächlichen oder rechtlichen Gründen nicht möglich war.

Wie lässt sich dieses Dilemma lösen?

Hirsch: Es gibt kein Patentrezept. Aber es sind Reformen nötig, die nicht auf die nächste Legislaturperiode verschoben werden dürfen. Es muss die Erkenntnis durchgesetzt werden, dass es eine gesamteuropäische Aufgabe ist, sich um die Fluchtursachen zu kümmern und den Menschen die berechtigte Hoffnung zu geben, in ihrer eigenen Region vernünftige Lebenschancen zu haben. Das reicht von Blauhelmeinsätzen der Vereinten Nationen bis zu einer gemeinsamen europäischen Entwicklungshilfe. Wir müssen unverzüglich die regionalen Flüchtlingslager in der Umgebung der Hauptfluchtländer massiv unterstützen. Wir müssen eine Harmonisierung des europäischen Flüchtlingsrechts und zumindest eine akzeptable Verteilung der humanitären und finanziellen Lasten der Bürgerkriegsflüchtlinge durchsetzen. Wir müssen gemeinsam festlegen, welches Herkunftsland innerstaatliche Fluchtalternativen bietet und welche Rechte Flüchtlinge auf Zeit in Europa bei Familienzusammenführung und Arbeitserlaubnissen haben sollen. Schließlich muss es gemeinsame europäische Verhandlungen mit den Herkunftsländern über die Rücknahme ausgewiesener und abgeschobener Staatsangehöriger geben.

Baum: Alles richtig. Aber das wird nicht schnell wirken. Man fragt sich ja auch, wie es möglich war, dass wir einfach nicht zur Kenntnis genommen haben, dass Millionen Syrien-Flüchtlinge seit langem in Lagern im Nahen Osten ohne ausreichende Versorgung und Lebensperspektive dahinvegetieren.

Hirsch: Das Asyl- und Flüchtlingsrecht ist eine europäische Aufgabe. Vor dieser Erkenntnis haben sich viele Staaten durch das Dubliner Abkommen gedrückt. Das konnte auf Dauer nicht gutgehen.

Baum: Jetzt haben wir eine gänzlich andere Flüchtlingssituation als zum Zeitpunkt dieses Abkommens aus den neunziger Jahren. Viele Menschen wollen ihr Leben retten, einige Tausend ertrinken dabei. Die Realität der zerfallenden Staaten des Nahen Ostens, vor der wir viele Jahre die Augen verschlossen haben, ist bei uns angekommen. Und es gibt eine Ursachenkette, die sich auch am Fehlverhalten des Westens festmachen lässt – von der willkürlichen Aufteilung des Nahen Ostens 1916 zwischen Briten und Franzosen bis zu den gravierenden Fehlern der USA im Irak. Hinzu kommt die dramatische Flüchtlingssituation in Afrika. Künftig werden von dort Zehntausende von Armuts- und Klimaflüchtlingen kommen. Wir werden lernen müssen, dass wir uns nicht auf einer Insel der Seligen befinden. Im Zeitalter der Globalisierung berühren uns Wirtschafts- und Finanzkrisen, Bürgerkriege oder Hungersnöte viel stärker als je zuvor. Umso mehr brauchen wir ein handlungsfähiges, solidarisches Europa. In meinen Augen hat Frau Merkel im letzten Jahr in der Flüchtlingsfrage eine Grundsatzentscheidung getroffen, die mir Respekt abnötigt. Vielleicht die wichtigste ihrer Amtszeit. Und sie hat wesentlichen Anteil daran, dass Europa bisher zusammenbleibt.

Hirsch: Merkels Grundsatzentscheidung war aller Ehren wert. Ihr müssen aber jetzt innenpolitische Korrekturen folgen. Kein Aufnahmeverfahren darf länger als drei Monate dauern. Die zeitliche Begrenzung der Aufnahme als Asylberechtigter oder als Flüchtling muss ernsthaft umgesetzt werden. Wer dauerhaft hierbleiben will, muss die Voraussetzungen eines Einwanderungsgesetzes erfüllen.

Die finanziellen Lasten der Integration von Flüchtlingen und Zuwanderern sind ungleich auf die Bevölkerung verteilt. Wir sollten den Solidaritätszuschlag zur Einkommensteuer auf Integrationsaufgaben umwidmen. Das ist vertretbar, weil wir als Gesellschaft auf Zuwanderung dringend angewiesen sind, wenn unsere Sozialsysteme angesichts der demographischen Probleme die nächsten zwanzig Jahre überstehen sollen. Die Bildungspolitik muss die berufliche und die Erwachsenenbildung fördern und die Anerkennung ausländischer Qualifikationen überprüfen.

Schließlich: Das Recht muss nicht verschärft, sondern angewandt und durchgesetzt werden. Ein Flüchtling, der hier ohne Pass oder Ausweis ankommt und sich nicht unverzüglich bei einer Aufnahmestelle zur erkennungsdienstlichen Behandlung meldet, will über seine Identität täuschen. Er kann nicht aufgenommen werden. Für die Untersuchungshaft bei Straftaten von Ausländern ohne befristetes Aufenthaltsrecht sollten in der Regel Flucht- oder Verdunklungsgefahr angenommen werden. Die Abwägungsregeln des gegenwärtigen Rechts für Ausweisung, Abschiebung oder Verbleib müssen erheblich vereinfacht werden. Ausweisung und Abschiebung sind mit einem langjährigen Wiedereinreiseverbot zu verbinden. Wenn das Gesetz die Ausweisung bei bestimmten Delikten oder ab einer bestimmten Freiheitsstrafe als Regelfolge vorsieht, sollte in dem Strafurteil auch sofort über die Ausweisung entschieden werden. Da brauchen wir keinen zweiten Prozess vor den Verwaltungsgerichten. Das habe ich schon vor dreißig Jahren vorgeschlagen.

Zurück zu Ihren letzten Jahren im Bundestag. Sie und Ihre Partei entfernten sich immer weiter voneinander.

Hirsch: Nach dem Asylkompromiss war meine zweite schwerwiegende Niederlage der Beschluss zum Großen Lauschangriff. Im Dezember 1996 trat Sabine Leutheusser-Schnarrenberger als Justizministerin zurück, ich habe meine Funktion als innenpolitischer Sprecher der Bundestagsfraktion niedergelegt und bin aus dem Innenausschuss ausgeschieden. Das war nicht das Ende der Auseinandersetzungen, sondern die Konsequenz daraus, dass ich die Beschlusslage der Fraktion nicht mehr vertreten wollte und konnte. Ich hatte schon 1993 erklärt, dass ich gegen ein Lauschangriffsgesetz Verfassungsbeschwerde einlegen werde, und es war ziemlich lächerlich, dass Wolfgang Gerhardt als Bundesvorsitzender mir, Frau Leutheusser und Gerhart Baum öffentlich vorwarf, wir hätten die Verfassungsbeschwerde »unabgestimmt« und »wohl aus sehr persönlichen Motiven« eingelegt – als ob es um eine kleinliche Parteiquerele und nicht um eine fundamentale Verfassungsfrage ging. Natürlich hatten wir unser Vorhaben der Fraktion schriftlich mitgeteilt, und die beabsichtigte Verfassungsbeschwerde war für mich ein wesentlicher Grund, nicht mehr zum Bundestag zu kandidieren. Aber wir wären nun wirklich nie auf die Idee gekommen, bei irgendjemandem eine Genehmigung für die Ausübung eines Bürgerrechts einzuholen!

Ich war 1994 auf Vorschlag von Julius Cronenberg zum Vizepräsidenten des Deutschen Bundestags gewählt worden, nach einer Kampfabstimmung in der Fraktion gegen Frau Adam-Schwaetzer. In dieser Funktion habe ich noch einiges bewirken können, zur Parlamentsreform oder zur Wiedergutmachung. Nach dem Ende des Mandats 1998 fragte mich Frank-Walter Steinmeier, damals frisch gekürter Kanzleramtschef, ob ich den Schwund der Akten aus dem Kanzleramt untersuchen würde. Das war eine ziemlich harte Geschichte, die mir auch in meiner früheren Fraktion keine Freunde schuf. Der Abschied von der Politik vollzog sich eben schrittweise. Leicht war es nicht. Es hätte mir etwas bedeutet, Abgeordneter im Berliner Reichstag zu sein. Nicht nur wegen des erbärmlichen und nur knapp gewonnenen Streites, ob der Bundestag tatsächlich nach Berlin geht, was wir vierzig Jahre lang versprochen hatten, sondern auch, weil meine Urgroßeltern in den siebziger Jahren des 19. Jahrhunderts um ihr gesamtes Hab und Gut betrogen worden waren und sich in Berlin unter ärmlichsten und erbärmlichen Umständen hatten durchschlagen müssen.

Baum: War das auch der Grund, warum Sie gegen die Verpackung des Reichstags durch Christo waren?

Hirsch: Nein. Aber die wären bestimmt dagegen gewesen! Es gibt im römischen Recht den Begriff einer »res extra commercium«, das ist eine Sache, die nicht handelbar ist, die nicht dem gewerblichen Getriebe ausgesetzt wird, sondern für den Staat eine symbolische Bedeutung hat. Sie steht für Scherze jedweder Art nicht zur Verfügung. Für mich ist der restaurierte Reichstag kein demokratisch ambivalentes Symbol, wie manche behaupten. Quatsch! Er ist in den 1880er Jahren gebaut worden. Als er fertig war, war Bismarck schon lange pensioniert. Kaiser Wilhelm hat dafür gesorgt, dass der Haupteingang von der Stadt abgewendet werden musste – der Reichstag steht sozusagen verkehrt herum. Seine Kuppel war dem Kaiser ein besonderes Ärgernis, weil sie höher werden sollte als die des Berliner Schlosses. Kurzum: Die Entwicklung des Deutschen Reiches zu einer parlamentarischen Demokratie ist in diesem Reichstag vollzogen worden, auch die Probleme der Weimarer Republik wurden hier verhandelt, ohne dass dieser Hitler den Reichstag jemals betreten hätte.

Baum: Das konnte er auch nicht mehr, denn der Reichstag war 1933 abgefackelt worden.

Hirsch: Richtig. Außerdem war der bis dahin staatenlose Hitler erst im Februar 1932 deutscher Staatsangehöriger geworden. Die Nazis haben den Reichstag seit dem Februar 1933 nie wieder aufgebaut und verbreiteten ihre Hasstiraden in der gegenüberliegenden Kroll-Oper. Der Reichstag ist deshalb gleichzeitig Symbol eines glänzenden und des tragischsten Teils der deutschen Geschichte. Und dann kommt dieser Verpackungskünstler daher …

Baum: Warum sagen Sie das so abschätzig?

Hirsch: Das sollte nicht böse klingen. Er war originell, aber nicht originär. Er bemächtigte sich der Formensprache des Architekten Wallot, der den Reichstag entworfen hatte. Er ist ein Verpacker. Warum musste Christo den Reichstag verpacken? Warum nicht das Capitol oder das House of Parliament?

Baum: Wir könnten ihn dazu anregen, das auch noch zu machen.

Hirsch: Wenn er vorher das Palais Bourbon verpackt hätte, wäre ich einverstanden gewesen. Aber er hat das gemacht, weil die Gelegenheit günstig war und weil er das Image des Reichstags für undemokratisch hielt. Und das ist schlicht falsch. Im Reichstag wurde im Kaiserreich die parlamentarische Demokratie erkämpft und nach dessen verdientem Untergang versucht, die Demokratie zu retten. Die faschistischen Exzesse nach 1933 wurden in der Kroll-Oper und im Sportpalast begangen. Eigentlich hätte der neue Bundestag an der Stelle gebaut werden müssen, an der das gesprengte Stadtschloss lag. Das wäre politisch konsequent und städtebaulich richtig gewesen.

Baum: Das wäre gut gewesen. Und diese DDR-Volkskammer, den »Palast der Republik«, einfach abzureißen, das war eher ein Racheakt.

Hirsch: Genau. Stattdessen bauen die Berliner eine Historie wieder auf, derer wir uns schämen müssten.

Baum: Ja, da wird eine Menge Steuergeld verpulvert, ohne klare Konzeption. Ich bin mal mit Richard von Weizsäcker durch Berlin spaziert, und er sagte, auf den Dom weisend: In Berlin ist so viel zerstört worden, leider nicht dieser Dom. Seine Totenfeier fand dann genau in diesem Dom statt.

Hirsch: Schön, dass wir uns hier einig sind. Aber beim Reichstag bin ich nicht bei Ihnen, Herr Baum. Ich habe Frau Süssmuth, die als Bundestagspräsidentin wie eine Löwin für die Verhüllung gekämpft hatte, damals gefragt: Wie viel ist Ihnen Ihr ästhetisches Vergnügen wert, wenn Sie damit gleichzeitig das Empfinden von vielen Bürgern dieses Landes verletzen?

Baum: Diesen Eindruck hatte ich überhaupt nicht. Die Leute waren eher neugierig. Der Reichstag erschien plötzlich in einem anderen, einem künstlerischen Bezug. Das gilt ja für alle Verhüllungen von Christo. Der Reichstag war stark genug, das auszuhalten. Man kann doch nicht sagen, er hätte dadurch an Nimbus verloren. Es war die zeitweise Verfremdung des Reichstages mit beeindruckenden künstlerischen Mitteln, beschlossen durch die Mehrheit der Abgeordneten des Deutschen Bundestages.

Hirsch: Leider. Für mich war es eine Verhüllung der deutschen Geschichte.

Baum: Ich hatte solche Bedenken zu keiner Zeit. Ich sehe nicht, dass die Würde des Parlamentsgebäudes dadurch verletzt worden wäre. Die Kunstaktion hat ja auch bis heute keine negativen Spuren hinterlassen.

Hirsch: Entweder ist man bereit, diese Würde zu beachten, oder man verspielt sie. Beim Reichstag haben wir sie verspielt. Ähnlich wie das jetzt mit dem Brandenburger Tor passiert, das für mich ein Symbol der Freiheit darstellt.

Baum: Vorher war es ein Symbol durchmarschierender Nazitruppen, zu denen Max Liebermann aus seinem angrenzenden Atelierfenster gesagt hat: Ich kann gar nicht so viel fressen, wie ich kotzen möchte.

Hirsch: Und für uns Mitteldeutsche war es ein Symbol der Freiheit. Wenn ich heute über den Pariser Platz gehe, ist das für mich ein Schlag ins Geschichtsbewusstsein, was da an Theater aufgeführt wird, wie das Tor verkleistert wird, damit da irgendeine Autofirma Werbung machen kann. Auch da sind wir dabei, die Symbolkraft dieses Ortes zu zerstören. Beim Reichstag haben wir's geschafft.

Baum: Aber Herr Hirsch, wir haben da auf der Wiese vor dem verhüllten Gebäude gesessen und uns des Lebens erfreut. Es waren wunderbare Sommerabende, an die sich jeder gerne zurückerinnert, der dabei war. Das war ein mehrtägiges Volksfest. Das Parlament ist doch etwas fürs Volk!

Hirsch: Wir haben noch kein richtiges Verhältnis zu unserer Geschichte. Nicht mal da, wo wir uns ihrer rühmen könnten. Ich fand es unwürdig, dass Christo dafür 2014 auch noch den Theodor-Heuss-Preis bekommen hat. Begründung: Er habe die demokratische Ambivalenz des Reichstags überwunden ... Pah! Das kann nur ein Idiot geschrieben haben, der die deutsche Geschichte nicht kennt.

Baum: Das war ein bisschen dick aufgetragen, das gebe ich zu. Bei mir kommt hinzu, dass ich immer eine Nähe zur Kunst hatte. Mein Auge war durch regelmäßige Besuche der Documenta-Ausstellungen, durch die legendären Kölner Kunstmärkte, durch Kontakte zu Sammlern wie Peter Ludwig und zu vielen Künstlern auf das Neue und Ungewohnte vorbereitet.

Hirsch: Hätte Christo versucht, das Capitol zu verpacken, hätte es einen Sturm der Entrüstung gegeben.

Baum: Wir sind in unserem Empfinden demokratischer, offener. Ist doch gut, dass sich ein Volk, das so viel unter autoritären Regimen gelitten hat, relativ gelassen durch die Zeit bewegt.

Auch Sie zogen sich in den neunziger Jahren aus der aktiven Politik zurück, Herr Baum. Wie viel Enttäuschung schwang da mit?

Baum: Meine Distanz zur Partei ist damals gewachsen. Ich habe kein politisches Amt mehr übernommen und große innere Schwierigkeiten gehabt, überhaupt noch zu Parteitagen zu gehen. Ich habe festgestellt, dass nicht ich mich politisch verändert habe, sondern meine Partei. Man hat mir und auch Hirsch immer wieder zu verstehen gegeben, dass wir nur noch stören. Im Gegensatz dazu bekunden uns Bürger auf der Straße: »Wenn Leute wie Sie noch etwas zu sagen hätten, würden wir FDP wählen.« Eine Frage, die oft aus persönlichen Begegnungen resultierte und die mir immer unangenehm war, lautet: »Welcher Partei würden Sie denn heute beitreten?« Meine Antwort war stets: »Bisher war der Abend so schön.« Ich bin der Sache ausgewichen. Manche Leute konnten nicht verstehen, dass ich nicht ausgetreten bin. Aber ich hatte immer noch die Hoffnung, dass die Partei sich in meinem Sinne ändert. Und ich hatte Freunde, die mich in der Partei gehalten haben. Und natürlich war ich immer noch überzeugt davon, dass unser Land eine liberale Partei braucht, heute angesichts der Großen Koalition mehr denn je.

Wie geht man damit um, dass einem die eigene Partei derartig fremd wird?

Baum: Wir haben jahrelang die thematische Verengung der Partei beklagt, die immer noch weiter ging. In der Ära Westerwelle spielten das sozialliberale und das bürger- und menschenrechtliche Element ja keine Rolle im Bild der Partei mehr, trotz der Politik von Frau Leutheusser. Wenn ich gefragt werde, wie ich die Zukunft der FDP beurteile, dann sage ich, das hängt davon ab, wie sie Themen besetzt. Natürlich die marktwirtschaftliche Position, aber eben mit sozialem Bezug. Der Markt allein regelt nicht das Zusammenleben in einer Gesellschaft. Das kann nur durch das gestaltende Handeln des Staates erfüllt werden – bei gleichzeitiger Abwehr der Anmaßungen des Staates.

Hirsch: Ich bin noch bis 2005 Mitglied im Bundesvorstand und im Landesvorstand Nordrhein-Westfalen geblieben und habe dann aufgehört, aus Gründen, die Herr Baum genannt hat.

Baum: Noch nie ist ein Wahlerfolg so schnell verspielt worden wie nach der Wahl von 2009. Die Partei hat vor Siegestrunkenheit überhaupt nicht bemerkt, wie schnell sie die Wähler wieder verloren hat. Ihr wurde vorgeworfen, Wahlversprechen nicht eingehalten zu haben. Sie würde mehr an sich denken als an das Gemeinwohl. Die FDP-Minister haben zum Teil ein erschreckendes Bild geboten. Die Partei hat in einer rasanten Talfahrt Vertrauen verloren. Und als Westerwelle 2011 sein Amt als Parteivorsitzender aufgeben musste, habe ich gesagt: Ihr müsst eine Zäsur machen, einen richtigen Schnitt. Ihr müsst den Wählern eine veränderte FDP präsentieren. Das ist nicht geschehen. Die FDP hat zwei oder drei Jahre lang Umfrageergebnisse unter fünf Prozent gehabt, ohne dass das jemanden aufgeregt hätte in der Fraktion. Was hätten wir in einer solchen Situation gemacht, habe ich Herrn Hirsch gefragt.

Hirsch: Wir hätten gesagt, es muss sich was ändern. Und wir hätten auch gesagt, was sich ändern muss.

Baum: Bis zum Schluss haben die Mitglieder der Fraktion damit gerechnet, wieder in den Bundestag gewählt zu werden. Die Rechnung ist nicht aufgegangen. Und jetzt – das ist das Gute an der Sache – hat die FDP immerhin die Chance, sich neu zu formieren, womit sie ja auch begonnen hat. Die Ära Westerwelle war zum gewissen Teil eine programmatische und intellektuelle Verödung der Partei. Auf den Parteitagen fanden nicht die Diskurse über die Zukunft unserer Gesellschaft statt, die nötig gewesen wären. Die Anziehungskraft der FDP ist seitdem erheblich gesunken. Es war schon länger absehbar, dass sie sich in einer Existenzkrise befand. Selbst der mit öffentlicher Kritik an seiner Partei eher zurückhaltende Hans-Dietrich Genscher hat eindringlich gewarnt. Ich habe noch nie so viele FDP-kritische Interviews gegeben wie in dieser Zeit, getrieben von tiefer Sorge.

Hirsch: Ich habe im Landes- und im Bundesvorstand versucht, unsere unverändert gemeinsamen politischen Überzeugungen zu vertreten: dass der Liberalismus nicht nur wirtschaftlich gesehen werden darf; dass wir in einer Gesellschaft leben, in der man aufeinander angewiesen ist; dass man die, die sich in einer solchen Gesellschaft nicht behaupten können, unterstützen muss. Die soziale Verantwortung ist mir oft zu kurz gekommen. Persönlich hatte ich zu Westerwelle ein korrektes Verhältnis. Was mich politisch an ihm gestört hat, war der Hang, alles allein zu machen. Er hat eine Ein-Mann-Partei aus der FDP gemacht, und das funktioniert nicht.

War es Eitelkeit?

Hirsch: Ich glaube, dass Guido Westerwelle mit sich selbst nicht im Reinen war und das kompensiert hat durch die Manie, sich immer und überall durchsetzen zu müssen. Die politische Wirkung war so, dass man sich als Vorstandsmitglied sagen musste, trotz aller aufgewendeten Zeit und Kosten nichts mehr ausrichten zu können. Haben wir in dem Zusammenhang Möllemann schon erwähnt?

Baum: Das kommt noch hinzu. In der Phase Möllemann habe ich die FDP nicht gewählt.

Hirsch: Die Auseinandersetzung um seine politischen Aktivitäten hat uns gerade in Nordrhein-Westfalen außerordentliche Probleme bereitet. Jürgen Möllemann, Vorsitzender der Landtagsfraktion, stellvertretender Bundesvorsitzender und Bundesminister a. D., hatte uns auch im Landesvorstand reingelegt mit seiner Spendenaktion, um diesen antiisraelischen Flyer zur Bundestagswahl 2002 zu finanzieren. Er hatte heimlich fast eine Million aus eigenen Mitteln eingesetzt. Das hat er mit großer krimineller Energie am Parteiengesetz vorbei gemanagt. Möllemann war Präsident der Deutsch-Arabischen Gesellschaft, ich war Vize der Deutsch-Israelischen Gesellschaft. Ich habe ihm gesagt: »Können Sie nicht Ihre anderen Interessen aus der Politik rauslassen? Ich rede ja auch nicht dauernd über Israel.« Da war nichts zu machen. Er glaubte, mit seiner Aktion Wähler holen zu können. In der Sache hat Westerwelle allerdings standgehalten. Er hat Möllemann zur Ordnung gerufen und dafür gesorgt, dass er von der Schlusskundgebung in Bad Godesberg ausgeladen wurde. Die FDP büßt heute noch für dieses Flugblatt.

Baum: Genscher hat im letzten Moment die Konsequenzen gezogen und zu Möllemann gesagt: Wenn du hier auftauchst, werden wir dich nicht reden lassen und uns klar distanzieren. Er war immerhin Landesvorsitzender von Nordrhein-Westfalen und Spitzenkandidat.

Hirsch: Mich hat das persönlich sehr beschäftigt, weil ich jahrelang mit Möllemann in einer Karnevalssendung aufgetreten bin. Er war ja witzig und beliebt. Aber Westerwelle hat in dieser Frage – das deutsche Verhältnis zu Israel – klar Position gegen Möllemann und sein Buhlen um antiisraelische Wählerstimmen bezogen. Noch heute wird ihm von der Presse vorgeworfen, dass er da zu weich gewesen sei. Aber das stimmt nicht, er hat sich dem Thema klar und kämpferisch gestellt.

Baum: Die FDP hatte durch Möllemann großen Erfolg in Nordrhein-Westfalen. Dann hieß es, wir müssten einen eigenen Kanzlerkandidaten aufstellen, zum ersten Mal in der Geschichte der Partei. Und dieser Kanzlerkandidat wurde 2002 auf dem Parteitag in Mannheim aufgestellt, in Person von Westerwelle. Alle glaubten, wir müssten auf Augenhöhe sein mit den anderen Parteien und das durch einen eigenen Kandidaten verdeutlichen. Als Genscher das begründet hatte und sich dann neben mich setzte, habe ich ihm gesagt: Da sind Sie einen Schritt auf sehr dünnem Eis gegangen.

Hirsch: An der Überlegung war ja im Grunde was dran. Wir hatten ein Wahlergebnis von neun Prozent in Nordrhein-Westfalen, und Möllemann rief die »Mission 18« aus. In dem Zusammenhang wurde auf dem Mannheimer Parteitag vom Präsidium im Bundesvorstand vorgeschlagen, Westerwelle als Kanzlerkandidat zu benennen. Ich habe das für unseriös gehalten, zu großfressig. Aber es hatte politisch auch einen gewissen Reiz, weil man keine Koalitionsaussage machen musste.

Baum: Jaja. Aber warum Westerwelle?

Hirsch: Genscher war dafür, das genügte. Und es war ein Wahlkampfargument. Uns war ja allen klar, dass er nie Kanzler werden würde. Das Wahlergebnis der FDP war dann auch nicht besonders, weit entfernt von den angepeilten achtzehn Prozent. Und von da an teile ich Ihre Einschätzung, Herr Baum. Die Ministerbesetzungen waren unglaublich problematisch. Herr Niebel, der vorher für die Abschaffung des Entwicklungsministeriums eingetreten war, wurde Entwicklungsminister. Er hat es dann ganz gut gemacht und sein Ministerium neu organisiert. Aber klug war das natürlich nicht. Das Hauptproblem der FDP aber war, dass Steuersenkungen ihr Wahlkampf-Mantra waren. Und dann ließen diese Helden sich den Schneid abkaufen. Die CDU machte das nicht mit, und statt zu sagen, entweder machen wir eine Steuersenkung oder wir verlassen diesen Laden, haben sie weitergemacht, als sei nichts gewesen.

Baum: Frau Merkel verkündete, das geht nicht. Und die Minister der FDP gingen zur Tagesordnung über. Nicht einmal eine Steuervereinfachung wurde erkämpft.

Hirsch: Ich habe die Steuersenkung nie für so wichtig gehalten. Es gab ganz andere Probleme in diesem Land. Aber sie hatten es versprochen, und wenn die Verhältnisse sich nicht unvorhersehbar ändern, muss man so ein Versprechen auch halten. Das haben sie nicht getan.

Baum: Diese Art der Steuersenkungspolitik war unrealisierbar. Wenn die Steuer gesenkt würde, so die Begründung, gäbe es einen Riesenaufschwung und dadurch mehr Steuern. Aber das hätte so nicht funktioniert. Nach Merkels Machtwort war das Thema weg, und das Vertrauen der Wähler auch. Unmittelbar nach der Wahl ergoss sich eine Welle der Häme über die FDP. Am Ende, als sie aus dem Bundestag rausflog, hatte sie sich in eine ausweglose Situation gebracht. Man musste nur sagen, man ist in der FDP, schon bekam man verbal Prügel. Dass Lindner es fertiggebracht hat, dass diese Häme jetzt nicht mehr da ist, sehe ich schon als großen Erfolg.

Wie beurteilen Sie Westerwelle als Außenminister?

Baum: Seine Weigerung, im Libyen-Konflikt an der Seite unserer Verbündeten zu stehen, die Enthaltung der Bundesregierung im UN-Sicherheitsrat, war ein ganz schlimmer Fehler. Er hätte sich mit unseren Verbündeten abstimmen müssen. Plötzlich standen wir mit China und Russland in einer Front. Das hätte nie passieren dürfen, ganz gleich, wie man zu der Sache steht. Es führte zu einem tiefen Vertrauensbruch zwischen den Verbündeten und Deutschland.

Hirsch: In der Frage bin ich anderer Meinung.

Baum: Ja, das weiß ich.

Hirsch: Es beunruhigt mich, dass die Vereinigten Staaten gleichzeitig Polizist, Staatsanwalt und Richter sein wollen. Ich frage mich, ob es auch unsere Aufgabe ist, Weltpolizist zu sein. Ob wir nicht mehr für den Frieden tun können, wenn wir uns für den Aufbau der Staaten einsetzen, insbesondere unserer östlichen und südöstlichen Nachbarn, die neu in die EU gekommen sind. Materiell und mit Manpower. Wenn wir die Infrastruktur in den zerfallenden Ländern des Nahen Ostens aufbauen. Also keine Waffen oder Soldaten exportieren, sondern Straßen bauen, Krankenhäuser, Schulen. Die Entscheidung Westerwelles, sich nicht an diesen militärischen Abenteuern unseres Hegemons USA zu beteiligen, zum ersten Mal zu sagen, es ist nicht unser Interesse, in dieses Land einzumarschieren, fand ich gut.

Baum: Es war doch klar, dass es keine Bodentruppen geben würde. Es ging nur um einen Lufteinsatz.

Hirsch: »Nur« ist gut!

Baum: Immerhin ist ein Massaker in Bengasi verhindert worden. Das war der konkrete Anlass. Die Menschen dort wären umgebracht worden.

Hirsch: Lieber Herr Baum, der Krieg beginnt nicht damit, dass man zu Fuß einmarschiert, sondern dass man andere Menschen tötet. Das war für mich genauso beim Kosovo-Einsatz, wo man sagte, wir müssten aus humanitären Gründen mitmachen. Da haben wir zum ersten Mal nach dem Zweiten Weltkrieg ohne Zustimmung des Sicherheitsrates einen Krieg begonnen – ein massiver Verstoß gegen unsere völkerrechtlichen Pflichten.

Baum: Die Situation im Kosovo war entsetzlich. Ich habe die Bilder der Menschen noch vor Augen, die zu Tausenden an der Grenze kampierten, um gerettet zu werden. Humanitäre Hilfe in solchen Fällen ist im Völkerrecht – auch wenn es dazu andere Meinungen gibt – auch ohne Sicherheitsratsbeschluss erlaubt. Darüber hinaus gibt es im Völkerrecht neuerdings ein Rechtsinstitut, um Menschen vor dem sicheren gewaltsamen Tod, vor Folter, vor Vergewaltigung zu bewahren. Ich habe an den Beratungen zeitweise mitgewirkt. Ich meine das Rechtsinstitut der »Responsibility to protect«. Die Generalversammlung hat beschlossen, dass die Völkergemeinschaft eine Verantwortung hat, Menschen vor schweren Verletzungen der Menschenrechte zu beschützen, auch gegen den eigenen Staat. Diese Responsibility to protect besteht aus verschiedenen

Stufen. Zunächst soll alles getan werden, um eine solche Situation zu vermeiden. Erst wenn dies fehlschlägt, besteht Anlass zum Eingreifen – auch mit Waffengewalt. Dann folgt die Phase des Wiederaufbaus. Diese Responsibility to protect kam im Libyen-Einsatz zum Zuge. Oder in Darfur im Sudan, wo Hunderttausende Menschen, vor allem Frauen und Kinder, von Reitertruppen gejagt wurden und notdürftig in Lagern unterkamen.

Die UNO hat eine Schutztruppe aufgebaut. Warum sollen wir uns an einer solchen Truppe nicht beteiligen? Wir haben doch Verantwortung dafür, nicht nur Resolutionen zu schreiben und Wiederaufbau zu betreiben, sondern die Menschen davor zu bewahren, dass sie zu Tode kommen. Oder jetzt im Ostkongo. Überall gibt es Mandate der UNO, etwa sechzig Missionen. Sollen wir Deutsche sagen, wir sind frei von jeder Verpflichtung? In Srebrenica gab es kein UNO-Mandat, und die holländischen UNO-Soldaten haben das Massaker zugelassen.

Hirsch: Mein Argument ist nicht, dass wir uns nicht an Einsätzen der Vereinten Nationen beteiligen sollten. Aber im Kosovo haben wir uns ohne Zustimmung des Sicherheitsrates an einem nationalen Krieg beteiligt und damit die Büchse der Pandora geöffnet: für die Rückkehr nationaler Kriege in das Völkerrecht. Ich habe damals nicht zugestimmt. Ich wünschte, dass die Friedensordnung dieser Welt nicht von der Interventionslust einzelner Staaten abhängt. Wir wollten wegkommen vom Zeitalter der Nationalkriege. Und nur wenn die Vereinten Nationen sagen, hier ist Schluss, das kann man nicht mehr hinnehmen, es muss Gewalt angewendet werden, um Frieden zu schaffen, erst dann darf und muss man handeln.

Baum: In Libyen hat der Sicherheitsrat das zugelassen.

Hirsch: Gab es einen formellen Beschluss?

Baum: Aber selbstverständlich. Die Amerikaner haben sich mit den Russen und den Chinesen darauf verständigt, dass diese sich im Sicherheitsrat enthalten. Für Vetomächte heißt das Zustimmung. Westerwelle hat sich auch enthalten. Der Beschluss ist ausgeführt worden, und es sind Angriffe geflogen worden. Kosovo: Da musste man eingreifen, das war eine typische Situation humanitärer Hilfeleistung. Der Sicherheitsrat hat im Falle Syriens wegen des Vetos der Russen lange versagt. Das hat sich geändert, nicht wegen der Millionen Syrer, die seit Jahren Schlimmstes erleiden, sondern weil die Staaten nun selbst bedroht sind durch den Terror.

Hirsch: Wir müssen unterscheiden: Der Kosovo-Einsatz der Nato mit massiven Luftangriffen war schon fest geplant, bevor die Resolution des Sicherheitsrates im September 1998 – bei Stimmenthaltung Chinas – beschlossen wurde. Der Sicherheitsrat behielt sich ausdrücklich alle weiteren Maßnahmen vor, wenn die in der Resolution enthaltenen Forderungen nicht erfüllt werden würden. Das war die Lage, als ich am 16. Oktober 1998 in einer Erklärung im Bundestag einen militärischen Einsatz der Bundeswehr als völkerrechtswidrig abgelehnt habe. Er verstieß gegen den Beschluss des Sicherheitsrates. Die massiven Kampfhandlungen begannen im März 1999 ohne seine Zustimmung. Die späteren Rechtfertigungsversuche durch die Minister Fischer und Scharping für eine »humanitäre Intervention« stehen rechtlich auf außerordentlich dünnen Beinen. Mir geht es nicht darum, sich einfach herauszuhalten. Aber ich bin unverändert der Überzeugung, dass das Gewaltmonopol des Sicherheitsrates im Völkerrecht dieselbe Bedeutung hat wie das Gewaltmonopol des Staates in der Innenpolitik. Kein Krieg ist heute nur ein lokal begrenzter Vorgang. Auch im Kosovo sind wir nur durch sehr viel Glück und Zivilcourage an einem bewaffneten Kampf zwischen amerikanischen und russischen Streitkräften vorbeigekommen. Übrigens hat Jugoslawien später die Krieg führenden Nato-Staaten vor dem Internationalen Gerichtshof in Den Haag verklagt. Diese Klage wurde aus formalen Gründen abgewiesen, weil Jugoslawien nicht Mitglied der Vereinten Nationen war. Schade.

Baum: Im Grundsatz bin ich Ihrer Meinung – nur in völkerrechtlich gut definierten Ausnahmefällen geht es ohne den Sicherheitsrat. Und noch ein Wort zur »Politik militärischer Zurückhaltung«, die Westerwelle bis heute vertritt. Damit kann ich nichts anfangen – wer setzt schon gerne militärische Mittel ein? Eine ganz präzise, wohlüberlegte Position haben die Vereinten Nationen mit der »Responsibility to protect« entwickelt. Schutz ist das Ziel, nicht Zurückhaltung.

Das Ende der schwarzgelben Koalition 1998. Das Erbe von 9/11: Freiheit gegen Sicherheit?

Wäre die Schröder-SPD für eine FDP Ihrer Couleur ein möglicher Koalitionspartner gewesen?

Hirsch: Die Koalitionen mit der SPD, an denen ich beteiligt war, haben immer vertrauensvoller funktioniert als die mit der CDU/CSU. Man kann nur schwer mit einem Partner koalieren, der ständig zu probieren versucht, wie weit er gehen kann. Und kein Koalitionsvertrag kann voraussehen, welche Probleme sich in den nächsten vier Jahren tatsächlich stellen werden. Ich war schon vor 1998 der Überzeugung, dass Kohl die nächste Wahl zu Recht nicht gewinnen wird. Zu Gerhard Schröder hatte ich insofern ein zögerndes Verhältnis, weil er dem Asylkompromiss als niedersächsischer Ministerpräsident ziemlich schnell zugestimmt hatte und damit auch unsere Position zum Einsturz brachte.

Schröder hatte eine ganz andere Art, Politik zu machen, als Kohl – offener, pragmatischer. Mit dem umstrittenen Schröder-Blair-Papier hat er eine liberale Wirtschaftspolitik formulieren wollen, wie er sie dann später mit der Agenda 2010 umgesetzt hat. Selbst in Fragen der Wirtschaftspolitik hätte es also eine Zusammenarbeit mit der SPD geben können.

Baum: In meinen Augen dürfen Koalitionsoptionen demokratischer Parteien untereinander grundsätzlich nicht ausgeschlossen werden. Feindbilder taugen da nichts. Das gilt auch für die heutige Situation. Warum haben beispielsweise Liberale und Grüne bei allen Unterschieden kein entspannteres Verhältnis? Und auch mit der SPD verbindet uns vieles.

Mit Rot-Grün verlor die FDP das Außenministerium. Es folgte der ehemalige Sponti Joschka Fischer. Wie war das für Sie?

Hirsch: Ich habe seine Frankfurter Geschichten nicht vergessen. Natürlich hat er sich verändert, man kann ja nicht erwarten, dass jemand sich im Parlament auf den Boden wirft und um Verzeihung bittet. Er ist gewiss ein Demokrat geworden. Ich denke dennoch, dass er nicht die innere Basis hatte, um Außenminister eines Staates wie der Bundesrepublik zu sein. Er war ein guter Redner, aber ich habe nie herausfinden können, was ihn wirklich bewegt, außer der Lust, zu provozieren und medienwirksam aufzufallen.

Baum: Fischer war kein schlechter Außenminister auf Gebieten, die ihn wirklich interessierten. Und heute veröffentlicht er gute Analysen.

Hirsch: Er schreibt viel – mit geringer Substanz.

Baum: Nein. Er ist ein Beispiel gelungener Integration, ich trage ihm seine Frankfurter Zeit nicht nach. Was die rotgrüne Regierung angeht: Ihr Ende zeigt ja, dass Gerhard Schröder in seiner Wirtschaftspolitik uns näher stand als den Linken in seiner Partei, die ihn schließlich ja auch zu Fall gebracht haben. Die Agenda-Politik rechne ich ihm hoch an, das ist eine gute Grundlage gewesen für eine erfolgreiche Wirtschaftspolitik, von der wir noch heute zehren. Und seine Weigerung, mit den Amerikanern in den Irakkrieg zu ziehen, war ein ganz großer Kraftakt. Allerdings wurden unter ihm auch jene Gesetze eingebracht, die wir vor dem Verfassungsgericht angegriffen haben, unter anderem das Luftsicherheitsgesetz. Schröder hatte kein ausgeprägtes Interesse an Bürger- und Menschenrechten.

Hirsch: Die Regierung Schröder hat nach 9/11 die Politik der Ausdehnung staatlicher Eingriffe betrieben, die wir seit 1982 bei der CDU/CSU bekämpft haben. In dem Zusammenhang müssen wir über Otto Schily sprechen. Schily machte stets das, was von ihm erwartet wurde, dann aber tausendprozentig. Ohne jede Hemmung. Als RAF-Anwalt, als Grüner, und als Innenminister der Sozialdemokraten war er Manfred Kanther in Reinform. In Metallic, sozusagen.

Baum: Wer konnte damit rechnen, dass er ein solcher Law-and-Order-Mann sein würde? Das ist aber seine Grundstruktur. Er sagt, der Staat bin ich. So hat er sein Amt als Innenminister geführt: mit einer unglaublichen Selbstherrlichkeit. Und nach 9/11 hat er diesen schrecklichen

Patriot Act in Amerika, der bis heute schlimme Nachwirkungen hat, unter anderem die Aufrüstung der NSA, gutgeheißen. Schily ist ein stockkonservativer Mann. Wahrscheinlich hat er die Verteidigung Gudrun Ensslins vor allem deshalb angenommen, weil er sich davon Aufmerksamkeit versprach. Das hat er nicht schlecht gemacht. Die SPD hat dann unter ihm jedes Vertrauen als Bürgerrechtspartei verloren. Sie hat es bis heute nicht wirklich zurückgewonnen. Sie war es ja auch nie wirklich.

Hirsch: Schily war ja auch schon vor 1998 ein überzeugter Vorkämpfer für den Großen Lauschangriff gewesen. Unsere Position kam ins Wanken, als die Sozialdemokraten umfielen. Der sozialdemokratische Innenminister Schily war ein Minister Gnadenlos. Sie erwähnten den USA Patriot Act. Das ist die Abkürzung für eine Wortkette, es steht für *Uniting and Strengthening America by Providing Appropriate Tools Required to Intercept and Obstruct Terrorism Act of 2001*, ist also ein Gesetz zur Einigung und Stärkung Amerikas durch Bereitstellung geeigneter Instrumente, um den Terrorismus aufzuhalten und zu blockieren. Darunter fallen brutale Regelungen, die bis nach Guantanamo führen. Verhaftung von Ausländern …

Baum: … bis hin zur Verpflichtung, der NSA auf Anfrage die Daten von Facebook-Nutzern zu liefern. Bis heute.

Hirsch: Schily hat ein Gesetz nach dem anderen vorgelegt, von denen er jedes früher als Anwalt erbittert bekämpft hätte. Wir hatten in der Zeit von 2001 bis vor zwei Jahren fünfzehn Fälle, in denen das Bundesverfassungsgericht Gesetze oder Einzelmaßnahmen von Behörden für verfassungswidrig erklärt hat, um die Grundstrukturen der bürgerlichen Freiheiten zu erhalten. Daran waren wir, Baum und ich, beteiligt: der Große Lauschangriff, das Luftsicherheitsgesetz, die Online-Durchsuchung zur Gefahrenabwehr und zur nachrichtendienstlichen Informationsbeschaffung, die Vorratsdatenspeicherung, das BKA-Gesetz und so weiter. Das haben wir auch gegen Positionen betrieben, die von Mitgliedern der FDP vertreten wurden. Aber Schily war unser größter Gegner.

Baum: Schröder als Bundeskanzler und Fischer als Repräsentant der Grünen war dieser Themenbereich gleichgültig. Sie werden von beiden keine Äußerungen dazu finden. Sie haben überhaupt nicht verstanden, was wir machen. Ich habe bei der mündlichen Verhandlung zum BKA-Gesetz vor dem Ersten Senat des Bundesverfassungsgerichts zu Thomas de Maizière gesagt: »Sie haben recht, wir sind kein Überwachungsstaat, aber dass wir bestimmten Versuchungen widerstanden haben, haben wir auch diesem Gericht zu verdanken.« Wir allein, Hirsch und ich, haben bisher vier Urteile erstritten: Der Lauschangriff in Wohnungen wurde als Eingriff in den »Kernbereich privater Lebensgestaltung« verboten, mit Ausnahme von Fällen schwerster Kriminalität. Das Luftsicherheitsgesetz wurde aufgehoben. Das »Online-Urteil« regelt den Schutz der Computer und aller selbstgenutzter informationeller Systeme, zum Beispiel des Autos, das ja ein fahrender Computer ist. Und schließlich das Vorratsdatenurteil.

Hirsch: Nicht zu vergessen die ganze Entwicklung der sogenannten Sicherheitsarchitektur, die wir von 1982 an bekämpft haben …

Baum: Früher, Herr Hirsch, früher. Das fing mit dem Vermummungsverbot an, mit dem Kampf gegen das sogenannte organisierte Verbrechen.

Was ist im Ernstfall höher zu bewerten, die Sicherheit oder die Freiheit?

Baum: Sie können die Sicherheit nie losgelöst von der Freiheit verhandeln. Das Grundgesetz bezieht alles auf die Freiheit und die Menschenwürde. Das ist der Filter, durch den alle Sicherheitsmaßnahmen durch müssen. Die Urteile, die wir erstritten haben, beruhen zum großen Teil auf Artikel 1 des Grundgesetzes: Die Würde des Menschen ist unantastbar. Es gibt kein Grundrecht auf Sicherheit. Sicherheit ist auf das sittliche Prinzip der Menschenwürde zu beziehen. Und nicht alles, was möglicherweise zur Sicherheit beiträgt, ist mit dem Grundgesetz vereinbar.

Hirsch: Uns wird ja immer vorgehalten, dass wir Theorie betreiben, es in Wirklichkeit aber um das Leben von Menschen geht, die wir schützen müssen. Die Nachfrage nach Sicherheit in unserer Gesellschaft ist nahezu unerschöpflich. Ich habe das mal als politische Zechprellerei bezeichnet: Jeder glaubt, dass er seine eigene Sicherheit mit der Freiheit eines anderen bezahlen kann. Und deswegen akzeptiert er alle staatlichen Eingriffsmechanismen, weil er glaubt, ihn selber werden sie nicht treffen. Jeder glaubt, er ist gut, harmlos, polizeilich uninteressant. Die Kontrolle richtet sich nur gegen die Bösen, und die Bösen sind ja die anderen. Der einzelne Mensch denkt nicht daran, dass in einer demokratischen Gesellschaft Freiheit und staatliche Eingriffe in gleicher Weise verteilt sind. Nicht schichtenspezifisch, nicht nach ethischen Merkmalen, sondern für jeden gleich. Es gibt keine individuelle Freiheit, wenn es keine gesellschaftliche Freiheit mehr gibt. Nun wird immer Wilhelm von Humboldt, der liberale Vordenker, zitiert: »Es ist keine Freiheit ohne Sicherheit.« Aber wenn Sie mehr lesen als das Zitat, wird klar: Der Mann war nicht so einfältig zu glauben, dass man mit immer mehr Sicherheit immer mehr Freiheit kriegt. Sicherheit ist kein Selbstzweck, sondern dient dazu, Freiheit zu schaffen. Und darum, schreibt er, dürfe man um der Sicherheit willen nicht gerade das abschaffen, was die Freiheit ausmacht. Dabei ist unstrittig, dass der Staat gegenüber dem Bürger eine Schutzpflicht hat. Das ist kein Paradigmenwechsel moderner Demokratien, sondern gilt seit dem Ewigen Landfrieden von 1495.

Wie weit geht diese Schutzpflicht, und wo endet sie?

Hirsch: Die Polizei hat den Auftrag, den Bürger zu schützen. Wir beide haben im Laufe unserer Dienstjahre Zehntausende Polizisten in unserer Verantwortung gehabt. Worum es geht: darauf zu achten, dass der Schutzauftrag des Staates sich im Rahmen der Verfassung bewegt. Totalen Schutz gibt es nur auf dem Friedhof. Totale Sicherheit haben Sie nicht mal in einem Überwachungsstaat. Wo ist die Grenze? Sie können sich mit einem stockkonservativen Menschen schnell darüber verständigen, dass es Grenzen geben muss. Aber wo diese Grenzen liegen, darüber können Sie sich mit einem Konservativen nie verständigen. In der RAF-Zeit wurde von einem Bonner Strafrechtler ein »Feindstrafrecht« gefordert. Er meinte: Die Feinde der Freiheit verdienen keine Toleranz. Sie verdienen nicht, nach gleichem Recht behandelt zu werden. Der Terrorist sei kein Krimineller, der festgenommen und bestraft, sondern ein Feind, der vernichtet werden müsse wie in einem Krieg. Wer so denkt, führt uns in die Barbarei zurück. Die Union wollte immer mehr polizeiliche Rechte, damit fing unsere Tätigkeit gegen Friedrich Zimmermann an. Man konnte damals den Eindruck gewinnen, dass sich die organisierte Kriminalität auf den Parkbänken der Hofgartenwiese herumräkelt, weil sie in Deutschland – natürlich durch unser Wirken – unbehelligt blieb.

Baum: In der deutschen Staatsrechtslehre gibt es eine Minderheitenmeinung, die sagt, das Grundgesetz sei nicht gegen den Terrorismus gewappnet. Der Menschenwürdeschutz wird nach dieser Theorie von der jeweiligen Situation abhängig gemacht. Das ist aber nicht der Inhalt des Grundgesetzes. Jemand hat mal gesagt, was in Deutschland nicht durch Revolutionen erreicht worden sei, hätten die Verfasser des Grundgesetzes erreicht, nämlich das Prinzip der Menschenwürde zum dominierenden Prinzip und einklagbar zu machen. Sonst hätten wir nicht die Gelegenheit, uns als einzelne Personen vor das Gericht in Karlsruhe zu stellen und zu klagen. Ein Wesenszug einer freien Gesellschaft ist meiner Meinung nach, dass sie risikobereit ist. Unsicherheit und Risikobereitschaft gehören zum Wesen des freien Menschen. Das muss ausgehalten werden.

Hirsch: Einverstanden. Ich möchte das ergänzen. Der Staat hat die Pflicht, den Bürger vor dem Verlust seiner gesetzmäßigen Rechte zu schützen. Aber was er diesbezüglich tut, darf nicht im Ermessen der Polizei oder der Verwaltung liegen. Das muss der Gesetzgeber entscheiden. Auch darf der Staat die Würde des Einzelnen nicht verletzen. Auch nicht die der Straftäter. Sie sind keine Outlaws, keine Feinde, die man vernichten kann. Es ist ja im Rahmen dieser Sicherheitsgesetze immer wieder gesagt worden, wir würden uns im Kampf gegen den Terrorismus im Krieg befinden, was bedeutet, dass im Inland nicht das Polizeirecht und nicht das Strafrecht gelten, sondern das Kriegsrecht.

George W. Bush hat das so interpretiert.

Baum: Die Amerikaner interpretieren das bis heute so. Auch der französische Präsident Hollande hat sich auf diesen Weg begeben. Es kann notwendig sein, schwerbewaffnete Terrormilizen wie den Islamischen Staat mit militärischen Mitteln zu bekämpfen, und zwar mit Zustimmung des Sicherheitsrats. Im Kern aber geht es um die Bekämpfung von Kriminalität mit polizeilichen Mitteln, wenn wir uns gegen die Täter in unseren Städten wehren. Unverzichtbar ist Prävention: Die Gewalt beginnt in den Köpfen und wird durch das Internet verbreitet.

Hirsch: Die Amerikaner sagen »war«. Damit meinen sie nicht nur den völkerrechtlichen Krieg, sondern auch den Kampf gegen den Terrorismus – war on terror, war on crime. Wir übersetzen das stereotyp mit Krieg – der asymmetrische Krieg im Inland –, und die Gegner sind dann nicht Verbrecher, sondern eben Feinde. Hinter der sogenannten Sicherheitsarchitektur – ein sehr positiver Begriff, »Sicherheit« und »Architektur« sind beide positiv besetzt – verbirgt sich das Ziel, wachsende Eingriffe gegen den Einzelnen vornehmen zu können, von dem man noch nicht weiß, ob er ein Verbrecher ist, aber annimmt, er könnte einer sein. Oder man nimmt an, dass er eine Straftat begehen will. Oder wird. Das ist geltendes Recht übrigens, das unsere Verfassungsbeschwerde gegen das BKA-Gesetz aufheben wird, wie ich hoffe. Ob es sein irregulärer Lebenslauf ist, ob er ein Salafist ist, ein Kurde oder ein muslimischer Deutscher mit oder ohne »Migrationshintergrund« – alles kann ihn verdächtig machen. Er könnte eine Straftat begehen, wann, spielt keine Rolle. So eine Person darf die Polizei ohne richterliche Zustimmung beobachten, belauschen, filmen, fotografieren. Das heißt, der Staat verlagert die polizeilichen Eingriffe in das Vorfeld – in das Vorfeld des Vorfelds einer strafbaren Handlung oder einer Gefahr.

Baum: Wir sind im Präventionsstaat angekommen, und die neuen Möglichkeiten des Datensammelns verführen geradezu dazu, Daten auch ohne Anlass zu speichern.

Hirsch: Da sind wir nah am Gedankenstrafrecht. Sind die Gedanken noch frei? Diese Grenze haben wir in der Bundesrepublik überschritten. Wenn Bundesinnenminister Thomas de Maizière sagt, wir sind kein Überwachungsstaat, dann sagen wir: Aber wir sind ziemlich weit gegangen und dabei, es zu werden.

Baum: Die Wahrheit ist: Ein Terroranschlag, zumal durch Selbstmordattentäter, ist nicht vermeidbar. Aber wir leben in einer Situation, in der Politiker und Staatsrechtler versuchen, besondere Regeln für einen sogenannten Ausnahmezustand aufzustellen. Vor diesem Hintergrund wird das Bundesverfassungsgericht kritisiert, es heißt, es käme mit dem Ernstfall nicht zurecht. Das sagen die Leute, die ein Feindstrafrecht entwickelt haben, das besagt, diese Kriminellen bewegen sich außerhalb der Gesetze und genießen deshalb nicht den Schutz der Rechtsordnung. Die Annahme, dass der Menschenwürdeschutz je nach Situation verhandelbar ist, haben wir in einem Urteil wirklich ad absurdum geführt: im Luftsicherheitsurteil. Die Menschenwürde ist eben nicht abwägbar. Freiheit ist mit Gefahren verbunden. Das Schlimme ist, dass Politiker mit der Angst der Menschen operieren, Angst suggerieren und sich dann als selbsternannte Retter zur Verfügung stellen.

Hirsch: Beim Luftsicherheitsgesetz bin ich massiv angegriffen worden. Es gab einen solchen Fall 1972, Georg Leber war Verteidigungsminister. Ein finnisches Flugzeug flog auf die Olympischen Spiele in München zu, und man hatte den Funkkontakt zur Maschine verloren. Leber hatte drei Minuten Zeit zu entscheiden: abschießen oder nicht. Er hat es nicht getan. Die Maschine hatte einen technischen

Defekt, die Piloten taten, was sie tun mussten: Sie flogen entsprechend ihrer normalen Flugroute am Stadion vorbei den Flughafen München-Riem an und landeten dort ganz normal. Es waren 179 Menschen an Bord. Warum und wofür hätten sie straflos getötet werden sollen? Genügt es dann, dass der Minister zurücktritt und sagt, es tue ihm leid?

Baum: Wir haben ein Urteil gegen den Abschuss von Flugzeugen erstritten, die von Terroristen gekapert wurden. Dieses Urteil hat eine fundamentale ethische Bedeutung. Es verbietet, dass der Staat von uns verlangen kann, uns zu opfern. Ein Menschenleben kann nicht gegen ein anderes aufgewogen werden.

Hirsch: Ein wichtiger Punkt in dieser ganzen Entwicklung ist das, was ich sprachliche Vermummung nenne. Es hat bei einer großen Partei eine Abteilung gegeben, deren Aufgabe es war, die Dinge schönzureden und zu sagen: Alles, was wir tun, ist gut. Aus Mülldeponie wurde Entsorgungspark. Aus Atomenergie Kernenergie. Aus Lauschangriff das Abhören des nicht öffentlich gesprochenen Wortes mit technischen Mitteln ohne Kenntnis des Betroffenen. Aus Tötungsschuss Rettungsschuss. Uns geht es nicht darum, Leute schutzlos zu stellen, sondern dass die Polizei bei der Erfüllung ihrer Aufgabe nur die Mittel einsetzen darf, die Verfassung und Gesetz dafür vorsehen. Wenn der Gesetzgeber diese Grenze verändern will, dann muss er das Gesetz aus nachprüfbaren Gründen und mit klaren Formulierungen ändern, er muss Farbe bekennen.

Man muss erkennen können, ob er die Verfassung achtet. Mich hat nachhaltig beunruhigt, dass der damalige Bundesinnenminister Schäuble 1996 erklärte: »Die Verfassung ist immer weniger das Gehege, in dem sich die demokratisch legitimierte Politik entfalten kann, sondern immer stärker die Kette, die den Bewegungsspielraum der Politik lahmlegt.« Das sagt ein Minister, der für den Schutz der Verfassung zuständig ist! Hängt die Gültigkeit der Verfassung etwa davon ab, ob sie der Regierung oder der Parlamentsmehrheit gefällt? Unklare Worte verbergen unklare Gedanken. Gegen diese verbalen Vermummungen kämpfen wir seit dreißig Jahren.

Baum: Die Beschwerdeführer gegen das Luftsicherheitsgesetz, das immerhin alle gesetzgebenden Körperschaften durchlaufen hat, waren sechs Personen. Sechs Menschen aus einem Staat von achtzig Millionen. Zwei Hobbypiloten, zwei Berufspiloten und wir beide. Wir kamen zur Verkündung des Urteils und erhoben uns, 10.18 Uhr, und in dem Moment war das Gesetz weg. Einfach weg. Diese Möglichkeit bietet unser Rechtsstaat: den Gesetzgeber durch das Verfassungsgericht zur Ordnung zu rufen. Unwahrscheinlich gut. Wir hatten kein politisches Mandat und haben doch politische Entscheidungen herbeigeführt – gegen alle gesetzgebenden Körperschaften.

Hirsch: Mich hat bei diesem Gesetz besonders wütend gemacht, mit welcher Offensichtlichkeit die Verantwortung für die Tötung von Menschen vermummt wurde: Es wird so getan, als ob der Bundesminister mit seiner Entscheidung die Verantwortung trage. Er hat aber nur wenige Minuten Zeit und muss blind den Beamten oder Soldaten das glauben, was sie ihm vortragen. In Wirklichkeit haben sie und der den Befehl ausführende Pilot die tatsächliche Verantwortung, aber rechtlich entscheiden sie nichts. Ich möchte aus der Verhandlung dazu eine Geschichte erzählen. Da trat als Vertreter der Bundesregierung auch der damalige Inspekteur der Luftwaffe auf, ein General Stieglitz. Ihn habe ich gefragt: »Wenn der Minister den Befehl erteilt, ein Flugzeug abzuschießen, kann das auf eine Stadt fallen, auf eine Kirmes, ein Krankenhaus, auf den Marienplatz. Der Einzige, der das beurteilen kann, ist der Pilot, der auf seinen Knopf drückt. Welche Verantwortung trägt der?« Die Antwort des Herrn Stieglitz war: »Befehl ist Befehl. Wenn der Befehl kommt, abzuschießen, dann wird abgeschossen. Ein Pilot, der den Befehl verweigert, kommt vors Wehrstrafgericht.« Wunderschön! Ich brauchte nur die Richter anzusehen, als er das sagte, da wusste ich: Danke, das genügt.

Ihr jahrzehntelanger Einsatz gegen den Lauschangriff des Staates hat in den letzten Jahren noch einmal an Brisanz gewonnen, denn dank des Internets sammelt nun nicht nur der Staat immer mehr Daten.

Baum: Wir haben durch die neuen Technologien ungeahnte Möglichkeiten der Datenspeicherung und Datenverarbeitung. Und zwar in einem Maße, wie sich das kaum einer vorstellen kann. Lange haben die Leute gesagt, so viele Daten kann man ja gar nicht auswerten. Aber heute kann man das. Man kann die Nadel im Heuhaufen finden. Das ist nicht nur eine Revolution, sondern eine Zeitenwende, die alle Lebensbereiche verändert, alle Politik-, alle Wirtschaftsbereiche, die Arbeitswelt, alles. Diese Erkenntnis hat mich schon 2012 elektrisiert. In fruchtbarer Zusammenarbeit mit dem unvergessenen Frank Schirrmacher habe ich mich an einer Artikelserie in der FAZ beteiligt. Mein erster Artikel stammt vom Juni 2013. Er hatte die Überschrift »Wacht auf, es geht um die Menschenwürde«.

Viele im Lande interessieren die Chancen und Entwicklungsmöglichkeiten der neuen Technologien, mich auch. Doch man bleibt nur glaubwürdig, wenn die Gefahren für eine freie Gesellschaft nicht ausgeblendet werden. Der Datenbestand der Welt verdoppelt sich jedes Jahr. Er wird von privaten Trägern wie Google, Amazon oder Facebook gesammelt, aber auch von den Geheimdiensten. Google definiert mit siebzig Prozent Weltmarktanteil die Infrastruktur im Internet und durchsucht milliardenfach Internetadressen. Das führt dazu, dass Persönlichkeitsprofile erstellt werden können von Menschen, die das nicht wollen und nicht kontrollieren können. Das ist der entscheidende Punkt. Es entsteht zum Beispiel eine virtuelle Person »Baum« im Laufe der Jahre und Jahrzehnte. Über einen Menschen, der jetzt geboren ist, wird ein Berg von Informationen entstehen, ehe er siebzig oder achtzig Jahre alt ist. Unvorstellbar! Jeder hinterlässt digitale Spuren überall, immer stärker auch im Auto, in der Wohnung, über Implantate wie Herzschrittmacher, allgemein in der Medizin. Daten sind Gold, Daten sind wertvoll, mit ihnen wird gehandelt, sie werden manipuliert. Die Entwicklung galoppiert davon, der rechtliche Ordnungsrahmen hinkt hinterher. Es bestehen Zweifel, ob er jemals Schritt halten kann.

Hirsch: Ich stimme Ihrer Analyse zu, dass die sich sprunghaft entwickelnden Möglichkeiten der Datenverarbeitung unser Leben verändern werden. Manche Bequemlichkeit werden die Menschen begrüßen, aber sie sollen es unbemerkt teuer bezahlen. Die sich daraus ergebenden rechtlichen, ökonomischen, moralischen und politischen Probleme sind bisher in keiner Weise bewältigt. Das ist kein Generationenproblem technologiefremder älterer Herren, sondern ein Problem, das wir den zukünftigen Generationen nicht achselzuckend auf den Hof werfen dürfen, weil es uns – wegen der berührten ökonomischen Interessen und wegen der USA, die den Markt beherrschen – politisch zu lästig ist.

Die FDP muss dieses Thema schon deswegen aufgreifen, weil es ein liberales und ein europäisches Problem ist. Wenn die Kommunikation der Menschen untereinander nicht mehr sicher ist, wenn sie heimlich überwacht werden kann, obwohl ich mich rechtmäßig verhalte, dann bin ich nicht mehr frei. Was wäre vor fünfzig Jahren los gewesen, wenn jemand jedes Gespräch theoretisch hätte anzapfen und mithören können? Wenn jeder Brief mitgelesen werden kann? Wenn meine Krankenversicherung kontrolliert, ob und wie viel Sport ich treibe? Wenn mein Auto automatisch erfasst, wie schnell ich fahre, wohin und wann? Wenn mein Kühlschrank automatisch Nachschub bestellt und den Preis von meinem Konto abbucht? Wenn jede Internetseite, die ich aufrufe, auf Monate registriert wird, und nicht nur von denen, die mir die dazu passende Reklame zusenden wollen? Ich habe das Dritte Reich noch miterlebt. Da gab es den »deutschen Blick«, dieses mulmige Gefühl, dass man nicht sicher sein kann, ob jemand mithört, was man sagt, und man sich darum erst mal vorsichtshalber rechts und links umsieht, ob da jemand ist! Wie regeln wir das in Zukunft? Diese Beschnüffelung kommt nicht – wie einst – mit den pflasterknallenden Stiefeln der Macht, sondern auf den leisen Sohlen des wohlmeinenden Fürsorgers. Aber ich will nicht beschnüffelt werden. Weder vom Staat noch von einem Unternehmen, das an mir verdienen will.

Wie könnte ein moderner Datenschutz aussehen?

Baum: Die neue europäische Datenschutz-Grundverordnung legt dafür die Grundlage. Sie ersetzt alle nationalen Gesetze und folgt den Prinzipien, die unser Grundgesetz vorgibt – mit wenigen Ausnahmen. Sie betrifft die Datenverarbeitung durch Private. Einwilligung und Zweckbindung bleiben weiterhin die Grundlagen der Selbstbestimmung über Daten. Von großer Bedeutung ist das Marktortprinzip. Wer hier am Markt tätig ist, der muss sich an europäisches Recht halten, andernfalls drohen drastisch erhöhte Strafzahlungen. Facebook, Google und andere unterliegen in den USA einer gesetzlichen Herausgabepflicht von Daten an die Geheimdienste. Diese Praxis wird künftig in Europa unterbunden. Die Verordnung ist ein Fortschritt in Sachen Datenschutz und bringt durch

Harmonisierung auch für die Wirtschaft Rechtssicherheit und bessere Marktchancen. Nicht aus dem Blick geraten darf die Bändigung der Wettbewerbsmacht der großen Anbieter. Dies ist eine Aufgabe der Europäischen Gemeinschaft. Wettbewerbsgarantie und Bürgerechte – das sind urliberale Themen.

Wie erklären Sie sich, dass das Bewusstsein für die Brisanz dieser Themen so unterentwickelt ist?

Baum: Es gibt immer noch kein Gefahrenbewusstsein, deshalb sind die Politiker auch noch nicht veranlasst zu reagieren. Deshalb spielt das Thema Datenschutz auch in Wahlkämpfen immer noch keine Rolle. Die FDP widmet sich heute dem Thema überzeugender als die Westerwelle-FDP, die der Bundesjustizministerin immer wieder in den Arm gefallen ist. Widerstand ist geboten gegen die Marktdominanz, die von Firmen wie Google ausgeht. Google bemächtigt sich zahlreicher Lebensbereiche, die jetzt unter dem Dach von Alphabeth zusammengefasst sind. Eine solche Machtballung hat es noch nie gegeben. Google besitzt die sozialen Daten der Welt. Da ist das Kartellrecht gefragt. Die Europäer bemühen sich darum. Aber im Grunde ist es auch eine Frage des Völkerrechts, die über die einzelstaatliche Verantwortung hinauswächst. Ich beobachte interessiert die Beratungen des Menschenrechtsrates der Vereinten Nationen, der für dieses Thema einen eigenen Berichterstatter eingesetzt hat.

Kann man Geheimdienste wie die NSA überhaupt mit Gesetzen an die Kette legen?

Baum: Ich erwarte von der Politik, dass sie unsere Grundrechte schützt, auch im Verhältnis zu den Amerikanern, und diesen Angriffen auf unsere Souveränität endlich entgegentritt. Unsere Nachrichtendienste arbeiten viel enger mit denen der USA und der Briten zusammen, als wir das angenommen haben. Nun bringt der NSA-Untersuchungsausschuss Licht ins Dunkel. Warum wehrt sich Frau Merkel nicht stärker gegen das Ausspionieren unserer Mails und Computer? Da muss man zur Not auch mal Kontroversen mit den USA riskieren. Und der Generalbundesanwalt muss ermitteln. Im Übrigen: Hat der BND nicht selbst die Grenzen überschritten, etwa durch die Ausspähung befreundeter Politiker, durch rechtswidrige Datenerhebungen und durch willige Hilfsdienste für die NSA, wie sich herausgestellt hat? Noch nie war Geheimdienstkontrolle so wichtig wie heute, im Kommunikationszeitalter.

Hirsch: Bei der NSA zweifle ich erheblich. Die Amerikaner haben ein anderes Datenschutzverständnis als wir. Die sogenannten Metadaten, also die Verkehrsdaten, hielten sie lange Zeit für überhaupt nicht schutzbedürftig. Und in Fragen der nationalen Sicherheit sind sie völlig unbußfertig. Daraus müssen wir Folgerungen ziehen. Jedes Unternehmen, das in Europa arbeiten will, sollte bestimmte Garantien erfüllen müssen, beispielsweise Daten nur in Europa verarbeiten dürfen und nicht über amerikanische Knoten. Wenn es dagegen verstößt, muss es hohe Strafen geben, etwa pro Vorgang fünf Prozent des letzten Jahresumsatzes. Das versucht die europäische Datenschutz-Grundverordnung einzuführen, die bisher auch durch deutschen Widerstand verzögert wurde. Wir wissen, dass amerikanische Unternehmen, die nach dem Safe-Harbor-Abkommen absolute Vertraulichkeit der von ihnen gespeicherten Daten versprechen, mit der NSA Verträge abgeschlossen haben, die im amerikanischen Sicherheitsinteresse liegen. Die mit ihnen geschlossenen Cloud-Computing-Verträge kann man sich also sonstwohin stecken. Das wurde im Europäischen Parlament eingehend behandelt. Aber weder die Kommission noch die Bundesregierung haben darauf aus eigener Kraft reagiert …

Baum: Aber immerhin das Europäische Parlament und vor allem der Europäische Gerichtshof. Er hat auf Initiative des österreichischen Datenschutzaktivisten Maximilian Schrems die Weitergabe von Daten an die USA auf der bisherigen Basis untersagt. Das Safe-Harbor-Abkommen ist tot. Daten dürfen nur mit Zustimmung der Europäer weitergegeben werden. Der EuGH ist ohnehin eine Hoffnung für uns Bürgerrechtler. So ist sein Urteil zur Vorratsdatenspeicherung viel differenzierter als das Karlsruher Urteil. Ich hoffe, er hat in dieser Sache das letzte Wort.

Hirsch: Wir Anwälte sind durch die neue deutsche gesetzliche Regelung, dass wir mit Gerichten nur über ein elektronisches Postfach, also nur noch elektronisch verkehren können, vom Fehlen einer durchgreifenden europäischen Datenschutzregelung besonders berührt, zumal diese neue

Vorschrift auch auf Strafsachen ausgedehnt werden soll. Da stehen die Pflicht zur Wahrung des Berufsgeheimnisses und das Vertrauensverhältnis zum Mandanten zur Debatte. Mich beunruhigt das sehr. Auch der Entwurf der Europäischen Datenschutz-Grundverordnung hat große Lücken. Der ganze Arbeitnehmerdatenschutz ist ausgenommen. Viele Regeln sollen den Einzelstaaten oder der Kommission überlassen werden, wohl ohne erneute Mitwirkung eines Parlamentes. Ich weiß nicht, wie die Grundverordnung nach Abschluss der Beratungen tatsächlich aussehen wird. Jedenfalls ist von den Interessenten ein außerordentlicher Druck auf die Verhandlungen ausgeübt worden. Es besteht also aller Grund, sich das Ergebnis genau anzusehen und zu prüfen, ob der Text mit der Europäischen Grundrechte-Charta vereinbar ist, in der im Gegensatz zum Grundgesetz der Schutz der persönlichen Daten ausdrücklich verankert wurde. Ich wünschte, dass man zum EuGH denselben Zugang für eine Verfassungsbeschwerde bekäme, wie das beim BVerfG möglich ist. Das wäre eine Verbesserung der Verfahrensordnung des Gerichts. Wie immer man die Datenschutz-Grundverordnung bewertet, sie ist jedenfalls ein Anfang.

Baum: Es geht nicht nur um die Kommunikation, es ist ja viel umfassender. Immer mehr Lebensregungen werden registriert. Das Auto erfasst die Fahrweise, den Weg, das Ziel. Diese Daten sind abrufbar. Man kann am Fahrverhalten feststellen, ob der Mann oder die Frau fährt. Das Auto ist in ununterbrochenem Kontakt nach außen, zu Google und erschreckenderweise auch zur NSA. Der elektrische

Stromzähler gibt Auskunft darüber, welchen TV-Sender man gesehen hat und welchen Film. Google hat eine große Firma gekauft, die die Temperatur in Wohnungen misst und die Heizung entsprechend einstellt. Dadurch kann Google feststellen, was in der Wohnung gerade passiert, bis hin zum Beischlaf, weil da die Luftfeuchtigkeit im Schlafzimmer ansteigt. All das wird mehr und nicht weniger. Im Sicherheitsbereich haben wir bereits einen Weltüberwachungsstaat NSA. Ich frage mich, warum sitzen wir alle so ruhig da? Wir beide geben uns eine Riesenmühe, vor dem Bundesverfassungsgericht kleine Schneisen zum Schutz der Freiheit zu schlagen, und die NSA macht einfach, was sie will. Flächendeckend gehen sie in die Computer rein und in jede Art von Kommunikation. Die Regierung eines Rechtsstaates, wie wir es sind, kann dem nicht tatenlos zusehen!

Das macht sie aber.

Hirsch: Die Rechtsstreitigkeiten, die wir und viele andere führen, bleiben nicht ohne Wirkung, auch wenn man sagen muss, dass die Richter in Karlsruhe für unsere Grundrechte mehr getan haben als die Parlamente. Datenverarbeitung ist nicht nur eine Technik, die uns das Leben leichter macht, sondern sie hat auch Schattenseiten, weil die Möglichkeit der Überwachung und der wohlgemeinten Entmündigung des Menschen durch den Staat dramatisch zunimmt. Und die Inhaber der Marktmacht meinen es natürlich auch nur gut ...

Baum: Es geht nicht nur um den unerschöpflichen Wissensdurst des Staates. Google weiß, welche Frage Sie stellen, und kennt auch schon die Antwort. Hat er doch selbst gesagt, der Google-Chef. Was wurde die Volkszählung 1987 bekämpft! Die war ganz und gar harmlos im Vergleich zu dem, was heute passiert. Onlineshops berechnen ihre Preise auf Basis Ihres Persönlichkeitsprofils. Sie kalkulieren: Der wird den Preis schon zahlen!

Warum gibt es keinen vergleichbaren Protest heute?

Baum: Eine Erklärung könnte sein, dass die Vorteile dieser Systeme so überwältigend sind, dass die Leute sagen, na und? Außerdem ist alles kostenlos, das ist verführerisch. Das bringt uns dazu, kostenlos den Treibstoff dieses Jahrhunderts zu liefern: unsere Daten.

Hirsch: Mich empört am meisten die Vorstellung, die Privatheit sei überholt. Sie spiele keine Rolle mehr in unserer Gesellschaft. Das ist, als ob man das Eigentum abschafft, weil es Leute gibt, die ein paar Sachen wegwerfen. Nur weil ein paar Leuten ihre Privatheit schnurz ist, darf man sie nicht für alle Bürger abschaffen. Die ärztliche Schweigepflicht, das Steuergeheimnis, die Vertraulichkeit des häuslichen Gesprächs, das sind traditionelle Rechte, die man in einer Gesellschaft erhalten muss, wenn sie noch funktionieren soll. Der Staat darf nicht allwissend und allmächtig werden. Er muss vergessen können. Wer gläsern wird, hört auf, als Individuum zu existieren.

Baum: Ich darf daran erinnern, dass die FDP verantwortlich zeichnet für das erste Bundesdatenschutzgesetz dieser Republik im Jahre 1977. Das war für den Bund absolutes Neuland. Ich hatte als Parlamentarischer Staatssekretär das Gesetz durch den Bundestag zu begleiten. Daran erinnert sich niemand mehr. Die Silicon-Valley-Boys sagen: Privatheit ist keine soziale Norm mehr. Dagegen müssen wir uns wehren, denn es geht wirklich um die Menschenwürde. Und zwar so wie niemals zuvor in der Geschichte der Menschheit. Die Bürger müssen entscheiden, in welcher Welt wir leben wollen, nicht die Konzerne und die Geheimdienste.

Hirsch: Gerade kämpfen wir darum, dass bei Google bestimmte Links wieder gelöscht werden, dass Google nicht alles speichern darf.

Baum: Das Gericht hat das etabliert, aber es ist sehr schwer umzusetzen. Ich fürchte, diese Dimension menschlichen Lebens geht verloren, nämlich das Vergessen. Wir alle vergessen, und zwar ziemlich selektiv. Wir vergessen zum Beispiel das Unangenehme. Das rein Private muss vergessen werden, so hat es der EuGH entschieden. Das Recht auf Vergessen steht in einem Spannungsverhältnis zu anderen Rechten. Sabine Leutheusser-Schnarrenberger hatte sich dafür eingesetzt bei Google. Sie hat sich nicht durchgesetzt. Google will das Vergessen nicht auf die internationalen Domains ausgedehnt wissen. Die Umsetzung dieses EuGH-Urteils ist außerordentlich schwierig.

Wie schützen Sie sich vor den Datenspionen?

Hirsch: Ich habe kein E-Mail und zu Hause ein Stand-Alone-System, das ich mir von Helmut Kohl abgeschaut habe. Ohne Verbindung nach außen. An meinen Computer kommt keiner ran, außer er bricht bei mir zu Hause ein. Ich maile nicht, sondern faxe meinen Schriftverkehr von einem Gerät, das nicht mit meinem Computer verbunden ist. Natürlich kaufe ich nichts über Internet und mache auch kein Online-Banking. Mein Handy kann telefonieren, sonst nichts.

Baum: Ich versuche, meine E-Mails zu verschlüsseln, weiß aber, dass das unzureichend ist. Ich liefere mich leider noch völlig aus. Wenn ich auf Youtube einen bestimmten Komponisten höre, werden mir sofort verwandte Clips angeboten. Auch das wird auf ewig gespeichert. Harmlos, aber zusammen mit anderen Verhaltensweisen wird so mein Persönlichkeitsprofil gebildet. Das hat natürlich auch eine politische Dimension. Wie werden heute Meinungen erforscht, wie Wahlkämpfe geführt? Die Gefahren für Manipulationen wachsen. Eines Tages wirst du so sein, wie die Hersteller eines Produkts dich wünschen, und das wählen, was sie von dir erwarten.

Haben Sie manchmal das Gefühl, nur noch als lästige Mahner wahrgenommen zu werden?

Hirsch: Manchmal. Aber ich bin jetzt 85, mir ist das so was von egal, solange mich wildfremde Leute auf der Straße ansprechen, sich bedanken und mich bestärken.

Baum: Natürlich können wir diese Entwicklung nicht aufhalten. Aber das Label Mahner stört mich nicht. Es geht ja um Grundrechte menschlichen Zusammenlebens. Selbst das Bundesverfassungsgericht und der Europäische Gerichtshof werden das nicht alles aufhalten können. Das muss ein internationaler Prozess werden. Wir können uns vor den Datenkraken nicht mehr selbst schützen, wir müssen geschützt werden. So sieht es aus.

Hirsch: Nun müssen wir schauen, was wir mit der Vorratsdatenspeicherung machen. Ich möchte nicht der Prozesshansel der Nation werden, aber dagegen werden wir wieder klagen. Da bewegen wir uns in einem Bereich, der über das Erträgliche hinausgeht. Schily sagte, es ginge »nur« um die Metadaten. Die haben aber den großen Vorteil, dass man die Gespräche nicht mehr abhören muss. Man kann durch maschinelle Auswertung der Verbindungsdaten leicht herausfinden, wer mit wem in welcher sozialen Dimension verkehrt.

Baum: Man kann die IP-Adressen feststellen. Und das ohne Grund. Die Metadaten ermöglichen einen tiefen Einblick in die Privatheit. Ihre Speicherung ist ein Grundrechtseingriff. Seit dem ersten Karlsruher Urteil hat sich die Landschaft verändert, es gibt immer neue Vorratsdatenspeicherungen. Zum Beispiel wurde die Speicherung der Passagierdaten im europäischen Luftverkehr eingeführt. Der Präventionsstaat ist unersättlich. Im Übrigen: Die NSA betreibt nichts anderes als eine weltweite Vorratsdatenspeicherung. Und wer garantiert die Sicherheit der

Daten? Derselbe Bundestag, dessen Daten ausspioniert wurden, scheut nicht davor zurück, mit Mehrheit neue sensible Datensammlungen anzulegen.

Hirsch: Das ist ein Einfallstor, das man wieder schließen muss. Dabei waren wir doch auf einem guten Weg, in der Gesetzgebung, im Strafprozessrecht, beim Landfriedensbruch, auch im Sexualstrafrecht zu modernen, vernünftigen Lebensformen zu kommen. Das alles wird durch dieses Sicherheitsbedürfnis, das immer weiter hochgespielt wird, pervertiert. Alle kriminalpolizeilichen Berichte sind Kriegsberichte der Innenminister, in denen sie ihre Erfolge darstellen müssen. Das schaukelt die Sicherheitsproblematik immer weiter hoch. Und die Leute fallen drauf rein.

Was, wenn die Mehrheit gar keinen Wert auf Datenschutz legt?

Baum: Das ändert an der Sache nichts. Es ist bedauerlich, aber dadurch wird die Verfassung nicht geändert. Es gibt unabänderliche Freiheitsrechte. Ich kann doch auch nicht jeden Tag prüfen, ob die Mehrheit noch gegen Folter ist!

Hirsch: Grundrechte sind Minderheitenrechte. Und die Menschenwürde, zu der die Privatheit gehört, kann von keiner Mehrheit abgeschafft werden. Jedenfalls solange unsere Verfassung gilt. Wer kein Privatleben hat, ist ein armer Kerl. Und wer sein Privatleben veröffentlichen will, darf und soll es meinetwegen tun.

Baum: Sicherlich. Soll er doch seine Steuererklärung bei Facebook veröffentlichen.

Hirsch: Oder jedem sagen, dass er zum Psychiater geht. Kann man machen, heißt aber nicht, dass man es machen muss. Wer mein Verfassungsrecht abschaffen will, der muss vor das Forum der Nation gehen und dort eine Mehrheit für eine Lösung finden, die die Menschenwürde nicht verletzt. Bei der NSA bleibt die Frage: Machen die das politisch bewusst, oder ist das einfach nur administrative Dummheit? Fakt ist, dass die Zusammenarbeit zwischen BND und NSA in manchen Fällen erlaubt und auch wichtig ist. Aber wenn wir tatsächlich von der US-Botschaft in Berlin aus flächendeckend ausspioniert werden, ohne dass der Botschafter das abstellt, verstehe ich nicht, warum nicht mindestens zehn Prozent der US-Diplomaten zur Persona non grata erklärt worden sind, um mal ein Zeichen zu setzen. Warum ist Frau Merkel so tatenlos? Sie steht jetzt auf dem Gipfel ihrer political leadership. Was ich noch nicht herausbekommen habe, ist, was sie wirklich bewegt. Was ist ihre Vision? Politik ist doch kein Selbstzweck.

Baum: Sie will Probleme lösen. Aber die werden ihr über den Kopf wachsen, wenn ihre Politik nicht von einer Zukunftsperspektive begleitet wird, die sie uns, den Bürgern, vermittelt. Sie muss besser erklären, warum sie etwas macht, mit welchem Ziel. Und auch, was ihr Europa letztlich bedeutet.

Eurokrise, Ukrainekonflikt, Flüchtlinge: Ist Europa noch zu retten?

Wenn man Ihre Beiträge der letzten Jahre liest, fällt auf, dass Sie in der Frage der europäischen Einigung unterschiedlicher Auffassung sind.

Baum: Mich erschreckt die Unsolidarität Europas. Für mich ist Europa eine Solidargemeinschaft. Wir sind eine Transfergesellschaft im weitesten Sinn des Wortes. Die Staaten Europas haben etwas voneinander: politischen, wirtschaftlichen und sozialen Nutzen. Denken wir Deutsche doch allein an die großen Transferzahlungen zur Sanierung Ostdeutschlands nach der Wiedervereinigung. Europa ist unsere Zukunft, wir haben keine andere. Ich sehe mit Sorge, dass die Kräfte wachsen, die das nicht so sehen.

Hirsch: Wir haben uns im Maastrichter Vertrag versprochen, dass keiner die Schulden des anderen tragen muss. Wenn ich sehe, was in Griechenland passiert und was sich in Portugal und anderswo anbahnt, dann sage ich: Europa kann nicht darin bestehen, dass die Bundesrepublik die

Defizite und die Sozialpolitik der anderen Länder finanziert. Ich empöre mich, wenn unsere osteuropäischen Nachbarn von uns militärische Schutzgesten verlangen und sich weigern, die Lasten der Werte, die wir vertreten, mitzutragen. Sie wollen sich nicht um das Flüchtlingsproblem kümmern, aber wir sollen sie vor einer von ihnen gefürchteten russischen Bedrohung bewahren. So geht das nicht. Das wird Europa zerstören.

Baum: Ja, das ist eine Gefahr. Wir können nicht nur darauf pochen, dass wir von Europa etwas haben. Wir haben nämlich sehr viel von Europa als Deutsche, ökonomisch, politisch, in jeder Hinsicht. Unser Standing in der Welt hängt auch davon ab, dass wir eine gewisse Führungsrolle in Europa haben, und das bedeutet auch Verantwortung – auch dafür, dass ein Land wie Griechenland nicht ausgegrenzt wird. Ich war entschieden gegen den Grexit. Zur Schuldenübernahme waren wir nicht verpflichtet, aber wir haben es aus guten Gründen getan. Ich habe Furcht vor den Renationalisierungsbewegungen in Europa. Renationalisierung heißt Egoismus. Das ist bei den Tschechen der Fall, das ist bei den Franzosen der Fall. Die Briten sind sowieso ein Sonderfall. Ich weiß nicht, inwieweit dieser Egoismus bei uns eine Rolle spielen wird. Die AfD wird jetzt aufblühen, aber nicht auf Dauer. Sie wird sich rechtsextremen Zuspruchs nicht erwehren können. Der Nationalstaat alter Prägung hat ausgedient. Ich bin für einen europäischen Bundesstaat eigener Prägung. Es gibt kein Vorbild dafür.

Hirsch: Auch ich bin für einen europäischen Bundesstaat, aber mit begrenzten Zuständigkeiten, für ein fair gewähltes Parlament und eine ihm verantwortliche europäische Regierung. Aber das haben wir eben nicht. Und wird der Egoismus nicht dadurch gefördert, dass jeder seinen Egoismus zu Lasten des anderen betreiben kann, dass jeder sagt, wir wollen das und das, und die anderen müssen es bezahlen? Ist es nicht nachzuvollziehen, wenn Deutschland sich dann ausgebeutet fühlt?

Baum: Nehmen Sie mal die Exportvorteile, die wir haben. Die Franzosen wären nicht in der Europäischen Union, wenn es keine Agrarsubventionen gäbe. Die französischen Bauern überleben weitgehend dank der Subventionen, übrigens auch die deutschen.

Hirsch: Wir zahlen im Augenblick die Flüchtlingslasten praktisch allein und sind diejenigen, die netto am meisten in den europäischen Haushalt einzahlen.

Baum: Das geht eben nicht. Aber sollen wir politisch Verfolgte deswegen zurückschicken?

Hirsch: Wäre es nicht möglich zu sagen: Leute, dann zahlen wir eben nicht mehr. Dann kürzen wir unsere europäischen Leistungen, um das auszugleichen, was die anderen uns aufbürden.

Baum: Es gab ja die Überlegung, dass für jeden Flüchtling, den wir außerhalb des vereinbarten Kontingents aufnehmen, die anderen uns 6000 Euro zahlen. Aber damit ist es ja nicht getan.

Hirsch: Die Ungleichheit der Lastenverteilung und die Tatsache, dass wir zu wenige von einem Parlament beschlossene europäische Gesetze haben, führen dazu, dass Europa immer weiter auseinandertreibt und dass der nationale Egoismus wiederbelebt wird. Wir brauchen ein Parlament, das dieselbe Basis hat wie der Bundestag, selbst wenn seine Befugnisse auf wenige Fragen beschränkt sind, die jedoch für alle Europäer gelten. Ein Europa der Bürger fehlt mir. Es ist ersetzt worden durch ein Europa der Administration.

Baum: Das ist ein Prozess, Herr Hirsch. Ich bin überzeugt davon, dass er weitergeht, wenn wir Europa wirklich wollen. Allein die Rolle des Europäischen Gerichtshofs als Grundrechtsgerichtshof ist ja interessant.

Hirsch: Seit diesem Jahr. Vorher hat sich der Europäische Gerichtshof um Grundrechte überhaupt nicht gekümmert.

Baum: Immerhin.

Hirsch: Seit zwei Entscheidungen.

Baum: Vorratsdatenspeicherung und Safe Harbor.

Hirsch: Aber warum kann ein europäisches Parlament

Dinge, die man nur gemeinsam betreiben kann – Umweltschutzfragen, Datenschutzfragen –, nicht wie ein nationales Parlament beschließen? Das geht nur mit Zustimmung des Ministerrates.

Baum: Die Rolle des Ministerrates muss hinterfragt werden, das gebe ich zu. Auch dass der Ministerrat hinter verschlossenen Türen Gesetzgebungsarbeit macht, ist ungewöhnlich und darf eigentlich in einer Demokratie nicht sein. Er berät und berät und berät und wir erfahren nichts.

Hirsch: Das andere große Problem ist für mich die Währungsunion. Sie eint Europa nicht, sondern vergrößert die Fliehkräfte. Eine Währungsunion kann nur funktionieren, wenn die an ihr beteiligten Länder eine vergleichbare Leistungsfähigkeit und eine gemeinsame oder wenigstens harmonisierte Geldmengen-, Steuer-, Sozial- und Fiskalpolitik haben. Diese Voraussetzungen waren und sind nicht erfüllt. Mit der Einführung der Währungsunion sind eine Reihe von Ländern deswegen in außerordentliche Probleme geraten: hohe Verschuldung, hohe Arbeitslosigkeit insbesondere junger Arbeitnehmer, zu geringe Investitionen.

Wurde die Währungsunion vorschnell eingeführt?

Hirsch: Nach meiner Überzeugung glaubte eine europäische Elite, dass man durch die Einführung einer Währungsunion eine wachsende europäische Zusammenarbeit erzwingen könnte. Ihr waren die ökonomischen Bedingungen nicht bewusst oder egal. Wer damals anmahnte, dass die ökonomischen Voraussetzungen nicht erfüllt seien, wurde als schlechter Europäer, als nationalistischer Reaktionär oder mit dem Hinweis madig gemacht, wie viel Geld schon von den Unternehmen in die Euro-Umstellung investiert worden sei. Gleichwohl: Die teuren Hilfspakete für Griechenland werden nichts nützen, wenn die Kernfragen nicht beantwortet werden.

Baum: Ich bin offenbar stärker als Sie, Herr Hirsch, auf Europa hin orientiert und nehme dafür einiges in Kauf. Beim FDP-Mitgliederentscheid über den Euro-Rettungsfonds trennten sich unsere Wege. Natürlich müssen die Kernfragen beantwortet werden, aber Europa verträgt keinen Stillstand. Bei Einführung des Euro gab es auch in der FDP eine heftige Diskussion. Sie, Herr Hirsch, waren unter denen, die gewarnt haben. Einer war entschieden dagegen, aus anderen Gründen als Sie.

Hirsch: Sie meinen den Marktgrafen Lambsdorff.

Baum: Die damalige Lage hat mir Genscher neulich wieder ins Gedächtnis gerufen. Es ist versäumt worden, auch eine Wirtschafts- und Finanzunion aufzubauen. Die Wirtschaftsliberalen waren dagegen, weil sie fürchteten, dass die Stabilitätskriterien in anderen Ländern viel lascher gehandhabt würden als bei uns. Das war der Geburtsfehler der Währungsunion. Dennoch musste man sie machen. Aber der Geburtsfehler muss so schnell wie möglich beseitigt werden. Wenn das nicht geschieht, werden wir uns von

Krise zu Krise hangeln. Das würde, wie Jacques Delors gesagt hat, die Union stärker bedrohen als die Griechenlandkrise.

Frau Merkel hat zu Europa keine visionäre Kraft erkennen lassen. Jetzt sind wir in einer Situation, in der die Skepsis gegenüber Europa gefährlich wächst. Das war schon bei der letzten Europawahl ablesbar. Wir haben einen Stillstand, aber wir brauchen mehr Europa, nicht weniger. Die Dynamik der europäischen Einigung darf nicht erlahmen, sonst geht es mit Europa den Bach runter. Ich mache mir große Sorgen um Europa. Die Welt ist sehr viel gefährlicher geworden, in jeder Hinsicht. Auch für Europa. Wir stehen in ökonomischen Abhängigkeiten, sehen immer mehr zerfallende Staaten. Die atomare Gefahr wächst. Es ist nur eine Frage der Zeit, bis terroristische Milizen atomar bestückte Waffen nutzen. In dieser Lage sind wir mehr denn je darauf angewiesen, hier in Europa eine funktionierende Staatengemeinschaft zu haben, die auf gemeinsamen Werten beruht und sich für diese Werte in der Welt einsetzt. Nahezu nichts, was in der Welt heute passiert, lässt uns unberührt. Ein Beweis dafür ist die Flüchtlingskrise. Sie wird zur Krise der Europäischen Union, wenn wir uns nicht einigen.

Hirsch: Unsere Hauptaufgabe bleibt zunächst Europa. Um Genscher zu zitieren: »Wir dürfen uns nie wieder isolieren. Und unsere Nachbarn dürfen uns nie wieder als Gefahr betrachten, sondern sie müssen sich darüber freuen können, dass es uns gibt.« Das ist es, was wir für den Frieden tun können. Die USA stehen uns zwar in den Werturteilen ihrer Verfassung sehr nahe, aber ob diese Werte auch ihre Politik bestimmen, bezweifle ich immer mehr. Nach dem Zweiten Weltkrieg dachten wir: Es darf nie wieder Krieg geben, Europa muss sich einen. Ich erinnere mich an die Rede Churchills 1946 in Zürich. Er war der Erste, der eine europäische Einigung forderte. Die Situation änderte sich elementar durch den Kalten Krieg und durch die Idee de Gaulles von einem »Europa der Vaterländer«. Er wollte keinen europäischen Staat schaffen wie wir, sondern einen Zusammenschluss, bei dem die Nationalstaaten bestehen bleiben. Die Verträge zur Europäischen Verteidigungsgemeinschaft (EVG) und zur Europäischen Politischen Gemeinschaft (EPG) scheiterten in der französischen Nationalversammlung. Und so wurde das seither gehandhabt. Kein Politiker der ersten Garnitur hat je für das Europaparlament kandidiert. Es hieß immer: »Unser Opa für Europa.«

Baum: Es ist deutlich besser geworden in letzter Zeit. Eine größere Zahl von Parlamentariern mischt sich ein und hat Profil gewonnen.

Hirsch: Ja? Fragen Sie doch mal jemanden auf der Straße, wer die kennt. Die Politiker der ersten Reihe engagieren sich lieber da, wo die Macht sitzt, nämlich in ihren Staaten, als nach Brüssel zu gehen.

Baum: Die politische Macht in Europa liegt heute noch zu stark beim EU-Ministerrat in Brüssel.

Hirsch: Europa wird ein Europa der Bürger sein oder es wird nicht sein. Wir brauchen eine parlamentarisch organisierte Demokratie in Europa, in der es übernationale Parteien gibt, in der die Bürger ihre europäischen Abgeordneten wirklich wählen …

Baum: … und eine grenzüberschreitende öffentliche Diskussion europäischer Themen. Ich komme zurück auf Ihre Bemerkung über Amerika. Ich sehe das anders. Wir brauchen Amerika, und Amerika braucht uns. Wir sind eine Wertegemeinschaft. Wir sind eng verzahnt, was den Handel und die Finanzmärkte betrifft. Ich widerspreche gar nicht, dass Amerika seine eigenen Interessen verfolgt. Wir tun das ja auch. Ich sage aber, die sind vielfach mit unseren identisch. Amerika hat uns uneigennützig vom Naziregime befreit, mit vielen Menschenopfern und beeindruckender Hilfe beim Aufbau der Demokratie. Die Russen haben im Krieg furchtbar gelitten, aber sie haben die Völker Osteuropas und die DDR jahrzehntelang unterjocht. Die Amerikaner haben uns zur Freiheit verholfen.

Hirsch: Ich beklage ja gar nicht, dass sie den Krieg gewonnen haben. Das war für uns eine unverdiente Befreiung. Aber sie hatten dabei auch ihre eigenen Interessen.

Baum: Na, für die »eigenen Interessen« haben wir Deutschen mit einer beispiellosen Gewaltherrschaft gesorgt. Mit unserer an Freiheit und Menschenwürde orientierten Gesellschaftsordnung stimmen wir mit den USA überein – trotz mancher amerikanischer Verstöße gegen diese

Grundordnung. Die Amerikaner haben auch wesentlich dazu beigetragen, dass das Sowjetimperium zusammengebrochen ist.

Hirsch: Richtig, aber auf unser Risiko! Wir in Europa hätten einen atomaren Krieg mit absoluter Sicherheit nicht überlebt.

Baum: Nicht nur wir in Europa. Niemand hätte überlebt. Was ich lange nicht begriffen habe: Die USA haben die Sowjetunion auch totgerüstet. Das führte dazu, dass vielen Staaten in Europa die Freiheit zurückgegeben wurde. Die deutsche Einheit wäre ohne den älteren Bush in dieser Form nicht gelaufen. Er hat die Widerstände in Großbritannien und Frankreich zurückgedrängt. Der zweite entscheidende Politiker in dieser Situation war Michail Gorbatschow.

Hirsch: Man muss mit den Amerikanern umgehen, da stimme ich Ihnen zu, so wie man sich auch die Russen nicht wegdenken kann. Ich will die Amerikaner auch nicht zum Feind haben. Ich werde nie das Gespräch mit dem Pentagon-Staatssekretär der Reagan-Administration vergessen. Ich habe Richard Perle gesagt, dass kein deutscher Politiker dem ständigen Wettrüsten zustimmen könne, weil es die Kriegsgefahr erhöhe und wir in Europa wüssten, dass wir einen solchen Krieg nicht überleben würden. Er lächelte nur und meinte, die Bundesrepublik liege eben am Eisernen Vorhang, und diese Lage könnten die USA nun mal nicht ändern. Da bin ich aufgestanden und habe das

Gespräch beendet. Dieses Gespräch mit Perle hat meine Einstellung zu den USA fundamental verändert.

Baum: Aber Herr Hirsch, es war doch ein Gleichgewicht des Schreckens. Die Russen hätten die Deutschen niemals ohne Reaktion des Westens angreifen können.

Hirsch: Aber unsere lieben Verbündeten hatten auf dem Bundesgebiet atomare Waffen stationiert, ohne es uns zu sagen. Die Tatsache, dass die Engländer atomare Raketensilos im Wald bei Mönchengladbach hatten, habe ich erst 1977 erfahren, als ein Waldbrand entstand und eine Feuerwalze von zehn Metern auf die Silos zuging.

Baum: Ich habe selten einen so entschiedenen Genscher erlebt wie in der Diskussion um die Mittelstreckenraketen. »Das sind Raketen, die auf Köln und auf Halle gerichtet sind«, hat er im Bundestag gesagt. Genscher hat sich gegen Kohl und die Amerikaner durchgesetzt, die Mittelstreckenraketen sind nicht stationiert worden. Es gab zwar eine Nachrüstung, aber die Mittelstreckenraketen wurden nicht stationiert. Er hat, was eigentlich nicht seine Art war, ernsthaft mit Rücktritt gedroht.

Hirsch: Zurück zur Gegenwart: Heute müssen wir uns fragen, warum dieses schreckliche Attentat von 2001, ein unerhörtes Verbrechen, ausgerechnet auf das World Trade Center in New York, auf das Pentagon und wohl auch auf das Capitol gerichtet war? Wie kommt es, dass sich die muslimischen Völker, das sind ja immerhin 56 Staaten, immer weiter vom Westen abkoppeln? Ich war mal in Jakarta, eine Millionenstadt, man konnte kaum Luft kriegen, so enorm war die Umweltverschmutzung. Das Gleiche in Kairo. Diese Völker wurden mit einer westlichen Technologie beglückt, die ihre Umwelt zerstört, und mit Fernsehsendungen, die ihre Traditionen verletzen und sie der modernen Welt entfremden. Nach unseren Maßstäben haben sie ihren Dreißigjährigen Krieg noch nicht beendet und die Aufklärung noch vor sich. Die USA sind das Symbol für eine Welt, die ihnen als feindlich erscheint. Für mich liegt darin einer der Hauptgründe für die Entfremdung zwischen muslimischer Welt und dem Westen. Diese Distanz kann nicht allein mit militärischen Mitteln bewältigt werden, so wie man Terrorismus nicht allein mit polizeilichen Mitteln überwinden kann. Man muss nach den Ursachen suchen, sonst wird man den Graben nicht überbrücken können.

Baum: Das sehe ich genauso.

Hirsch: Mit den militärischen Mitteln der USA werden wir diesen Konflikt, der auch unsere Zukunft berührt, nicht gewinnen.

Baum: Nicht allein, diese Mittel bleiben dennoch unverzichtbar. Und vergessen wir nicht: Wir haben es in Amerika mit einer Demokratie und einer funktionierenden Zivilgesellschaft zu tun. Mit vielen Bürgerbewegungen, mit Leuten, die so denken wie Sie und ich und die für ihre Überzeugungen auf die Straße gehen.

Hirsch: Was ist mit dem Rassismus?

Baum: Obama geht auf die Benachteiligten zu, und das sind vielfach die Afroamerikaner. Immerhin wurde Obamacare beschlossen, eine Riesenkraftanstrengung. Diese Krankenversorgung hilft den Benachteiligten. Die Gefängnisse aber sind überfüllt mit Farbigen, die Drogendelikte begangen haben. Das ist ein Missstand. Und Rassismus gibt es bei uns auch. In Freital! In Sachsen! Tag und Nacht. Immer mehr. Vorsicht, Herr Hirsch, wir sitzen im Glashaus.

Hirsch: Einverstanden. Ich bin nicht dabei, uns zu loben. Man muss sich für manche Emotionen und auch Verharmlosungen geradezu schämen. Gerade wir hatten reichlich Gelegenheit, das zu begreifen. Fremdenfeindlichkeit und Gewalt sind immer ein Zeichen dafür, dass vorher erhebliche politische Fehler gemacht wurden. Dabei wissen wir seit Jahrzehnten, dass wir nicht nur faktisch ein Einwanderungsland sind, sondern dies infolge der demographischen Entwicklung auch sein müssen, wenn unsere Sozialsysteme nicht in zwanzig oder dreißig Jahren zusammenbrechen sollen.

Baum: Es ist leider generell so, dass die wichtigen Zukunftsfragen unserer Gesellschaft nicht kontinuierlich und nachhaltig diskutiert werden. Und was die USA betrifft: Man kann Amerika nun mal nicht so erfinden, wie wir es gerne hätten. Ich würde trotzdem lieber in Amerika leben wollen als in Russland.

Hirsch: Ich auch. Mich stört aber die Einseitigkeit, dass man sofort ein »Putin-Versteher« wird, wenn man etwas Positives über Russland sagt. Ich habe nicht den geringsten Anlass zu Sentimentalitäten gegenüber Russland oder der Roten Armee. Aber die Russen können es nur schwer verstehen, dass sie den Krieg unter unerhörten Opfern gewonnen und dann alles verloren haben, ihre Union, ihren Warschauer Pakt und einen großen Teil ihrer weltweiten Bedeutung. Plötzlich hat dieser Vielvölkerstaat keine Idee, kein Ideal, kein gemeinsames Ziel mehr, das ihn integriert, und er sieht sich bedroht von den materiellen Reizen der kapitalistischen Wirtschaft des Westens. Wir Westeuropäer müssten in unserem eigenen, europäischen Interesse mehr dafür tun, die unveränderte Frontstellung zwischen den USA und Russland zu überbrücken, ökonomisch und politisch.

Baum: Ja, das müssen wir, aber nicht kritiklos. Der Vielvölkerstaat hat Sehnsucht nach neuem Selbstbewusstsein, durch das er seine Schwächen kompensieren kann, und er knüpft an russische Traditionen an, auch an schlechte. Stalin wird plötzlich wieder in anderem Licht gesehen. Russland hat sich durch seine Aggressionen und durch die Unterdrückung der Zivilgesellschaft Europa entfremdet. Es muss auch aufhören, seine Nachbarn zu bevormunden. Putin geht es schlicht um die Macht, jetzt auch im Mittelmeer.

Hirsch: Ich weiß schon: Sie finden, die Ukrainer haben das Recht, selber zu entscheiden, wo sie hinwollen. Das ist theoretisch richtig. Aber nun gehe ich mal auf die andere

Seite des Ozeans. Wenn die Mexikaner zu einer kommunistischen Wirtschaftsform übergehen und einer Wirtschaftsunion mit Russland beitreten wollten, und Nicaragua und Guatemala auch, dann möchte ich mal wissen, was in den USA los wäre.

Baum: Wäre auch nicht gut, wenn es eine mexikanische Krim gäbe, die von den USA besetzt würde, muss ich Ihnen zustimmen.

Wie stehen Sie zu der These Genschers, der Westen hätte sich zu sehr von Russland entfernt?

Baum: Putin-Russland noch viel mehr vom Westen. Das ist ein Prozess, der beidseitig ist. Wir sind uns ja einig, dass wir sagen, ohne Russland geht es nicht. Genscher kämpft zu Recht dafür, dass die Charta von Paris von 1990 – die Bekräftigung des Helsinki-Prozesses durch die OSZE – wiederbelebt wird. Die Deutschen haben 2016 den OSZE-Vorsitz. Sie müssen dies anstoßen.

Hirsch: Die Frage ist, was eigentlich mit der Ukraine passiert ist. Die Europäische Union hat mit der Ukraine über wirtschaftliche Zusammenarbeit verhandelt. Anstatt die Russen richtig einzubinden, wachen die auf und denken, Donnerwetter, ein Teil des früheren Russlands wandert ab. Der Nächste ist Georgien, dann kommt vielleicht Weißrussland. Wir dürfen Russland nicht das Gefühl geben, sich zunehmend isoliert zu fühlen, da gebe ich Genscher völlig recht. Dazu gehört auch die Frage der Nato-Mitgliedschaft. Die Einkreisungsängste der Russen kann ich nachvollziehen.

Baum: Ich nicht. Es gibt keinen Anlass für diese Ängste. Ich bin der Enkel eines Mannes, der in Charkow, Ukraine, geboren ist. Ich weiß nicht, ob er sich als Russe oder als Ukrainer gefühlt hat. Meine Mutter ist in Moskau geboren. Ich habe viele emotionale Bindungen zu den Russen. Mir tut es leid, dass Grundelemente der Freiheit in Russland heute nicht mehr bestehen. Glasnost und Perestroika waren als liberale Ausgangspositionen unter Gorbatschow etabliert worden. Sie sind heute kaum mehr fassbar. Das ist zu kritisieren. Und Sie haben recht, die Donbass-Gegend heißt nicht umsonst Kleinrussland. Dennoch war ich davon ausgegangen, dass wir die Grenzen in Europa nicht mehr ändern, sondern dass wir zusammenwachsen, ja, dass Grenzen ihre Bedeutung verlieren.

Ich sehe nicht, dass die Besetzung der Krim in irgendeiner Weise gerechtfertigt ist. Und ich fürchte, dass der schwelende Konflikt in der Ukraine uns noch manche Überraschung bescheren wird. Ich glaube, dass es inzwischen Kräfte gibt, die Putin nicht mehr kontrollieren kann. Er ist in der Rolle des Zauberlehrlings. Die entfesselten Kräfte muss er immer wieder bändigen. Er stützt sich auf Oligarchen, auf Teile des Geheimdienstes, auf die Kirche. Immer wieder muss er beweisen, dass er der starke Mann ist.

Die Sanktionen der EU waren notwendig. Sie sind nicht der Hauptgrund für die Misere der russischen Wirtschaft. Es wurde lange Jahre versäumt, ein Investitionsklima zu schaffen. Die Russen leiden unter ihrer mangelnden wirtschaftlichen Entwicklung. Dennoch müssen wir alles tun, um zu einem verträglichen Verhältnis zu Russland zu kommen. Ganz einfach: Wir brauchen einander, um Krisen zu bekämpfen und Gefahren, die uns alle bedrohen. Das Iran-Abkommen ist dafür ein ermutigendes Beispiel.

Hirsch: Ich stimme Ihnen in vielen Punkten zu. Dennoch hätte die EU nicht mit der Ukraine über die wirtschaftliche Zukunft verhandeln dürfen, ohne die Russen in vernünftigem Maße mit ins Boot zu holen. Wir können mit unseren Nachbarn in Europa nur einen Frieden erreichen, wenn wir sie mit einbeziehen und nicht als Gegner betrachten.

Baum: Ja, sie müssen wieder ins Boot. Dazu gehört die Lösung des Konflikts in der Ostukraine. Der Donbass ist ökonomisch entleert, das Bankensystem ist zusammengebrochen. Die Menschen auf der Krim beziehen ihre Rente, indem sie in die Ukraine fahren. Das Minsker Abkommen von 2015 halte ich dennoch für eine große Leistung von Frau Merkel.

War Angela Merkels »Wir schaffen das« angesichts der Flüchtlingskrise vielleicht doch etwas zu optimistisch?

Baum: Ich habe Respekt vor der Frau. Helmut Schmidt hat ja sein politisches Schicksal am Nato-Doppelbeschluss festgemacht – und ist gescheitert. Aber er war ein Mann, der zu dieser Sache bis zum Schluss stand. Auch Merkel macht jetzt eine ganz schwierige Sache zu ihrer persönlichen, auch auf die Gefahr hin, dass sie scheitert. Die Reaktion einer wachsenden Fremdenfeindlichkeit mit zunehmender Gewalt erschreckt mich zutiefst – vor allem auch der Aufstand der CSU.

Hirsch: Die Erklärung der Bundeskanzlerin war honorig. Aber sie hätte auch sagen müssen, dass wir die schon bestehenden Probleme nicht vollständig gelöst haben, dass wir die neuen Probleme nicht länger allein lösen können, dass wir aber trotzdem eine Politik nicht fortsetzen wollen, durch die Tausende im Mittelmeer ersaufen. Ich habe den Eindruck, dass zumindest ein Teil der ständig darüber redenden Personen nicht weiß, wie unser Asyl- und Flüchtlingsrecht wirklich aussieht.

Wir befinden uns in einem politischen Spagat: Wir brauchen Zuwanderer und müssen sie integrieren, wollen aber kein Einwanderungsland sein. Die Integrationslasten sind auf die Bevölkerung unterschiedlich verteilt. Gerade die Leute mit geringer beruflicher Qualifikation fürchten, dass die Zuwanderung ihre eigene soziale Situation – Wohnen, schulische Grundausbildung, Arbeitsplätze – drastisch beeinträchtigt. Das erschwert jede rationale Lösung, zumal wir vor einer Reihe von Wahlen stehen. Ohne breite öffentliche Zustimmung, ohne eine europäische Gesetzgebung, ohne eine schnellere Ausweisung und Abschiebung ausländischer Straftäter, aber auch ohne die Umwidmung der Solidaritätsabgabe auf Integrationsleistungen werden wir nicht weit kommen. Dann wird die Bundeskanzlerin die Vertrauensfrage stellen müssen.

Baum: Die Wirkungen auf unsere Gesellschaft haben Sie richtig dargestellt. Es gibt Sorgen, und es gibt Anlass zu Sorgen. Ich persönlich habe keine Überfremdungsangst. Menschen, die zu uns kommen, sind in der Regel eine Bereicherung. Natürlich gibt es auch Kriminelle darunter. Aber ich frage mich, was eigentlich los ist mit den Deutschen. Sie haben sich eingerichtet in einer gewissen Idylle und sich gedacht, uns geht es nichts an, dass um Syrien herum mehr als vier Millionen Flüchtlinge in Lagern dahinvegetieren, dass zwölf Millionen als Flüchtlinge durch Afrika wandern, von Schreckensmilizen verfolgt, vom Klimawandel ihrer natürlichen Lebensgrundlagen beraubt. Das ist unsere Wirklichkeit. Wir haben uns nicht darum gekümmert, wie es den Leuten da geht. Wir waren darauf nicht vorbereitet – auch nicht darauf, zu teilen.

Hirsch: Das ist der Punkt. Wir haben uns nicht gekümmert.

Baum: Wir haben zugesehen, wie die Rationen in den Lagern gekürzt wurden. Die Leute sitzen da mit ihren Kindern in der Wüstensonne ohne jede Perspektive und hungern. Das alles wussten wir. Hätten wir wissen müssen.

Hirsch: Richtig.

Baum: Ich gebe Ihnen ja recht, was die rechtliche Situation betrifft. Aber die Wirklichkeit hat das Recht überrollt, und in dieser Situation befinden wir uns heute. Übrigens sind das ja alles Diskussionen an der Oberfläche, diese Transitlager, der Flüchtlingsstatus, das hilft ja alles nicht weiter.

Es könnte auch die Frau sagen, ich bin der Flüchtling, ich hole meinen Mann nach. Ist sie denn nicht selber Kriegsflüchtling? Die Rechtsfragen helfen uns im Moment nicht weiter. Weiterhelfen würde uns, wenn wir die Leute in den Lagern nachhaltiger unterstützen würden. Weiterhelfen würde uns sicherlich eine vernünftige Integrationspolitik. Weiterhelfen würde uns letztlich die Lösung der Konflikte im Nahen Osten und in Afrika. Wobei ich Ihnen zustimme, dass wir uns drücken und immer gedrückt haben vor einer geordneten Zuwanderung. Man hat gesagt, Zuwanderung hat mit Flüchtlingen nichts zu tun, ein Flüchtling kann niemals Zuwanderer sein, schon rechtlich nicht. Das ist falsch.

Hirsch: Man müsste dafür sorgen, dass die Leute nicht denken, hier würde sie ein Paradies erwarten – Geld, ein Haus, Arbeit. Ich weiß nicht, ob jemand aus der Bundesregierung schon mal in einem Lager war und mit den Leuten geredet hat. Und man muss dafür sorgen, dass der Zustrom von Flüchtlingen von unserer Bevölkerung akzeptiert wird. Das geht nur, wenn er geordneter abläuft und auf alle europäischen Länder verteilt wird.

Baum: Ja, das ist notwendig. Was mich wirklich umtreibt, ist die Reaktion eines Teils unserer Gesellschaft. Die Islamophobie steigt deutlich bei den sich rechts und in der politischen Mitte verortenden Milieus. Wilhelm Heitmeyer spricht in seiner auf zehn Jahre angelegten Studie »Deutsche Zustände« von einer zunehmend rohen Bürgerlichkeit, einer Radikalisierung der Mitte, die jetzt erkennbar wird, die aber immer da gewesen ist. Sie betrifft nicht nur Fremde, sondern Obdachlose, überhaupt hilflose Menschen. Am 9. November erinnern wir uns ja regelmäßig an die Reichspogromnacht, also an die Gewalt gegen Juden. In den Jahren vor diesem Pogrom waren die Juden systematisch gedemütigt und verunglimpft worden, unter anderem mit der Schmähung, sie würden christliche Frauen schänden. Zuerst die rassistische Parole, dann kam die Gewalt. Am gleichen Tag, am 9. November 2015, hat es eine Pegida-Veranstaltung in meiner Heimatstadt Dresden gegeben. Die gleichen rassistischen Parolen, jetzt gegen Muslime gerichtet. Die Gewalt beginnt in den Köpfen der Menschen. Die Reichspogromnacht wurde von der Bevölkerung ja hingenommen. Das war vorbereitet. Soll sich das etwa wiederholen? Das macht mir große Sorgen.

Hirsch: Mir auch. Also lassen Sie uns erneut gegen diese Leute kämpfen!

Hat der Liberalismus eine Zukunft?

Sie haben fast Ihr gesamtes Leben lang Politik gemacht. Hat es sich gelohnt?

Hirsch: Ja. Jeder sollte in eine Partei gehen, weil Politik eine viel zu ernste Sache ist, um sie anderen zu überlassen. Das habe ich 1945 gelernt. Die Generation vor uns, die das Gefühl hatte, sie sei eigentlich unpolitisch, wunderte sich, dass ihr die Demokratie plötzlich abhanden kam.

Baum: Ja, es hat sich gelohnt. Erfolge überwiegen die Mißerfolge. Ich vermisse bei der jungen Generation oft den Mut zur eigenen Meinung oder den Mut, seine Meinung kämpferisch gegen andere Meinungen zu vertreten, auch innerhalb der Parteien. Wir haben immer in einem lebendigen Diskussionsprozess gestanden auf der Suche nach dem besseren Weg. Es ist falsch zu sagen, wenn eine Partei streitet, schadet ihr das. Es kommt darauf an, wie sie streitet, ob sie mit substantiellen Diskussionen versucht, Probleme zu lösen. Wir haben auch im Widerspruch zum Mainstream in unserer Partei überlebt und nicht selten sogar gewonnen. Politiker brauchen Überzeugungen, die man ihnen abnimmt, für die sie im besten Fall brennen.

Hirsch: Es geht nicht um die Herrschaft der Technokraten und Geschäftsführer, sondern darum, dass jeder sich seinen eigenen Vorstellungen entsprechend verwirklichen kann. Er muss die Freiheit haben, das zu tun. Es ist eine wesentliche Aufgabe des Staates, dazu beizutragen, dass die Bürger gleichberechtigt sind und gleiche Chancen haben, auch gleiche Bildungschancen, unabhängig von Herkunft und Elternhaus. Hinzu kommt, dass der Staat für diejenigen, die sich nicht durchsetzen können, die ihren Lebensunterhalt nicht bestreiten können, eine soziale Verantwortung trägt. Sie müssen ein menschenwürdiges Leben führen können. Die Planungssicherheit des Arbeitnehmers gehört genauso dazu wie die des Arbeitgebers.

Baum: Ihre Thesen teile ich voll und ganz. Auch wenn das missverstanden werden kann, sage ich: Ich bin ein Anhänger des sozialen Liberalismus. Und zwar nach den Grundsätzen des Freiburger FDP-Programms von 1971, das für mich immer noch Richtschnur für meine Politik ist. Wenn der Liberalismus nicht sozial ist, verdorrt er. Und der Markt, auf den so viele in unserer Partei gesetzt haben, kann eine Gesellschaft nicht ordnen. Schirrmacher hat der Baby-Boomer-Generation nachgerufen: »Sie hatten den Markt und sonst nichts.« Der Markt ist ein unverzichtbares Mittel, um wirtschaftliche Effizienz herzustellen, aber es muss eine Bindung des Marktes an die Werte der Gesellschaft geben. Er muss gebändigt werden. Der Staat wiederum hat eine ordnende, gestaltende Funktion. Aber er ist für die Bürger da, ihm müssen immer wieder Grenzen gesetzt werden.

Was würden Sie Ihrer Partei, der FDP, mit auf den Weg in die Zukunft geben?

Baum: Freiheit, Bürgerrechte, Menschenrechte, Kampf gegen Bevormundung und Gängelei. Auch Freiheit für wirtschaftliche Entwicklung in sozialer Verantwortung. Um den Menschen überhaupt eine Chance zu geben, zu bestehen und sich zu entwickeln, muss wiederbelebt werden, was wir mal mit Dahrendorf »Bildung für alle« genannt haben: die Zukunftsfähigkeit des Landes und die Entfaltungsmöglichkeiten der Menschen sichern, indem wir Bildungsanstrengungen oberste Priorität einräumen. Jemand hat mal gesagt: Teurer als Bildung ist keine Bildung – wie wahr!

Hirsch: Wir reden jetzt über schulische und universitäre Ausbildung. Ich bin der Meinung, dass dazu unbedingt auch die Erwachsenen- und die berufliche Bildung gehören. Die Arbeitgeber müssen sich bemühen, ihre Arbeitnehmer für die veränderten Ansprüche des Berufslebens auszubilden. Wie aber befähigt man Arbeitnehmer, der gewaltigen technischen und technologischen Veränderung hin zu einer Informationsgesellschaft folgen zu können? Dafür wird zu wenig getan.

Baum: Vor allem die junge Generation muss begreifen,

dass das Grundgesetz nicht ungefährdet ist. Es muss gelebt werden. Ich bin hocherfreut darüber, dass Menschen wieder auf die Straße gehen und sagen: Wir haben einen anderen Blick auf die Flüchtlinge als die Rassisten. Dieses Engagement in der Gesellschaft ist ungeheuer wichtig. Schläfrigkeit dagegen ist hochgefährlich. Die FDP müsste das Eintreten für die soziale Marktwirtschaft und die Verteidigung der Bürger- und Menschenrechte selbstbewußt auf ihre Fahnen schreiben. »Lebt und verteidigt die Grundrechte!« – das wäre ein gutes Motto für die neue FDP. »Und kämpft für die Zukunft eines einigen Europas!«

Hirsch: Wenn ich mir die Wahlkämpfe der FDP in den letzten Jahren angeschaut habe, habe ich mich immer gefragt, warum sie sich als Funktionspartei darstellt. Warum sie dafür kämpft, dass ein Angehöriger einer anderen Partei Bundeskanzler wird ...

Baum: ... bis zum Exzess in der letzten Phase des letzten Bundestagswahlkampfs.

Hirsch: Die Liberalen müssen wieder den Mut haben, ihr eigenes Gesellschaftsideal zu formulieren. Was heißt »Freiheit, Gleichheit, Brüderlichkeit« in unserer Gesellschaft? Welche sozialen Ziele setzt sie sich? Wie bewahren wir die Freiheit? Die FDP muss sich diese großen Fragen stellen, ohne nach rechts und links zu schielen.

Baum: Ja, und sie muss sich auch Koalitionsoptionen offenhalten. Natürlich hat der Liberalismus eine Chance – als politische Idee und als politische Partei. Das Land braucht eine Partei, die auf allen Feldern der Politik ihre liberalen Grundüberzeugungen zur Geltung bringt. Christian Lindner verkörpert diese Haltung. Sein politisches Handeln ist von einem Freiheitsethos geprägt, das der FDP eine Zukunft verspricht.

Hirsch: Was ganz wichtig ist: Jeder Bürger hat politische Verantwortung. Walter Scheel hat mal gesagt, dass eine Gesellschaft, in der nicht der Wissenschaftler, nicht der Techniker, nicht der Arzt, sondern nur der Politiker politische Verantwortung trägt, krank ist. Dieses Gesellschaftsbild wiederzubeleben, dass man nicht unpolitisch sein kann, dass man sich als Bürger nicht unpolitisch verhalten darf, dass jeder eine politische Verantwortung hat, auch wenn er nicht in einer Partei ist, das ist das Ziel.

Die Bürger sind gefordert
Nachbemerkung von Gerhart Baum

Die Ereignisse in der Silvesternacht haben offen gelegt, wie sich unser Land in erschreckender Weise polarisiert. So etwas habe ich eigentlich nur während der erbitterten Diskussion über die Ostpolitik erlebt. Wir sind einer hemmungslosen Überbietungsrhetorik ausgesetzt. Lange gab es nicht so viel Hass. Die Angst vor Fremden hat Dämme brechen lassen. Pauschalurteile haben Konjunktur. Rassismus und religiöse Intoleranz nehmen zu. Gewaltbereitschaft wächst - und sie beginnt in den Köpfen. Sie wächst bei Demonstrationen, richtet sich zunehmend gegen Ausländer, gegen Flüchtlingsunterkünfte und gegen Menschen, die die Werte unserer Verfassung verteidigen. Die Polizei warnt vor einem neuen »Terror von rechts«. Bürgerwehren stellen das Gewaltmonopol des Staates in Frage. Politikverachtung und Misstrauen gegen die Medien nehmen in gefährlicher Weise zu. Und es sind nicht allein die Pegida-Aktivisten. Teile des eher wohlhabenden Bürgertums entfernen sich von den Grundwerten unserer Gesellschaft, wie Studien schon seit Jahren belegen. Nun beschleunigt sich dieser Prozess. Das erinnert fatal daran, dass ein Teil dieser tragenden Bevölkerungsschicht schon in der Weimarer Republik die Demokratie nicht verteidigt hat.

Wer zur Besonnenheit mahnt, ist einem Entrüstungssturm im Internet ausgesetzt und wird als »Gutmensch« diffamiert. Es wird von Teilen der Gesellschaft schon gar nicht mehr wahrgenommen, dass die große Mehrzahl der Flüchtlinge vor dem Terror des Krieges in Syrien, vor marodierenden Horden in Afrika, vor dem Verhungern geflohen ist, also um ihr nacktes Leben zu retten oder zumindest, um ein einigermaßen menschenwürdiges Leben führen zu können.

Man hat den Eindruck, als hätten so manche nur auf »Köln« gewartet, um sich in ihren Vorurteilen bestätigt zu sehen. Der Rechtspopulismus wittert Morgenluft. Eine Partei, deren Vertreter sich zunehmend der Sprache des Unmenschen bedienen, hat gute Chancen, in die Parlamente einzuziehen. Die Regierung wird vom eigenen Koalitionspartner in der Flüchtlingsfrage zu Unrecht des Verfassungsbruchs beschuldigt. Allheilmittel wie Grenzschließungen und Abschiebungen werden angepriesen, ohne dass die Probleme der politischen und rechtlichen Realisierbarkeit auch nur erwähnt werden. Dass die Menschen Sorgen haben, wie es weitergeht, ist verständlich. Die Politik hat eine Bringschuld. Sie muss ihre Entscheidungen transparent machen und nachvollziehbar erklären. Die Zivilgesellschaft darf die Deutungshoheit nicht den Rechtsextremen überlassen.

Bei der Bewertung der jüngsten Ereignisse darf nichts beschönigt oder vertuscht werden. Das wäre Wasser auf die Mühlen der »schrecklichen Vereinfacher« und Hetzer. So gehört zur Wahrheit: Wenn eine hohe Zahl vor allem junger Männer ins Land kommt, sind darunter auch Arbeitsscheue und Kriminelle. Die übergroße Mehrheit der Flüchtlinge sind es nicht.

In Bedrängnis geratene Politiker nehmen gern Zuflucht zu neuen Gesetzen. Doch die Menschen dürfen nicht durch bloße Symbolhandlungen getäuscht werden. Die Praktikabilität und die Wirkung neuer Regeln müssen hinterfragt werden. Die Diskussion über neue Gesetze darf nicht ablenken von gravierenden Defiziten. Die längst bestehenden Gesetze müssen angewandt, die Polizei muss durch personelle Ausstattung und Ausbildung in die Lage versetzt werden, ihre Aufgaben wahrzunehmen. Auch braucht sie fähige Dirigenten. Bei alldem müssen wir das Bewusstsein schärfen, dass unsere Freiheit nicht kopflos der Sicherheit geopfert werden darf. Die Bedrohung durch terroristische Anschläge wird uns auf unabsehbare Zeit begleiten. Dabei geraten wieder einmal diejenigen in die Defensive, die die Werte unserer Verfassung verteidigen. In Frankreich sind fundamentale Grundrechte bereits außer Kraft gesetzt worden. Auch bei uns droht das Sicherheitsdenken wieder an Boden zu gewinnen.

Wir müssen eine Wertediskussion führen, um die zu beobachtende Werteunsicherheit zu überwinden. Zu den ethischen Grundelementen unserer Gesellschaft gehört nach der Barbarei des vorigen Jahrhunderts die konsequente Absage an jede Form des Rassismus. Wir müssen ernsthaft über die Zukunft unserer Gesellschaft reden. Dazu gehört die demographische Entwicklung. Ende 2014 hatte jeder fünfte Einwohner in Deutschland einen Migrationshintergrund. Wir sind längst eine multikulturelle Gesellschaft, wir sind längst ein Einwanderungsland. Auf einer Rechtskultur nach den Regeln unseres säkularen Staates müssen wir bestehen, auch und gerade gegenüber unseren eigenen Landsleuten, die vor grölenden Menschenmengen unsere Werte mit Füßen treten. Was wir aber nicht brauchen, sind hilflose Versuche, den Zuwanderern eine Gesinnungsleitkultur aufzuzwingen. Wenn es wahr ist, dass wir jährlich eine Zuwanderung von drei- bis vierhunderttausend Menschen benötigen, wird unsere Gesellschaft sich weiterhin verändern. Ein Einwanderungsgesetz, das diese Zuwanderung regelt, ist dringend erforderlich. Aus Flüchtlingen müssen Einwanderer werden.

Ein Schlüsselproblem ist der Umgang mit der Angst. Angst ist menschlich. Aber Angst kann auch blind machen, kann den Nährboden für Hass und Gewalt bereiten. Bei aller Bedrohung ist eine gelassene Reaktion gefragt – gerade auch von den Medien und natürlich auch von den Parteien, die die Ängste der Menschen so gern für ihre Zwecke instrumentalisieren. Wir müssen die wachsenden Ängste der Bevölkerung moderieren.

Ganz entscheidend ist: Unsere Gesellschaft muss sich endlich mit den tiefgreifenden Veränderungen in der globalisierten Welt befassen, und zwar nicht von der Zuschauertribüne aus. Die Krisen dieser Welt betreffen uns unmittelbar, das haben wir spätestens seit der Finanzkrise von 2008 lernen müssen. Die Weltwirtschaft ist zunehmenden Unsicherheiten ausgesetzt. Die sich abzeichnende Klimakatastrophe wird die Zahl der Flüchtlinge weltweit anwachsen lassen. Regionale Ordnungssysteme im Nahen Osten und anderswo zerfallen. Staatliche und nichtstaatliche Gewalt nehmen zu. Der notwendige Dialog mit Russland liegt auf Eis, Moskau betreibt eine zunehmend aggressive Außenpolitik. Angesichts all dieser Krisen ist eine dynamische Europapolitik unverzichtbar. Doch gerade jetzt, wo wir eine handlungsfähige Europäische Union dringender denn je brauchen, befindet sie sich in einer tiefen Krise, wachsen antieuropäische Bewegungen, Nationalismus und Egoismus.

Wir sind diesen Entwicklungen in unserem Land und in der Welt nicht wehrlos ausgesetzt. Wir müssen uns nicht von Ängsten und Befürchtungen überwältigen lassen, müssen das Feld nicht Hetzern und Rattenfängern überlassen. Viele Bürger zeigen Flagge und verteidigen die Werte unseres Grundgesetzes. Sie werden aktiv und überlassen die Lösung der Probleme nicht allein dem Staat. Unsere Gesellschaft war in der Vergangenheit immer wieder in der Lage, ungeahnte Kräfte freizusetzen. In der Überwindung von Krisen stecken große Chancen. Wenn wir die notwendigen Diskussionen über die Zukunft unseres Landes offen führen und die Kontroversen fair austragen, kann uns das zum Vorteil gereichen. Wir haben bei allen Versuchungen der Unfreiheit eine »geglückte Demokratie« aufgebaut, wie der Historiker Edgar Wolfrum zu Recht seine Geschichte der Bundesrepublik nennt. Ich setze meine Hoffnung auf die vielen Menschen im Lande, die sich mit Mut der Zukunft stellen, die die unabänderlichen Veränderungen annehmen und mitgestalten – mit ihnen werden wir eine Menge schaffen.

Personenregister

Adam-Schwaetzer, Irmgard 190
Adenauer, Konrad 44, 57, 66–72, 78, 84, 100, 105
Ahlers, Conrad 79
Albrecht, Ernst 152
Arnold, Karl 57, 66, 69
Augstein, Rudolf 68, 78

Bahr, Egon 104, 111
Baring, Arnulf 99
Barlach, Ernst 43
Barzel, Rainer 90, 114
Bauer, Fritz 59 f.
Baum, Günter 19
Baum, Rudolf 19
Beck, Marieluise 149
Becker, Jurek 44
Beuys, Joseph 44
Bismarck, Otto von 27, 191
Blair, Tony 208
Blücher, Franz 56
Boenisch, Peter 137
Böhme, Ibrahim 45
Böll, Heinrich 136 f.
Bönninger, Jürgen 45
Börner, Holger 147
Boock, Peter-Jürgen 123
Brandt, Willy 70, 82, 90, 99 f., 103–108, 113
Brodeßer, Karl Friedrich 120
Buback, Siegfried 135
Bubis, Ignatz 62, 168
Bush, George H. W. 172, 245
Bush, George W. 216

Christo 190–193, 195
Churchill, Winston 243
Cronenberg, Julius 190

Dahrendorf, Ralf 84 ff., 93 f., 161, 174, 259
Damm, Sigrid 41
de Gaulle, Charles 68, 243
Dehler, Thomas 32, 35, 44, 49 f., 56 f., 64, 70
Delors, Jacques 242
Dönhoff, Marion Gräfin 164

Döring, Wolfgang 55 ff., 78 f., 114
Dutschke, Rudi 83–87

Eichmann, Adolf 59
Ensslin, Gudrun 140, 211
Erhard, Ludwig 105
Esch, Arno 39

Falin, Walentin 170, 172
Fischer, Joschka 82, 87, 207, 209, 212
Flach, Karl-Hermann 39, 94, 97 f., 115
Frank, Anne 62
Frisch, Max 137

Gauck, Joachim 41, 45, 174, 177
Genscher, Hans-Dietrich 10, 42 f., 70 f., 88–92, 101, 104, 106 f., 111, 115 f., 121, 123 f., 126, 128, 144, 147 f., 153–160, 164, 167, 171 f., 174, 198, 200 f., 241 f., 246, 250
George, Stefan 27
Gerhardt, Wolfgang 189
Globke, Hans 71
Goethe, Johann Wolfgang 39 ff.
Goodman, Benny 81
Gorbatschow, Michail 170–173, 245
Grote, Adolf 27 ff.
Gruhl, Herbert 150
Guillaume, Günter 106 f.
Gurlitt, Cornelius 20
Gurlitt, Hildebrand 20

Hallstein, Walter 66
Hamacher, Hans Werner 124
Hamm-Brücher, Hildegard 56, 116, 154, 161
Heer, Hannes 59 ff.
Heine, Heinrich 29
Heinemann, Gustav 115 f.
Heisig, Bernhard 44
Heitmeyer, Wilhelm 255
Herold, Horst 121 ff., 131 f.
Heuss, Theodor 33, 56, 63
Heym, Stefan 44
Hitler, Adolf 28, 191
Ho Chi Minh 83, 86 f., 89
Höcherl, Hermann 125, 127
Hofmannsthal, Hugo von 28
Hollande, François 216
Höpker-Aschoff, Hermann 56
Humboldt, Wilhelm von 96, 214

Jacobs, Friedrich 53
Jellinek, Georg 16

Kant, Immanuel 95
Kanther, Manfred 210
Kelsen, Hans 16
Kemal, Yasar 30
Kennedy, John F. 80
Kinkel, Klaus 160, 177
Kohl, Helmut 37, 71, 88, 110,

119, 122, 146 f., 154 f., 158, 162, 169–172, 177 f., 208, 232, 246
Krause, Günther 158
Kraushaar, Wolfgang 129
Kühn, Heinz 120, 135
Kunert, Günter 44

Laband, Paul 16
Lafontaine, Oskar 143
Lambsdorff, Otto Graf 91 ff., 142–145, 147 f., 156 f., 159 f., 163, 241
Leber, Georg 106, 218
Leutheusser-Schnarrenberger, Sabine 80, 161, 177 f., 189, 196, 231
Liebermann, Max 194
Liedtke, Karl 105
Lindner, Christian 96, 202, 261
Loest, Erich 44
Lorenz, Peter 122
Ludwig, Peter 195

Mahler, Horst 129, 138
Maier, Reinhold 56
Maihofer, Werner 91, 93–98, 104, 123, 125 f., 129
Maizière, Thomas de 212, 218
Makatschwa, Father 163
Mandela, Nelson 63, 164
Mandela, Winnie 63, 165
Mann, Golo 130
Mann, Thomas 28 f.
Matthäus-Maier, Ingrid 148
McNamara, Robert 88
Meinhof, Ulrike 138 ff.
Mende, Erich 50, 99, 114
Merkel, Angela 174, 187, 202, 226, 235, 242, 252 f.
Middelhauve, Friedrich 54 f., 57
Mischnick, Wolfgang 116, 145, 148, 154
Mitterrand, François 172
Möllemann, Jürgen 199 ff.

Napoleon Bonaparte 29
Natonek, Wolfgang 39
Naumann, Friedrich 95
Naumann, Fritz 29
Naumann, Werner 57
Negele, Franz 41
Niebel, Dirk 201
Nietzsche, Friedrich 40
Nollau, Günther 106

Obama, Barack 248
Ohnesorg, Benno 88, 139 f.
Overbeck, Egon 75

Perle, Richard 245 f.
Pfleiderer, Karl Georg 70
Pohl, Reinfried 37, 48
Pol Pot 83
Popper, Karl 27
Portugalow, Nikolai 170
Posser, Diether 139
Puschkin, Alexander S. 30
Putin, Wladimir 249 ff.

Ratzinger, Joseph 137
Rau, Johannes 77
Reemtsma, Jan Philipp 60
Resnais, Alain 56
Ribbentrop, Joachim von 73
Richter, Fred 22
Richter, Gerhard 138
Rilke, Rainer Maria 28
Röhm, Ernst 64
Röpke, Wilhelm 27
Rousseau, Jean-Jacques 98
Rubin, Hans Wolfgang 57
Rüstow, Alexander 27

Sager, Krista 149
Schaar, Peter 149
Schaefer, Michael 167
Scharping, Rudolf 207
Schäuble, Wolfgang 220
Scheel, Mildred 116
Scheel, Walter 56, 70, 82, 89 f., 98, 101, 105, 111–116, 261
Schily, Otto 134, 210 ff., 233
Schirrmacher, Frank 222, 258
Schlecht, Otto 144
Schleicher, Kurt von 64
Schleyer, Hanns Martin 121–125, 127, 131 ff., 139
Schmidt, Helmut 67, 95, 100, 104, 107, 109, 111, 118 f., 121 ff., 127 f., 142 ff., 146 ff., 184, 252
Schmitt, Carl 64
Schnur, Wolfgang 45
Schoeler, Andreas von 148
Schrems, Maximilian 227
Schröder, Gerhard 143, 208, 210, 212
Schroers, Rolf 93
Schuchardt, Helga 148
Selbert, Elisabeth 32
Simitis, Spiros 117
Smend, Rudolf 16
Springer, Axel 47, 86
Stalin, Josef 171, 249
Steinhoff, Fritz 66
Steinmeier, Frank-Walter 190
Stieglitz, Klaus-Peter 221
Stoiber, Edmund 158
Strauß, Franz Josef 78 f., 111, 122, 129, 141, 143, 158, 161
Süssmuth, Rita 193

Teltschik, Horst 170
Thatcher, Margaret 146, 172
Todenhöfer, Jürgen 110
Tolstoi, Leo N. 30
Tomásek, Frantisek 166
Traube, Klaus 125 ff.
Tucholsky, Kurt 29
Tutu, Desmond 63

Ulbricht, Walter 40, 73

Verheugen, Günter 54, 114, 144, 148, 153, 159, 161

Vogel, Hans-Jochen 118, 134
Voigt, Karsten 170
Vollmer, Antje 149

Wagner, Richard 40
Wallmann, Walter 107
Walser, Martin 62
Wehner, Herbert 104, 106, 108–111
Weimer, Wolfram 79
Weizsäcker, Richard von 81, 164, 193
Westerwelle, Guido 196–203, 206 f., 225
Weyer, Willi 53, 57, 120
Wilhelm II., Kaiser 191
Winkler, Heinrich August 171
Wischnewski, Hans-Jürgen 123
Wohlrabe, Jürgen 110
Wolf, Christa 44

Ziemer, Christof 46
Zimmermann, Friedrich 122, 154, 158, 215
Zinn, Georg-August 59

Bildnachweis

Privatarchiv Baum: 1, 2, 4, 5
Kanzlei baum, reiter & collegen: 30
Klaus Böhle: 23
Frank + Marc Darchinger GbR/darc: 10, 13, 16, 19, 20
dpa: 8, 15, 17, 18, 27-29
Walter Hanel, Haus der Geschichte, Bonn: 22
Privatarchiv Hirsch: 3, 6, 25, 26
interfoto: 21
Hans Christian Plambeck / laif: 31
SPIEGEL 47/1987: 24 (Foto Lutz Fischmann)
Sandra Stein: 32
ullstein bild: 7, 9, 11, 12, 14